孙伟平　主编

中华文化

可以向世界贡献什么？

广西人民出版社

图书在版编目（CIP）数据

中华文化可以向世界贡献什么？/孙伟平主编．— 南宁：广西人民出版社，2019.8（2020.7 重印）
（新时代通俗理论丛书）
ISBN 978-7-219-10826-0

Ⅰ．①中…　Ⅱ．①孙…　Ⅲ．①中华文化—文化传播—研究　Ⅳ．①G125

中国版本图书馆 CIP 数据核字（2019）第 100180 号

ZHONGHUA WENHUA KEYI XIANG SHIJIE GONGXIAN SHENME?
中华文化可以向世界贡献什么？
孙伟平　主编

策　　划　温六零
执行策划　吴小龙
责任编辑　张莉聆　许晓琰
责任校对　蒋倩华　庄湘琪　李新楠
装帧设计　刘　凛
责任排版　李宗娟

出版发行　广西人民出版社
社　　址　广西南宁市桂春路 6 号
邮　　编　530021
印　　刷　广西民族印刷包装集团有限公司
开　　本　787mm × 1092mm　1 / 16
印　　张　16.5
字　　数　250 千字
版　　次　2019 年 8 月　第 1 版
印　　次　2020 年 7 月　第 2 次印刷
书　　号　ISBN 978-7-219-10826-0
定　　价　46. 80 元

序_

中华文化可以向世界贡献什么？

孙伟平

世界之变动不居，早在两千多年前先哲们就有清醒的认识，并以极大的智慧将其概括为——“生生之谓易”。先哲们认为，“苟日新日日新又日新”，万事万物无时无刻不在变化，这种变化，让我们的世界变得多彩而富于生机，宇宙万物也因之生动独特而弥足珍贵。与此同时，这也说明，这个世界并非既定的存在，也非可以通过制定线路图完全掌控的世界。时间永不停息地流动，种种因素彼此交缠，让每个时代的问题变得纷繁多样、具体而细微，如同万花筒和迷宫一样。

我们这个时代也是如此。随着世界多极化、经济全球化、社会信息化、文化多样化的深入，世界大发展、大变革、大调整，各国面临的不稳定性、不确定性变得突出，栖居于同一个地球村的我们，面临着各种各样的问题。2014年，在纪念孔子诞辰2565周年国际学术研讨会暨国际儒学联合会第五届会员大会开幕式上，习近平指出，“当代人类也面临着许多突出的难题，比如，贫富差距持续扩大，物欲追求奢华无度，个人主义恶性膨胀，社会诚信不断消减，伦理道德每况愈下，人与自然关系日趋紧张”，“局部战争依然此起彼伏，贫困饥饿依然广泛发生，连绵战火、极度贫困依然在威胁着众多人们的生命和生存，特别是许多妇女儿童依然在战争和贫困的阴影下苦苦挣扎”。传统和非传统安全威胁持续蔓延，人与自然、人与家庭、人与社会、人与自我、国家和民族之间的各种问题，无时无刻不在影响甚至裹挟着我们的生活，要求我们作出回答。

幸运的是，面对世界的快速变化和巨大的不确定性，人类虽然不可能一劳永逸地解决问题，但也从来不是无能为力的。人的观念和行动，从来都是改变世界的重要力量。正如某位思想家所说的："观念的转变和人类意志的力量，塑造了今天的世界。"人类社会的文明，正是在人们解决各种世界问题的过程中发展前行的。

习近平在2019年5月15日亚洲文明对话大会开幕式上的主旨演讲中指出，应对共同挑战、迈向美好未来，既需要经济科技力量，也需要文化文明力量。拥有五千多年历史的中国，就曾经在解决各种问题的过程中创造了辉煌的文化和文明。这不仅深刻地影响和塑造了中国与中国人，而且对人类文明进步作出了重大贡献。

在世界文明史上，中华文明一直具有举足轻重的地位。纪元前后，秦汉帝国与罗马帝国同为世界的两个中心：秦始皇时，统一六国，书同文，车同轨，华夏九州也成了一个政教文物一体化的世界。大汉帝国时，向西北拓展一直到中亚，影响世界的"丝绸之路"由此开始。而如果说秦汉帝国是世界两个中心之一，盛世大唐则是当时世界文明的唯一中心，其文治武功，大唐的势力影响范围，西到印度，东及朝鲜、日本，西北到吐蕃与波斯。公元第一个千年，整个东亚与东南亚部分地区都经历了一个"华夏化"的过程，汉字为他们提供了文字基础，建立在儒学科举、唐朝律令、汉传佛教基础上的共同的政教制度，为它们提供了一个制度体系范例。这一千年，以中国为中心，东亚大部分地区形成了一个超越政治国家与民族、超越战争与敌意的"华夏文化圈"。而从张骞出使西域到马戛尔尼出使中国，这漫长的20个世纪就是一个"世界走向中国"的时代。

千年帝国的影响，不仅在"华夏文化圈"，文明的远播甚至超过了当时中国人的想象。其中，为世人所熟知的是四大发明，英国哲学家培根在《新工具》中提到其中的三种发明。他说："……印刷术、火药和磁铁。因为这三大发明首先在文学方面，其次在战争方面，再次在航海方面，改变了整个世界许多事物的面貌和状态，并由此产生无数变化，以致似乎没有任何帝国，任何派别，任何星球，能比这些技术发明对人类事物产生更大的动力和影响。”造纸术的发明，是书写材料的一场革命，它和印刷术一起推动了文化传播，为欧洲启蒙运动、宗教改革运动以及文艺复兴运动奠定了基础；火药改变了作战方式，帮助欧洲摧毁了封建堡垒，加速了欧洲的历史进程；指南针的产生，是“发现新大陆”的必要条件——它们使欧洲乃至世界“发现了新大陆”“发现了人”。

中国曾经是世界文明的中心，四大发明曾经改变世界。不过，这绝非中华文明影响世界的全部。中华文化的贡献并不是时间性和地域性的，如器物和制度一样局限于一时一地：基于对人性的体认和对现实复杂性的观察，基于对性善力量以及人格修养的执着和肯定，基于对人与社会彼此影响、互相成就以及人与世界内在一体的领悟和认知，五千多年来，中国最优秀的心智上下求索，一脉相承，不断结晶，确立了对自然、对自我、对家国社会以及对超越性的最坚定有力的看法，树立了理性而温情、广大而精微、内在而超越的系统性格和宏大视野，成就了历久弥新、绵延不绝的中华文化。也许正因如此，现代新儒家梁漱溟先生认为，在人类最有代表性的三种文化中，中华文化是一种早熟的文化，是人类文化（社会）成熟的发展模式。

世界上越来越多的有识之士发现，人类的未来，需要从古老的东方文明中汲取营养。英国历史学家汤因比说：“就中国人来说，几千年来，比世界任何民族都成功地把几亿民众，从政治文化上团结起来。他们显示出这种在政治、文化上统一的本领，具有无与伦比的成功经验。”法国思想家伏尔泰高度肯定儒家思想，他说，假如世人都像孔子那样仁义，世界就不会发生战争了。1844 年，美国思想家爱默生说：“孔子是中华文化教育的中心，是哲学上的华盛顿。”对中华文化的认同越来越成为世人的共识。1998 年，全世界 75 位诺贝尔奖获得者在巴黎开会时发表共同宣言，告诫人们：“如果人类要在 21 世纪生存下去，必须回头 2500 年，去吸取孔子的智慧。”1993 年，在美国芝加哥召开的世界宗教议会第二届大会上讨论通过的《走向全球伦理宣言》中，儒家的“己所不欲，勿施于人”被视为“道德金律”，作为全球伦理的基本原则，成为让各种宗教、各种文化的人都接受的全球伦理的构想。

中华文化博大精深，蕴藏着解决当代人类面临难题的重要智慧。在纪念孔子诞辰2565周年国际学术研讨会暨国际儒学联合会第五届会员开幕式的讲话中，习近平认为："中国优秀传统文化的丰富哲学思想、人文精神、教化思想、道德理念等，可以为人们认识和改造世界提供有益启迪，可以为治国理政提供有益启示，也可以为道德建设提供有益启发。"他还列举了中华文化中道法自然、天人合一等一系列经典条目——这些条目，是以儒家文化为主体的中华文化延伸出的思想观念：格物、致知、诚意、正心、修身、齐家、治国、平天下，它们涉及人与自然、人与家国社会、人与世界、人与自我之间的各种关系，涉及中华文化的方方面面。可以说，它们也涉及当下人类面临问题的方方面面。

在处理人与自然的关系问题上，中华文化主张天人合一、和谐天成的生态平衡观念。在长期的农耕生活中，中华民族和大自然有着丰富而深刻的互动，在细致的观察和深入的思考中，形成了自己独特的观念：天地之道创生万物，没有偏袒和自私，人与万物都平等地秉承了同样的价值，因此，每一生命个体都是世界不可或缺的组成部分，都有其独立的价值和意义，都是鲜活的有情有意的生命律动，天人之间息息相通，休戚与共。儒家认为，天地万物一体，黎民百姓是我的兄弟姊妹，山川草木、日月星辰、宇宙万物都是我的同类和朋友。道家更是崇尚自然，将自然作为人的精神价值资源，主张效法自然、学习自然，最后实现天人和谐。天人合一、崇尚整体是中华文化的总体思维方式，这不同于西方偏重的"科技至上""人类中心主义"等主客对立二分的思维模式，这对于人与自然的疏离、生态危机、资源浪费与匮乏等问题，无疑是批判性的思考并具有"治疗"作用。今天的美丽中国、低碳生活、可持续性发展战略，可谓传统自然观念的继承与勃兴。

中华文化处理人己、社会关系是建立在自然观念基础之上的，呈现出一种极为有情有理的精神特质，儒家文化对此贡献了宝贵的精神智慧。他们认为，天地之道创生万物、生生不息，这是亘古不易的法则和秩序，这是天地之大德。因此，人应当效法天道，由此人伦法则才能够永恒长久。《周易·序卦》对此有清晰表述："有天地然后有万物，有万物然后有男女。有男女然后有夫妇，有夫妇然后有父子。有父子然后有君臣，有君臣然后有上下。有上下然后礼义有所错。夫妇之道不可以不久也，故受之以《恒》。《恒》者，久也。”从内容上说，这段文字就是以自然观延伸出家庭观和社会观。从自然观说，“有天地然后有万物”，而人类社会就生活于天地万物的自然界之中；从社会观说，人类社会先有男女然后有夫妇，有夫妇然后有父子，有父子然后有君臣，有君臣然后有上下之序，有上下之序然后有礼义的社会伦理和道德规范。这段文字展现了中华文化中家国天下一体并建的基本逻辑。

在人己、社会关系中，首先是家庭关系，也就是如何处理自己与家人的关系问题。在中国“氏族—家族—家庭”的系列演变中，由夫妇子女组成的家庭居于社会的基础地位。在儒家看来，天地之道化生万物，人也是这样，乾为男，为夫；坤为女，为母。男女婚嫁，于是有了家庭的“夫妇之道”，夫妇生育子女，就是家庭的开始。这种建构人伦关系的方式精微而绝妙，深远影响了中华文化的基本性格。在儒家看来，人是在父母的养育中，最初体验到人与人之间那种温暖而真挚的道德情感，孝悌是人道德情感之源，是道德的发生，于是儒家从对“孝悌”的内在体认开始建构家庭伦理，说“君子务本，本立而道生。孝弟也者，其为仁之本与”。这无疑有其充分的合理性，20世纪90年代通过的《全球伦理宣言》就说：“只有在个人关系和家庭关系中已经体验到的东西，才能够在国家之间及宗教之间的关系中得到实行。”基于此，儒家对于父子、儿女、夫妻等之间的关系，都进行了合乎情理的推演扩充，建构起了“父慈，子孝，兄友，弟恭”的稳定而最具温情的家庭伦理。在网络时代、原子社会，在个体主义等一系列西方价值观念的影响下，现代家庭面临较大难题，婚姻关系不稳定、契约化问题，沟通教育问题，家庭暴力问题，关系疏离问题，家庭已经不再是人最后的温良港湾……对此，中华文化不同于西方，建立在人性温情基础上的中华家庭观念无疑对现代家庭问题的解决有诸多可借鉴的资源。

跨出家门，人开始面对他人和社会，处理与他人、社会的关系问题。中国的社会伦理观念起源于家庭观念，在稳定而坚实的血缘情感之上，人伦秩序从家庭向社会扩张，“老吾老以及人之老；幼吾幼以及人之幼”，由“亲亲”开始，最后“仁民”“爱物”，达到孔子说的“泛爱众”——这就达到了“仁”之普遍的“博爱”。社会伦理虽然起源于家庭，但并没有停留在血缘情感的特殊性上，而是在此基础上，讲求“本立而道生”，这个“道”就是普遍的仁爱道德。儒家的扩充原则是“人同此心，心同此理”的同理心，也是孔子说的“忠恕之道”，这里的“忠恕”就是“己欲立而立人，己欲达而达人”“己所不欲，勿施于人”，这是孔子普遍实行仁道的一以贯之的方法。《大学》称此方法为“絜矩之道”，它认为，当一切人际关系都抽象为“人”与“己”的关系——上下、前后、左右的关系，都按照“忠恕”的原则来实行，儒家的仁道就具有了道德的基本而普遍的意义。

中华文化是一种圆融而和谐的智慧。我们已经看到，中国传统社会通过齐家，实现治国平天下，这种结构就是家国天下的同构。而从最开始的效法天道，最后回归到仁民爱物、兼爱天下、博爱万物，则是一个大圆满。除了儒家，道家、兵家、墨家、佛家也都有“和谐”的主张和关怀，墨子主张兼爱，老子则呼吁“以德报怨”，这些观念都彰显了东方生命哲学关怀和与人为善伦理关系的真知灼见：一个人生存于社会之中，只有和其他个体、群体和谐互动，才能实现个体和集体的共同发展，并依此形成完善的伦理规范。

中国的天下观念也适用于处理国家与民族的关系问题。中国人主张“四海之内，皆兄弟也”“近者悦，远者来”，祈求“和而不同”“协和万邦”，这为多元文化和谐共处提供了取之不尽的思想源泉。以目前被奉为国际“道德金律”的“忠恕之道”来说，作为消极方面的“恕道”——己所不欲，勿施于人，这不单是人之为人的底线和最低要求，反映到民族与国家关系上，更是文明与野蛮、公理与强权的主要分野。作为积极方面的忠道——己欲立而立人，己欲达而达人，则反映了对“天下为公”与“天下大同”的终极关系和和谐世界的美好向往。忠字奖进人类合作，恕字消弭人类冲突。中华文化的最高理想是“万物并育而不相害，道并行而不相悖”，也就是文化多元，和而不同，美美与共，和谐包容。这不同于西方的“达尔文社会主义”“民族主义”“利己主义”“军国主义”“霸权主义”等极端思维，李大钊亦以“一方为安息的，一方为战争的”来阐述中西方之差异。后者是造成人际关系、民族与国家关系紧张，世界动荡不安，恐怖主义及文明冲突的思想根源。今天，中国奉行的独立自主和平外交政策，也是中华传统文化在当今世界的充分体现。

中华文化心系天下，世界至大，但大不过“我”。所有问题最终都需要回到个体，回到人的内心，因此，处理人与己、身与心的关系，无疑是所有问题的总命门。中华文化致广大而尽精微，它同时也极为关注主体精神，是自我成就（成己）的文化。儒家认为，“天地间，至尊者道，至贵者德”，道德是人生的依凭，人之所以不同于物，为万物之“灵”，就在于对道德的最初发现和树立，因此，主张个体自强不息、厚德载物以修身立德，实现自我的完善和精神的健全。中华文化并非不重视身体，但主张内外俱修，身心平衡，养浩然之气；中华文化也并不反对物质利益，但认为“富润屋，德润身”，“不义而富且贵，于我如浮云”。在佛家和道家看来，清净无为，少私寡欲，也是成就自我的必要途径。而自我的完善与成就，包含与物同体的向度，由此仁道精神和济世精神也是中华文化的题中之义。

因此，中华文化的主流着力点，乃是主体的品德精神、功业学问、生命境界，这种精神自觉，是通过天人合一把赋予人的生命存在以本体意义的方式，通过道德灵魂的追求以超越个体局限与动物性，乃至超越生死，来关注、诠释、高扬人的生命意向、生存价值及其生命关怀，进而关注社会、民族、国家乃至世界的前途命运和生存秩序。中华文化这种东方生命哲学的整体思维特征，是中华民族有识之士强烈的道义担当、人格内省之体现，是天下意识、人文救世精神的最高人格典范与境界。因此，中华文化是一种温情脉脉的生命直观和人文理性主义的“人学”，而不是冰冷无情的西方科学理性主义的“物学”，它更与西方文化中的个人主义、消费主义、拜金主义的价值观和生活方式，与道德沦丧、精神家园缺失、人格分裂、身心扭曲等现代精神疾病，相去甚远。当我们深入中华文化的内在血脉时，越来越发现，中华文化尊德行而道问学，致广大而尽精微，极高明而道中庸，整体生命阔大精深，可爱而可信。

因其可爱而可信，中华文化慧命因因相续绵延数千年，体现出强大的生命力。中华文明重史重典，重视传承，从孔子“祖述尧舜，宪章文武”开始，无数优秀的心智殚精竭虑，致力于发扬古人，成就了为世界所罕见和瞩目的中华文化。浩浩经史子集四大部，就是五千年来中华文明传承的结晶和见证。对此，梁漱溟先生说：“四千年前，中国已有文化；与其并时而开放过文化之花的民族，无不零落消亡；只有他一条老命直活到今日，文化未曾中断，民族未曾灭亡，他在这三四千年中，不但活着而已，中间且不断有文化的盛彩。历史上只见他一次再次同化了外族，而没有谁从文化上能征服他的事。”四大文明古国中，唯有中国历经磨难依然保持着罕见的延续性和统一性，文化传承长盛不衰，生生不息。

注重传承，并不意味着僵化保守、顽固守旧。在中华文化中，返本开新，继往开来，才是生生之道、日新之道。自古以来，对于任何思想文化形态，中华文化都保持开放包容的胸襟，具有很强的吸收、改造和同化能力，海纳百川并大化无形：先秦诸子百家，汉唐印度佛教，近代科学民主，等等，都能融汇一体，为我所用。中国共产党成立以后，中华文化不忘本来、吸收外来、面向未来，与时俱进，致力于马克思主义中国化，将传统文化、革命文化和社会主义先进文化熔为一炉，走中国特色社会主义道路，为中华文化注入了新的活力。

尤其是党的十八大以来，应对国际国内复杂的时代环境，中国共产党人推进理论创新，形成了新时代中国特色社会主义思想。习近平说：“中国共产党是为中国人民谋幸福的政党，也是为人类进步事业而奋斗的政党。中国共产党始终把为人类作出新的更大的贡献作为自己的使命。”习近平新时代中国特色社会主义思想不仅进一步树立了中国人的文化自信，在把当代中国带进现代化、推向世界舞台中央的同时，它又前瞻性地洞察世界各国人民前途命运越来越紧密地联系在一起的趋势，探索关系人类前途命运的重大问题，向世界贡献了中国智慧和中国方案，在社会主义文明、人类文明进步史上，愈益显现出深远的世界意义。美国共产党主席萨缪尔·韦伯因此评价说：“中国所取得的成功对于整个世界都是有积极影响的，不仅是争取实现社会主义这样一个斗争的成功，而且也是对于争取一个民主、和平、稳定世界的成功。”

在思想体系方面，它极大丰富和发展了马克思主义，为马克思主义在21世纪的发展与传播增添了强大生命力，将在人类思想发展史上写下精彩的一页。在社会主义发展道路方面，它在世界社会主义运动处于低潮的国际环境下，创造性地发展了科学社会主义，为人类社会找到了一条不同于资本主义发展模式的现代化道路，极大鼓舞了人们对世界社会主义运动的信心。在对发展中国家的启示方面，作为世界上最大的发展中国家，中国由一个积贫积弱的国家发展成为世界第二大经济体，创造了人类社会发展史上的奇迹，为发展中国家摆脱贫困、走向现代化拓展了新的路径，提供了成功的范例。

习近平在2019年5月15日亚洲文明对话大会开幕式上的主旨演讲中指出，今日之中国，不仅是中国之中国，而且是亚洲之中国、世界之中国。未来之中国，必将以更加开放的姿态拥抱世界、以更有活力的文明成就贡献世界。面对大量全球性的问题，习近平呼吁世界各国同心协力，寻求在不同国家、不同文化、不同制度之间建立起联通关系，构建人类命运共同体。他正告人们，“偏见和歧视、仇恨和战争，只会带来灾难和痛苦。相互尊重、平等相处、和平发展、共同繁荣，才是人间正道”。在此意识下，中国秉持共享的发展理念，推进开放、包容、普惠、平衡、共赢的经济全球化，坚持共商共建共享的全球治理观和共同、综合、合作、可持续的新安全观，为人类破解和平赤字、发展赤字、治理赤字等难题指明了方向和路径。这一建议，超越了社会制度和意识形态，具有宽广的全球视野，反映了当今世界的客观要求，为当今世界的未来走向和人类问题的解决提供了中国智慧和中国经验。

各国共处一个世界，人类只有一个地球。透过太空望远镜来看，我们会发现，千万年来，人类一直生息于斯的这颗蓝色星球，如同银河中一滴晶莹的水珠，安静、美丽，同时又极为脆弱。也因之，几千年来，中华文化之沉思一直与这颗绕日旋转不息的星球，与上面的生灵、与自身的命运相呼应、相映照，它深沉、博大、温和而平静，正像梁漱溟先生在引用《世界社会史》形容中华文明时所说的：

“中国底文明，好像一个平静的大湖。”

目 录

引言 _

中华文化的奋斗进取精神 / 001

——刚健有为、自强不息

中华文化的开放包容精神 / 005

——厚德载物、兼容并蓄

一、中华文化如何应对人与自然的冲突？ / 009

——天人合一、道法自然的和谐共生观

二、中华文化如何看待人在世界中的地位？ / 021

——以人为本、参天两地的贵人思想

三、中华文化可以贡献什么健康观念？ / 033

——重生贵养、形神兼修的养生观念

四、中华文化如何克服恶性膨胀的个人主义？ / 045

——人己相合、社群与个人协和的自我与社群观

五、中华文化如何克服穷奢极欲的消费主义? / 057
——俭约自守、力戒奢华的节制观念

六、中华文化能为解决现代家庭问题贡献什么? / 069
——理始于情、慈孝恩义的家庭伦理

七、中华文化能提供什么发展模式? / 081
——从富民观念到中国道路发展模式

八、中华文化如何缓解贫富两极分化? / 093
——均贫富、重教育的社会公平观念

九、中华文化如何提升每况愈下的伦理道德? / 105
——仁者爱人、以德立人的道德观念

十、中华文化如何化解人际冲突问题? / 117
——求同存异、忠恕并行的交往之道

十一、中华文化能贡献什么独特的思维模式? / 129
——重整体、重平衡、重直觉的思维方式

十二、中华文化能为人文传承贡献什么? / 147
——崇文重史、返本开新的文化观念

十三、中华文化可以贡献什么生命观念? / 159
——生生不息、贞生安死的生死观

十四、中华文化如何树立社会理想信念？ / 171
——天下为公、世界大同的社会理想

十五、中华文化如何面对世界的剧烈变化？ / 183
——革故鼎新、与时俱进的创新活力

十六、中华文化如何应对全球性贫困问题？ / 193
——集思广益、博施众利的慈善观念

十七、中华文化如何消解霸权主义和恐怖主义？ / 205
——行仁政、重王道的天下观念

十八、中华文化能为调和文明冲突贡献什么？ / 219
——和而不同、美美与共的人类命运共同体追求

十九、中华文化可以为人类未来贡献什么？ / 231
——安不忘危、存不忘亡的忧患意识

结语_
面向人类未来的中华文化 / 241

后记 / 245

引言

中华文化的奋斗进取精神

——刚健有为、自强不息

中华民族是一个历史悠久的民族。从人文始祖炎黄二帝的时代揭开中华文明的序幕，至今已有5000多年的历史。5000多年来，无数中华儿女发挥聪明才智，创造了辉煌灿烂的中华文明，它如同一颗明珠，在世界文明的版图上闪闪发光。

然而，中华民族也是一个饱经磨难的民族，按照《中国军事史》统计，自公元前26世纪传说中的神农时代至1911年清王朝灭亡，在约4500年的漫长岁月里，中华大地上发生的有文字记载的大大小小的战争共计3791次，这其中包含了多次严重的外族入侵。尤其是近代以来，中国经历了“数千年未有之大变局”，战争更是频繁。然而，即使如此，在跌宕起伏、风云变幻的世界历史格局中，中华文明依然岿然不动，始终屹立于世界民族之林。从最重要最深远的影响因素来看，这种延续，正因几千年历史沧桑中孕育成熟的中华文化，正因中华文化中饱含的刚健有为、自强不息的精神，已经成为中华民族的文化基因。

刚健有为、自强不息的精神，是在中国漫长而独特的历史中形成的。从炎黄时代开始，中华民族的先民们已经开始了以农耕生产为主要生存方式的定居生活。以黄帝为代表的部落首领带领民众克服重重困难，播百谷、制衣冠、建舟车、制音律、创医学，在以落后的生产方式与恶劣自然环境打交道的过程中磨炼了人们吃苦耐劳、坚韧不屈的品格。帝尧勤俭听谏，制定历法，征战南蛮，兴利除害，伐乱禁暴；帝舜隐恶扬善，选贤任能，躬耕历山，治理水患；大禹带领民众，历时十三载，栉风沐雨，躬亲垂范，成就宏伟治水大业；如此等等。以尧舜禹为代表的早期先民，在恶劣的自然环境下，经过艰难困苦，以顽强的生命点燃了中华民族刚健有为、自强不息的精神火种。

刚健有为、自强不息，语出《易传》对乾卦的解释："天行健，君子以自强不息。"一方面，《易传》强调自然万物运行不止，故称"健"。"健"不仅含有积极主动、刚强不屈之义，还有"独立不惧""立不易方"之义。有德之人效法天道，就应当做到"自强不息"，做到自强自立，刚健有为，努力向前，绝不停止。另一方面，《易传》还提出"时"的观念，强调世界处于永恒的变化发展中，世界的变化发展是通过一系列的变革形成的。基于此，"君子进德修业，欲及时也"，更应该"终日乾乾，与时偕行"。人类应该克服怠惰，做事谨慎，不断变通、不断发展、不断创新，与日月一同运转，永不停止。

可以看到，在中国古人那里，刚健有为、自强不息的精神是在一种宏大的宇宙视野中被确立的，它与"天""道"观念息息相关。在古人那里，"天"不仅仅是我们当下所理解的"头上的星空"和宇宙运行的法则，还是人"内心的道德法则"。而"天地之大德曰生"，"天"被赋予了生生不息的道德品格，所以，古人要求"人法地，地法天，天法道，道法自然"，"天"从来都是人所景仰的对象性存在，成为人所当效法的内容。世界永恒变化的性质构成了人类自强不息的内在动力和根据。由此，《易传》把自强不息、刚健有为、与时偕行的思想有机结合起来，形成一个以刚健为核心的宏大生活原则体系，在铸造中华文化精神的过程中发挥了决定性的作用。

中国哲人对此论述颇丰，其代表为儒家的孔子和孟子。《论语》中有这样一段对话："子曰：'吾未见刚者。'或对曰：'申枨。'子曰：'枨也欲，焉得刚?'"孔子说得很清楚，人要做到刚毅，不能为来自外部的各种因素（欲望或者压力）所折服。刚强的品质意味着具备对抗外部压力与克制自身弱点的能力。孟子则将其上升至与天地合德的浩然之气："吾善养吾浩然之气，其为气也，至大至刚，以直养而无害，则塞于天地之间。"通过养浩然之气而成为光明磊落、刚正不阿的"大丈夫"，在现实中做到"富贵不能淫，贫贱不能移，威武不能屈"。可以说，孔孟的解读代表了中国哲人对于刚健有为、自强不息精神最原初也最经典的论述，其他均为对其的进一步深化和充实。

作为中华文化的基本精神，刚健有为、自强不息的精神镌刻于文物、体现于制度、流传于风俗，张岱年先生对此举例说："以文学艺术题材而言，从古至今无数骚人墨客所吟咏、所描绘的青松、翠竹、红梅、苍鹰、猛虎、雄狮、奔马之类，也都体现了刚健有为、自强不息的精神。如果有幸到汉代民族英雄霍去病将军墓前看看那些雄浑粗犷的石刻，就会被汉代民族英雄的气概所折服；如果舍得花一点时间读一读唐人悲壮慷慨的边塞诗，将不难懂得唐朝的繁荣昌盛是靠什么精神力量支持的。以制度风俗而言，只要翻一翻历史，人们就不难发现中国的农民起义、农民革命何其多，改朝换代何其多，变法革新何其多，而把'汤武革命，顺乎天而应乎人''通变'当作变革和革命的理论根据或旗帜的又何其多。"（《中国文化精神》）

在中国历史上，自强不息，刚毅有为，革故鼎新，天道酬勤，鞠躬尽瘁，死而后已，诸如此类，已经深入中华儿女的骨髓。一代代、一批批志士仁人用汗水、鲜血和生命生动注解了这种至大至刚的精神。今天，我们还可以感受到两千多年前，孔子"知其不可而为之"，为了人生理想、社会责任，在重重危难中游说诸侯、宣扬道义的豪迈气概；感受到孟子不惧权贵，一身"大丈夫"气概；感受到古代"志士仁人，无求生以害仁，有杀身以成仁"，以"仁"实现精神生命升华的壮阔生命。就像太史令司马迁在《报任安书》中所说："人固有一死，或重于泰山，或轻于鸿毛，用之所趋异也。"回望历史，我们曾经有过"长风破浪会有时，直挂云帆济沧海"的奋勇向前，也曾有过"人生自古谁无死，留取丹心照汗青"的悲壮高歌；有"粉身碎骨浑不怕，要留清白在人间"的勇毅果敢，有"千磨万击还坚劲，任尔东西南北风"的刚强不屈，更有"我自横刀向天笑，去留肝胆两昆仑"的慷慨无畏。这些精神，使我们的民族历经无数磨难仍然熠熠生辉，永续不灭。

经过近百年曲折和磨难的中国共产党，从诞生之初就继承了这种精神。1921 年，嘉兴南湖的一条游船上，13 位满怀共产主义理想的青年才俊，代表全国不足 60 人的共产党员召开了中共一大，宣告了中国共产党的诞生，毛泽东说："我们中华民族有同自己敌人血战到底的气概，有在自力更生基础上光复旧物的决心，有自立于世界民族之林的勇气。”这正是在当时情境下中国共产党人自强不息精神的写照。在那个战火纷飞的年代，中国共产党人抛头颅、洒热血，披荆斩棘、开拓进取，立志要为苦难的中华民族和中国人民寻求一条新生道路。从打倒军阀到带领全民族共同抗日抵御外辱，再到取得国内革命战争的胜利，中国共产党历经磨难，冲破重重险阻，终于在1949年实现了民族的独立和解放。中华人民共和国成立后，中国共产党人继续发扬艰苦奋斗的优良传统，在面临一穷二白的处境和外敌入侵的威胁下，带领全国各族人民自力更生、艰苦创业，从国外反动势力政治、经济双重封锁的夹缝中不断崛起。改革开放后尤其是党的十八大以来，中国从一个积贫积弱的落后农业国一跃成为世界第二大经济体，努力实现中华民族从“站起来”“富起来”再到“强起来”的历史使命，不断实现着中华民族伟大复兴的梦想。

习近平曾说，中国传统文化，尤其是作为其核心的思想文化的形成和发展，呈现出“顺时而生”“与时迁移”的长久生命力，而刚健有为、自强不息等思想观念，体现出中华民族特有的文化基因和价值理念，“可以为人们认识和改造世界提供有益启迪，可以为治国理政提供有益启示，也可以为道德建设提供有益启发”。2018年9月10日，在全国教育大会上，习近平又指出：“要在培养奋斗精神上下功夫，教育引导学生树立高远志向，历练敢于担当、不懈奋斗的精神，具有勇于奋斗的精神状态、乐观向上的人生态度，做到刚健有为、自强不息。”这些论述，精准概括了习近平对中华文化精神的深刻认识，体现出为中华文明崛起而奋斗的历史担当和自觉境界，更展示了习近平对于自强不息的精神对于中国、对于未来的信心和愿望。

正如1914年梁启超先生在清华大学演讲说的，“自强不息，则自励之功与天同德”。刚健有为、自强不息是中华民族延续数千年的精神密码，更是实现百年复兴中国梦、面向未来的有力保证！

中华文化的开放包容精神

——厚德载物、兼容并蓄

在人类社会漫长的历史进程中，曾诞生过古老的四大文明，她们成了人类文明的主要发源地。然而，由于种种原因，其中三大文明都发生了断裂，只有以华夏文明为典型表征的中华文化一直延续发展至今，跨越几千年未曾中断。这是人类历史的奇迹！

中华文化之所以长期保持着旺盛的生命力，既离不开刚健有为、自强不息的精神，同时也与厚德载物、兼容并蓄的精神息息相关。中华文化充满浓厚的辩证色彩，既有阳刚的一面，也有阴柔的一面，刚柔并济，成就了中华民族独特的精神气质。前者让中华民族面对无数艰难曲折仍能坚忍挺立、岿然不倒，后者让中华文化在与外来文化的交融碰撞中能相互尊重、和谐相处，相互吸收借鉴并保持自身的活力。

在历史传说中，距今大约 4600 年前，苍茫的中华大地上发生了两场战争——阪泉之战与涿鹿之战。按《史记·五帝本纪》记载，轩辕黄帝时代，神农氏统治力量逐渐衰弱，诸侯间相互攻伐，殃及黎民众生，而神农氏无力征讨。在这种背景下，黄帝发动了阪泉之战与涿鹿之战，征服了炎帝、蚩尤部落。自此天下归顺于黄帝，原先各自不同的三个部落开始沟通融合，天下呈现出统一的趋势。由此，中华民族在生产生活方式、婚姻制度、军政制度等方面开始趋向统一，多元文化向心凝聚的巨大惯性开始呈现。各民族之间沟通交流，中华文化开始变得丰富而多元。

中华文化开放包容的精神，源于古人对天地、宇宙之宽广寥廓的观察和领会，从一开始就具有一种宏大的视野。他们仰观天文，俯察地理，惊奇地发现天地间一切有形的东西没有比大地更加厚实的了，也没有什么不是承载在大地之上的，没有什么不是从大地孕育出来的：大地以最宽广的胸怀涵容万有、包容差异。所以，《易传》讲“地势坤，君子以厚德载物”，倡导有德之人为人处事要效法大地的坤厚，以宽厚的德性对待芸芸众生乃至万有，胸怀宽广、无所不容，使现实人生升进至“与天地合其德”的崇高境界。因此，德之厚包含着德之大、德之宽、德之深多重意蕴，涵括了人间一切最美的德性，体现的是整体宇宙的大爱，而“唯厚德者能受多福”（《国语》）。

古人也认为，宇宙时空呈现给我们的是一个绚丽多彩的世界，人类自诞生以来就要面对事物的多样性这一客观事实。而事物的多样性立足于不同事物的内在本性，正是世间万物内在本性的舒展构成了精彩多元的无限时空。对万物各自本性的认同与尊重正是人类理性与“厚德”的本质体现。所以，《易传》讲“穷理尽性，以至于命”，《中庸》讲“唯天下至诚为能尽其性，能尽其性，则能尽人之性，能尽人之性，则能尽物之性”，人、物之性均包含天理，需要发挥人和物的本性，最终实现“万物并育而不相害，道并行而不相悖”的宇宙和谐状态。一方面，万物各自能够充分地实现自己的本性；另一方面，万物能够实现休戚与共、和谐共处、互不相害。这个理想世界正是《礼记·大同》篇为人类未来所描绘的“大同”世界，也正是张载《西铭》篇所描述的“民胞物与”的和谐之境。所以，人之大德、德之厚重最终指向对事物多样性的认可，以及更进一步，对一切事物本性、对文化多元的尊重。

中华民族是一个开放包容的民族。古人对此也多有论述。孔子曾经教育子夏要做“君子儒”不做“小人儒”，认为“君子坦荡荡，小人长戚戚”，做人就应该胸怀坦荡。对待文化也是如此，孔子正视文化间的差别，在整理五经时，他将以齐诗为代表的鲁国之外的文化也保留了下来，因此被孟子称赞为“集大成者”。春秋战国时期，荀子三任齐国稷下学宫祭酒，贯彻开放包容的治学原则，倡导自由交流的学术理念，儒家的仁义醇厚，道家的清静超逸，墨家的谨严兼爱，法家的因势严峻，各家尽管主张不一，但共存共在，成就了中国学术史上前所未有的百家争鸣局面。秦汉时期，儒道融合，综汇百家，中华文化得到新的发展，所谓“天下同归而殊途，一致而百虑”。魏晋南北朝是中华各民族大融合期，生机勃勃的北方民族文化为中原农耕文化注入了新鲜血液。中华文化极为重要的一支——佛教文化，自汉代传入中国以来，至魏晋南北朝和隋唐时期形成一个高潮，中国固有的儒、道文化与外来佛教文化会通交融，无论在内容还是形式上都实现了新的飞跃。

盛唐是中国古代历史上最为开放的时期，中华文化的包容性更为后世人称道。所谓“胡音胡骑与胡妆，五十年来竞纷泊”（元稹《法曲》），首都长安更是“胡化极盛一时”，胡汉文化相互融合，促进中华文化更加丰富多彩，生机勃勃。与此同时，南亚的佛学、历法、医学，中亚的音乐、舞蹈，西亚和西方世界的祆教、景教、伊斯兰教、医术及至马球运动等从唐帝国开启的国门一拥而入，使得首都长安成为那个时期中外文化汇聚的中心，一个具有盛大气象的世界性都市。明末清初，西方基督教已传入中国，虽然这时的中国渐趋保守，但有识之士仍提出了“遐方文献，何嫌并蓄兼收”（李之藻《刻同文算指序》）的主张。近代以来，西方思想的传入对中华文化形成了巨大的冲击。在列强政治、经济、军事的重重压迫下，中国先进知识分子掀起了向西方学习的热潮。从洋务派的“师夷长技以制夷”，严复的“物竞天择，适者生存”，新文化运动的“民主”“科学”到马克思主义的传入与传播，都体现了一种开放包容的精神。民国初年，著名教育家蔡元培出任北京大学校长，实行兼容并包、学术自由的方针，主张为学问而学问，在宽容的研究气氛下，保守派、维新派、激进派各种派别各抒己见、相互争鸣，这种开放心态，正是中华文化有容乃大的包容性格的具体表现，对当时的中国影响深远。

世界文明犹如万花筒，然而，不同的文明与文化之间应该如何相互对待？中国哲人早就给出了答案。《礼记·乐记》：“乐者为同，礼者为异。同则相亲，异则相敬。乐胜则流，礼胜则离。”因为存在共性，所以能够增加相互之间的亲切感。接受差异性，是相互间的尊重。但只强调共性会让相互之间的关系变得恣意随便；而只在意差异性，又会让关系变得疏远。因此，在社会文化中“求同存异”是最符合中和之道的处世态度。一方面，我们要充分尊重世界范围内不同国家、不同民族、不同种族的不同文化，做到相互包容；另一方面，我们也要学习借鉴其他文化的长处，做到兼容并蓄。1953 年 12 月，周恩来总理在会见印度代表团时提出了著名的和平共处五项原则，即“互相尊重主权和领土完整，互不侵犯，互不干涉内政，平等互利，和平共处”，五项基本原则就是“求同存异”，这可以被视作中国古老的开放包容精神在新中国外交领域的一次成功的实践运用。

当代中国，在建设新时代中国特色社会主义伟大事业的征程中，习近平总书记对中华民族兼收并蓄的包容精神表达了精深独到的见解：“这种‘贵和尚中、善解能容、厚德载物、和而不同’的宽容品格，是我们民族所追求的一种文化理念。”他还将这些思想运用到外交中，用以指导、处理国与国的外交关系。他表示，人类已经有了几千年的文明史，任何一个国家、一个民族都是在承先启后、继往开来中走到今天的，世界是在人类各种文明交流交融中成为今天这个样子的。“丰富多彩的人类文明都有自己存在的价值。要理性处理本国文明与其他文明的差异，认识到每一个国家和民族的文明都是独特的，坚持求同存异、取长补短，不攻击、不贬损其他文明”。为此，他还以“和”文化理念提出对待世界文明的四大原则：一是维护世界文明多样性；二是尊重各国各民族文明；三是正确进行文明学习借鉴；四是科学对待传统文化。

“文明因多样而交流，因交流而互鉴，因互鉴而发展。”作为历史悠久的文明古国与世界大国，中国是建立和平稳定与公正合理的国际新秩序的积极倡导者。中国以充分的文化自信，弘扬文化传统，走相互尊重、忍让宽容、和睦相处、携手共进、互利共赢的和平发展之路，在新形势下提出“一带一路”倡议，竭力构建人类命运共同体，是中国作为负责任大国站在新的历史起点上对“和”理念的集中表达，也是 21 世纪的中国在继承古代丝绸之路精神的前提下所履行的时代使命和历史责任，得到了国际社会的普遍赞同和支持。

1990 年，著名社会学家费孝通先生总结出了“各美其美，美人之美，美美与共，天下大同”的十六字“箴言”，这一箴言，正是中华文化厚德载物、兼容并蓄精神的生动表达。它们无疑是普遍性的，既是中国的，也是世界的。

一、中华文化如何应对人与自然的冲突？

——天人合一、道法自然的和谐共生观

人类如何才能恰当地控驭作为“第一生产力”的科技，使之不与“自然”产生裂痕与冲突？又如何才能从“人类中心主义”中超脱出来，真正尊重“自然”的自在与内在价值？博大精深、源远流长的中华传统思想即蕴含着丰富的生态自然观，蕴含着某种整体性的视野、生机化的形态以及和谐性的追求，可以在人与自然的关系问题上为我们提供丰富的文化资源。

通过卫星，从外太空可以看到，我们所生活的这个地球，其实是一颗美丽的水蓝色星球，它魔术一般漂浮在银色星系中，像一颗神奇的珍珠！

2017年10月底，一部由BBC（英国广播公司）自然历史部制作的纪录片《蓝色星球Ⅱ》播出，它通过一系列革命性的拍摄器材和技术，将宏伟壮丽的海洋世界以最直观的方式呈现在观众面前。在长达5年的拍摄过程中，摄制组共经历125次探险，访问39个国家，足迹几乎遍布世界各地的所有大陆和海洋；通过长达6000个小时的水下拍摄，《蓝色星球Ⅱ》让我们得以在屏幕前与一系列非凡的海洋生物进行前所未有的"亲密接触"，展现了海洋深不可测的美与波澜壮阔的生机。这部纪录片之所以能引发极大的观看热潮并获得无数赞誉，实际上并不在于它是以最先进的技术满足人们对海洋的"猎奇"心理，而是借助技术传示了一种鬼斧神工的自然之美与浓郁的人文关怀。

与原作《蓝色星球》相比，《蓝色星球Ⅱ》同样以令人叹为观止的画面让我们领略大海的无穷魅力，但与原作不同的是，本片给我们带来的最大震撼实际上来自结尾的第七集，这一集展现的是人类活动对海洋生态环境的巨大影响，它让我们目睹了海洋所遭受的前所未有的重大威胁：垃圾污染、全球变暖、过度捕捞、海洋噪音等。我们看到，从赤道到两极，从城市海滨到无人荒岛，从浮游生物到巨鲸白鲨，气候变化、塑料污染和过度捕捞所造成的影响早已渗透到海洋的每一个角落，一点点破坏着海洋脆弱的生态，并直接影响到海洋生物的正常存活。可以说，随着工业的发展和人口的膨胀，人类对海洋的影响大大超出了历史上任何一个单一的物种，对海洋带来变化的速率也远远超出任何一个除大灭绝外的自然历史时期。在某种程度上，《蓝色星球Ⅱ》前六集所记录的美与生机越是令人叹为观止，第七集所揭示的生态危机就越是让人痛心疾首。

它正是这样一部独特的纪录片，既让我们借助尖端科技领略大自然的无涯大美，也让我们对由技术扩张引发的对自然的无度索取与深层破坏深加警惕。正如该片的解说者大卫·爱登堡爵士所说："伟大的自然影像有一个共同点，它们都是刻骨铭心的。它们可以成为美丽、奇迹和快乐的深厚源泉……这些影像告诉我们如何感受和对待自然。"

《蓝色星球Ⅱ》展现的仅仅是冰山一角。在当今时代，人类活动已经对以海洋为代表的大自然产生了深重的影响乃至破坏，致使地球的某些圈层（如大气圈、水圈、生物圈）发生了量或质的改变，对人类、生物界造成现实的危害和潜在的威胁，与之相关的环境、生态、资源等问题无不日积月累而至积重难返，成为人类发展过程中必须正视并予以解决的性命攸关的全球性问题。20世纪以来，各种资源、能源的消耗总量急剧增长，全球生态环境问题愈演愈烈，极大地削弱了生态产品的供给能力。相关数据表明，1970年至1990年，工业生产连续保持平均3%的增长率，世界的工业产值大约每25年翻一番，每个世纪大约增长16倍，每2个世纪增长250倍，每3个世纪增长4000倍。这意味着更多的优质能源和资源的快速消耗。全球资源的过度消耗和自然环境的持续恶化对生态系统的自我修复能力造成了极大破坏，目前全球自然资源已经处于严重"透支"状态。正如莱斯特·R. 布朗在《崩溃边缘的世界》一书中说："我们正在掏空地球的自然资源来刺激消费。我们有半数的人生活在地下水位下降、水井干涸的国家。全球有三分之一的农田土壤流失超过新土壤形成，土地的肥力在逐步丧失。全世界不断增长的牛、羊大军，正在将广袤的草原变成沙漠。我们砍伐森林来扩大农业耕地、生产木材和纸张，使森林每年萎缩530万公顷。五分之四的海洋渔场因满负荷或过度捕捞面临崩溃。一个又一个系统走向求过于供。"

南极臭氧空洞，众多水域发生赤潮，罗布泊已成消逝的仙湖，连远在冰天雪地的南极企鹅体内也发现DDT等农药残余，珠穆朗玛峰遍地狼藉……从20世纪30年代开始，发达国家相继发生了比利时马斯河谷烟雾事件、美国洛杉矶烟雾事件、英国伦敦烟雾事件、日本水俣病事件等八大公害事件。然而，人与自然的冲突，生态环境问题从来不是地方性的，而是全球性的，触目惊心的环境污染随处可见：天空昏暗、空气污浊、污水横流、垃圾围城……蓝天碧水已经成为许多人儿时的记忆和遥不可及的梦想。这些，使得科学界和公众越来越清晰地认识到，地球环境在许多方面都表现为一个一体化系统，地球上所有的生态系统都彼此关联、相互连通，局部地区对临近生态系统的影响可以蔓延全球，而全球的生态变化又会反过来深刻影响局部的生态系统。

环境保护无疑是全人类共同的责任，面对生态环境危机，经历了沉痛的代价和宝贵的觉醒之后，人类对环境问题的认识逐步深入，对发展不断进行深刻反思。1972 年在瑞典斯德哥尔摩召开的联合国人类环境会议，世界各国开始共同研究解决环境问题，会议通过了《人类环境宣言》，确立了人类对环境问题的共同看法和原则。之后的 1992 年、2002 年、2012 年，分别在巴西里约热内卢召开了联合国环境与发展大会，在南非约翰内斯堡召开了可持续发展世界首脑会议，在巴西里约热内卢召开了联合国可持续发展大会……人类一直在积极地探求解决之道，以 4 次世界性环境与发展会议为标志，人类对环境问题的认识发生了历史性转变。问题在于，在 1972 年联合国召开的人类环境会议上，国际社会已达成共识，但这次大会已经过去近半个世纪，环境与发展仍然是全球和世界各国面临的重大挑战，落实联合国 2030 年可持续发展议程所面临的形势依然严峻。宏观来看，人类对生态、环境、资源问题的解决方案呈现出一条非常明显的“技术→经济→政治→文化”的认识演进之路，目前答案已经渐趋明朗，仅仅从技术、经济的层面去处理生态问题注定陷入进退维谷的窘境之中，政治与文化理念的重塑在协调人与自然的关系方面将会发挥越来越大的作用，这也意味着，人类开始从根本上反思自身的问题并试图协调人与自然之间的关系。

那么，人类如何才能恰当地控驭作为“第一生产力”的科技，使之不与自然产生裂痕与冲突？又如何才能从“人类中心主义”中超脱出来，真正尊重自然的自在与内在价值？张岂之先生注意到：“西方许多环境哲学家在分析环境危机的思想和文化原因、探寻环境哲学智慧与文化传统的关系时，都不约而同地转向中国古代思想文化。”博大精深、源远流长的中国传统思想中蕴含着丰富的生态自然观，不管是儒家的“民胞物与”、道家的“道法自然”还是佛学的“众生平等”，都有蕴含着某种整体性的视野、生机化的形态以及和谐性的追求，可以在人与自然的关系问题上为我们提供丰富的文化资源，并为现代社会生态文明的建设和发展提供理论借鉴和价值导引。

* * *

人与自然和谐共生，中国早在几千年前便存在这样的理念。夏朝时，规定春天不准伐木，夏天不准捕鱼，不捕杀幼兽；周朝时，根据气候节令，严格规定了打猎、捕鸟、捕鱼、砍树、烧荒的时间……从观念层面讲，中国关于人与自然的思考集中体现在持续了几千年之久的“天人合一”“道法自然”的思想中。

主张“天人合一”，强调天与人的和谐一致是中国古代哲学的主要基调。中华文化最独特的思维观念，就具体表现在天与人的关系上，也就是人与自然的关系上。道法自然，天人合一，在中华文化中，这是人类生存与发展的最高境界。当然，虽然儒、道、佛生态伦理思想在整体观、生命观、和谐观等方面的确有着诸多相似之处，都可以用“天人合一”来概括，但三者也各有特色、各有偏重，可以说“儒家是一种仁爱型的人类中心主义生态伦理观，道家是一种超人类中心主义的无为主义生态伦理观，佛家是一种破妄型反人类中心主义的生态伦理观”。儒家以人道主义为价值立场，主张将道德仁心的范围不断扩大，即从人与人的亲缘关系一直扩展到人与万物的自然关系领域；道家以自然主义为价值立场，主张从人与自然的对立状态回归到人与自然的一体状态；佛家以平等主义为基本关切，承认有情众生皆有价值，肯定人类生命与万物的价值平等。可以看出，虽然儒、道、佛三家的出发点不同，归宿处不同，所采取的理论路径也不同，但正所谓“一致而百虑，殊途而同归”，三家在天人关系或者说人与自然关系上的终极理念是基本一致的，都致力于阐发一种“天人合一”的存在观念、文化精神与价值理念。

儒学源远流长的思想体系里蕴涵着丰富的生态伦理思想。儒家历来倡导

“天人合一”之说，重视人与自然的和谐统一，与西方文化强调征服自然、人与自然对立二分的观念形成了鲜明的对照。儒家所谓“天”，可以理解为宇宙自然生生不息的“内在目的性”，正所谓“天地之大德曰生”“生生之谓易”，“四时行焉，百物生焉”呈现出的，正是一个具有内在价值的完美而和谐的大化流行的世界。王阳明说：“大人之能以天地万物为一体也，非意之也，其心之仁本若是，其与天地万物而为一也，岂惟大人，虽小人之心亦莫不然，彼顾自小之耳。是故见孺子之入井，而必有怵惕恻隐之心焉，是其仁之与孺子而为一体也。孺子犹同类者也，见鸟兽之哀鸣觳觫，而必有不忍之心，是其仁之与鸟兽而为一体也。鸟兽犹有知觉者也，见草木之摧折而必有悯恤之心焉，是其仁之与草木而为一体也。草木犹有生意者也，见瓦石之毁坏而必有顾惜之心焉，是其仁之与瓦石而为一体也。是其一体之仁也，虽小人之心亦必有之。是乃根于天命之性，而自然灵昭不昧者也，是故谓之‘明德’。”（《大学问》）以作为天命之性、本体之德的“一体之仁”为价值根源，人便可以与孺子、鸟兽、草木、瓦石建立起积极的内在联系，这种生机论的生命观念与整体论的宇宙意识，正是张载所说的“民吾同胞，物吾与也”的进一步推阐。“民胞物与”显然是一种生态意识和宇宙意识，它强调自然不是人征服的对象，而是与人类共在共生的同类与朋友。人只有与宇宙共生、与宇宙同行、与生命沟通，才能达到物质与精神的平衡，这是人与自然和谐相处、共生进化的崇高目标和理想境界。

《中庸》云：“唯天下至诚，为能尽其性；能尽其性，则能尽人之性；能尽人之性，则能尽物之性；能尽物之性，则可以赞天地之化育；可以赞天地之化育，则可以与天地参矣。”它强调的是，在内在合目的性的“自然”进程之中，人非但不是无所作为的，反而更应该主动参赞天地之化育，积极为天地立心，使万物尽性。换言之，人、物各有其本性，并各自展开其本性、实现其本性，人的高贵之处即在于，人应该帮助他人、万物实现其本性，即参赞化育，最终使万物尽性，达到“仁民而爱物”“与天地万物为一体”的至高境界。儒家的这种“尽物之性”之说，要求人尊重草木鸟兽等生命物的生命和内在价值，并努力为其生长让渡出适宜的条件，使之实现本性，并完成生命周期。《论语·述而》说“子钓而不纲，弋不射宿”，体现了孔子对生命体出自仁心的爱护。在儒家的生态观念里面，“人”天然会负有一种积极的“责任”，对待天地万物应采取友善、爱护的态度。

而且，儒家“赞天地之化育”的观念不是要征服自然，而是一种调谐人与自然的关系的适当方式。现代人无止境地征服自然，意味着用强力和智巧改造环境、榨取自然，制造尽可能多的物品以满足无限膨胀的欲望，结果全球性的资源环境危机可想而知。以“民胞物与”“一体之仁”为核心意涵的中国儒家的“天人合一”思想，强调人的行为不但应符合天道的要求，而且应以实现天道的要求为己任，强调天道与人道、人与自然的紧密联系与有机统一，追求天、地、人道的整体和谐和交融。

与儒家思想所建构的宇宙观不同，道家思想展现的“道生万物”的宇宙视野，为我们提供了理解宇宙人生的又一种方式。如果说儒家思想是通过对“天道生生”理念的诠释，为伦理性的仁爱观念提供形而上学根基，以此论证每个人身上都具备充足的价值资源，将“仁民爱物”的行为界定为每个人的应然追求，塑造了中华民族特有的德性价值理念，那么，道家思想则同样是依托这一“生化”理念，通过对“道”的内涵的独特界定，为中国乃至世界提供了又一种完全不同的“道德之意”。

老子云：“人法地，地法天，天法道，道法自然。”这个命题充分体现了以老子为代表的道家思想的终极诉求。在“人—地—天—道—自然”的价值序列之中，“人”作为行动的主体，需要从地、天、道、自然那里汲取智慧，才能够最终将人自身的价值实现出来，而由地、天、道、自然所组成的指引性的价值，则透显出某种超越性的意味。“道法自然”的内涵实际上就是人如何通过对于道的效法而获得完美的生命价值。尽管老子所谓“道法自然”的“自然”，本义并非大自然或自然界，而是自然而然、自己而然的意思。然而，正如季羡林先生主张将“天人合一”解释为大自然与人的合一，将“道法自然”解读为“道效法大自然”也未尝不可。的确，有什么比大自然更能体现“天”或“道”的运行法则和和谐价值呢？中国古人对作为“大自然”的天都有着深深的敬畏之情，孔子说“天何言哉，四时行焉，百物生焉”，老子更是充满了对天地、山谷、流水等自然事物与法则的由衷赞叹。由此而言，“道法自然”也可以理解为道效法或遵循大自然的规律。万事万物都以自然律为运行之法则，都有一种天然的自然欲求，谁顺应了这种自然欲求谁就能与外界和谐相处，谁违背了这种自然欲求谁就会同外界产生抵触。只有与外界和谐相处，才能在“道法自然”的基础上达成“天长地久”的存在理想。

庄子接续老子的洞见，进一步提出了“道通为一”的生命观念。万物在“道”的视野之中，在自身的维度上都有其内在与固有的价值，都有其存在的本然意义。在庄子看来，贵贱以及美丑、好坏、大小、善恶、有用无用等价值属性不过是人出于自身的需要强加给事物的，这些属性于自然事物自身而言，是外在的、虚假的。美国著名环境伦理学家霍尔姆斯·罗尔斯顿认为，环境伦理学的中心问题是关于自然价值的评价问题，在对自然价值进行详尽分析的基础上，他认为真正的自然价值“体现在真实的事物并且常常是自然事物之中”，主张自然价值的非工具性、自身性、内在性和客观性，庄子的“齐物”观点显然与之具有相通之处。这种对自然事物的价值的肯定体现了“生物平等主义”的宽和态度，堪称现代生态伦理的核心观点和基本态度。

我们认为，庄子“道通为一”的存在视野从根本上保证了我们可以超越“人类中心”或“自然中心”的理论窠臼，而在真正意义上勘定了人与自然的平等地位。在“道”的视野内，人即自然，自然即人。庄子力图从“道”的整体性出发，视“自然”为自足的存在形态，主张培养对其他生命的认同感，尊重其他生命的存在方式，以达到与自然万物的和谐相处。庄子认为，人与自然所能达成的相洽的“共在”关系，从人的感受来讲就是要“与日夜无郤，而与物为春”——“与日夜无郤”是指精神与天地相流通，“与物为春”意指人与自然万物要处于春天般的富有生机的共生共存的状态中，进而体现出一种恬适的感情和美的观照。

在此基础上，庄子期求的是返归与道为一、与天合一的本然的存在状态，在这种生存方式之中，人的内心是虚澈的、恬淡的、逍遥的，而不是功利的、任智的、烦扰的；在这种精神状态的奠基下，人在处理与外物、自然的关系时，就不再将自然看成是异己的、工具的、为我的，不再对之进行无止境的掠夺和破坏。相反，人会将自然视为自足的、平等的、具备内在价值的，从而达成与自然的和谐。老子和庄子作为中国道家文化的代表，他们这种关于“道”与“自然”的观念，深刻影响了中华文化，成为古人冲淡对于自然的物质追求极为重要的一维。

与儒、道思想类似，佛学中也有相当丰富的思想资源，可为生态、环境、资源等问题提供必要的理论支持。“缘起论”是佛学的基础存在论，“缘起论”认为，世间万物的一切现象都是多种因素作用的结果，事物间相互依存、相互制约，共同构成了世间万物的有机组成部分并不断地推动事物向前发展。在此观念下，真实的世界与现象的世界不是一个概念，万物具有“缘起”“无常”的特性，所以，它们都是“无我”的，是“空”，即世上任何生命体没有实在的自体。这样，佛学中的“无我”思想将人们从对实物的过分追求中解放了出来，通过这种否定，破除了人类在自然界中的优越感，建立了在大自然中的“无我”状态。由此“缘起论”，还可以进一步推出佛学的“平等观”。佛学把众生的存在状态分为两种，即包括人与动物等在内的“有情众生”，以及包括植物乃至宇宙山河大地在内的“无情众生”。佛学并没有“唯人独尊”，而认为众生的生命本质是平等的。一切众生包括花草树木、山川河流等都有佛性，是“无情有性”的，不可以随意处置，从而体现“慈悲为怀”的特征，主张善待世间一切生命与存在。

中华文化中的自然观念是一脉相承的，古代如此，今天亦然。虽然在特定时期，中国为追求经济发展对生态建设有所忽视，但近年来，党和国家围绕自然生态环境作出了很多努力，“五位一体”的总体布局和新常态下的“五大发展理念”，将“生态文明建设”和“绿色”摆在了突出位置。在党的十九大报告中，习近平将21世纪中叶奋斗目标表述为，“建成富强民主文明和谐美丽的社会主义现代化强国”，“美丽”成为未来几十年的奋斗目标之一，他还说：“人与自然是生命共同体，人类必须尊重自然、顺应自然、保护自然。人类只有遵循自然规律才能有效防止在开发利用自然上走弯路，人类对大自然的伤害最终会伤及人类自身，这是无法抗拒的规律。因此，加强生态文明建设，必须秉承‘人与自然和谐共生’和‘绿水青山就是金山银山’的价值理念。”“人与自然和谐共生”新理念显然与中国古代生态哲学思想在价值上、认知上是相当契合的。以儒家“民胞物与”“生生不息”、道家“天人一体”“道法自然”以及佛学的“平等”“慈悲”为核心的中国古代“生态哲学”，不但能为“人与自然和谐共生”新理念提供充分的理论支撑，而且可作为“人与自然和谐共生”新理念这一主体之“两翼”，配合发展出更为深刻、更贴近中华文化土壤与世界生态现实的伦理理念。

* * *

对于世界自然环境危机的主要原因，美国著名生态学家巴里·康门勒教授曾归纳了几种：一是“人口说”，认为环境危机是人口太多的缘故；二是“富裕说”，认为富裕社会的废弃物太多；三是“需求说”，认为污染的原因不在工业界而在公众过旺的物质需求；四是“进取意识说”，认为问题的原因在于人类的内在进取意识，认为人类是地球上最残忍的物种；五是“教育说”，认为人类所受的教育使人日益变得“非人”，变成不懂得为什么要爱自然；六是“利润说”，认为毁坏环境比保护环境更容易获得利润；七是“宗教说”，将原因归结于基督教认为自然存在的唯一目的是服务于人类的信条；八是“技术说”，认为原因在于以盈利为唯一目的、失去控制的技术发展；九是“政客说”，认为由于制定和执行环境政策的政府机关被亲工业界的政客所把持，使得那些机关瘫痪无力；十是“社会制度说”，认为原因在于资本主义的社会制度。

上述各说都有其合理性，但现在来看，最为根源而切中要害的，人与自然之间出现裂痕的“罪魁祸首”主要有二：一是科学技术的无限制扩张，二是人类中心主义的蔓延。这两种观念将人们从工业革命之前对大自然的依赖关系之中“解放”出来，大自然成为被征服的对象，从而导致了一系列的恶果。也就是说，虽然近代以来的工业化极力追求经济增长最大限度地满足了人类的物质利益，但是人的精神、伦理、道义、美德等崇高的价值却被忽略或异化了，大自然也只被视为人类的工具和手段，失却了其存在的自在与内在目的。而在中华文化中，正如我们在前面看到的，世界是丰富多彩、整体和谐的，人与自然是有机的同构互感整体，和谐不仅是自然界的法则，也是人类存在的法则，中华文化强调人类应当认识自然、尊重自然、保护自然，反对破坏自然、一味索取，反对片面地利用自然和征服自然，而强调人与自然内在的统一，强调自然价值自足，本身即是目的。这种认识就是道法自然、天人合一的总体视野和境界。

如果说现代人类生存危机的根源在于价值观念与文化精神的缺失，那么，借助中华文化精神从根源处重塑我们的价值观念就是一条最根本的“拨乱反正”之路。如果说生态危机的实质是文化危机，人类要想克服生态危机，继续生存下去并得到发展，就必须抛弃技术至上、以人类为中心，或者说人与自然对立二分的观念，重新建立起人与自然和谐统一、相生相成的生态伦理价值观念。钱穆先生说：“中国思想，则认为天地中有万物，万物中有人类，人类中有我。由我而言，我不啻为人类中心，人类不啻为天地万物之中心，而我又为其中心之中心。而我之与人群与物与天，寻本而言，则浑然一体，既非相对，亦非绝对。”中国传统思想指示的正是一条摆脱“人类中心主义”的“寻本”之路，一条重塑人与自然和谐共生的“一体”之路。

毋庸讳言，中国传统思想对人与自然和谐共生理念的叙述，主要解决的实际上主要是“精神生态”问题。但是，人的行为和生活方式的根本转变，最终依赖的是人的心灵状态与思维方式的转变，依赖于建立那种恰当地看待人与自然关系的人的灵性，这种灵性将提供对环境保护的强大的行为动力和自觉意识。惟当如此，人类才能真正恰当地控驭作为“第一生产力”的科技，使之不与自然产生裂痕与冲突，也才能从“人类中心主义”中超脱出来，真正尊重自然的自在与内在价值。正如季羡林先生所说：“‘天人合一’的思想是东方思想的普遍而又基本的表露。我个人认为，这种思想是有别于西方分析的思维模式的东方综合的思维模式的具体表现。这个思想非常值得注意，非常值得研究，而且还非常值得发扬光大，它关系到人类发展的前途。”这正是中国传统文化所蕴含的能够解决人与自然的冲突、重返人与自然和谐共生的真源思想与究极智慧。

对于今天的我们，更应该遵从几千年来一脉相承的中华文化，多倾听自然的声音！

二、中华文化如何看待人在世界中的地位？

——以人为本、参天两地的贵人思想

今天，人类越来越表现出一种“自我中心主义”，然而很多时候又显得特别“渺小”而无足轻重。那么，人在世界中，究竟处于什么样的位置？在中华文化中，以人为本、参天两地的贵人思想，不仅指出了人在世界中的地位，还指明了人与自然的关系，体现出一种“天人合德”的崇高境界，对当今人类自身的发展以及如何看待人在世界中的地位都有重大的借鉴意义。

人在世界中，究竟处于什么样的位置?

一方面，正如我们看到的，随着思想启蒙、人的解放，随着人类在火星探测、海洋开发、空间技术、量子物理、生命医学等领域，尤其是近年来在人工智能方面所取得的突破性进展，人改变世界的力量越来越大，人定胜天、人类中心主义这一类观念不断加强。资源短缺、环境污染已经让我们看到了它无限扩大后结出的恶果。

而与之相悖的是，另一方面，很多时候人的地位仍然显得“渺小”而无足轻重。如在西方宗教世界中，在神的面前，人是渺小的、无力的、被压抑的；在某些地区，女性今天仍然没有得到应有的地位和足够的尊重。我们知道马克思的观点，宗教是人创造的。学者孙正聿对此补充：人创造宗教，是为了从宗教的“神圣形象”中获得存在的“神圣”的意义；然而，只有从“神圣形象”中才能获得存在的意义，又只能是人在宗教中的“自我异化”。再如，奴隶问题，经过人类的努力，虽然今天在世界上所有国家，奴隶制都是非法的，但这并没有阻止它的发生，近年来世界上存在的奴隶人数并不少，据联合国劳工组织发布的一项新的报告，全世界范围内仍有4000万奴隶，而1/4是儿童，他们大部分在非洲。在美国，白人对黑人的歧视自英籍美国人踏上美洲大陆就开始了，而当代美国黑人虽然取得了法律上的自由，废除了蓄奴制，但仍然在自己的“黑人”和“美国人”这两个相互矛盾和对抗的身份当中痛苦地挣扎。法国政治家托克维尔在一百多年前预测的难题——种族歧视和奴役，依然是一个悬而未决的世界难题。

令人担忧的是具有更大辐射范围的经济领域。1516年英国著名空想社会主义者莫尔在其著作《乌托邦》中说：“羊是温顺的动物，在英国这个奇异的国度里，羊能吃人。”莫尔所针对的事件，就是英国的圈地运动，它对广大农民来说是一场灾难。广大农民被地主用暴力从土地上赶走，倾家荡产，流离失所，被迫出卖自己的劳动力。客观来说，正如马克思所指出的，这一圈地运动“推动了资本主义的发展”。然而，今天以逐利为目的的资本主义生产方式正全方位地进入人们的生活，人的“异化”似乎并未减轻，人被淹没在物质和名利的大浪中。在经济社会这部巨大机器的运转中，很多时候人不再是目的，而是构建这架机器的一个零部件。异化的社会片面地追求经济效益，罔顾人的尊严与生命的价值。人们的工作及生存压力越来越大，很多国家的工人出现过劳死，在发达国家，更有大量因为工作压力过大而选择自杀的人，如 2009 年日本共有 32854 人自杀，根据有关部门列出的自杀原因中，除健康问题（如抑郁问题），排在第二位的是经济、工作问题。发展中国家似乎也未能避免，如前些年我国出现的富士康员工跳楼自杀事件，非常惨痛，令人扼腕。似乎人的生存状态并没有随着科技和经济的发展而改善。

《世界人权宣言》第一条明确指出：“人人生而自由，在尊严和权利上一律平等。他们赋有理性和良心，并应以兄弟关系的精神相对待。”社会的发展应该以保障人的自由和权利为主，让人活得更有尊严和价值，而不论人的性别、种族、文化、身份、地位、财富等这些外在的因素。这是文明型社会的标志。几千年来，人们始终在追求问题的解决，古希腊时期，智者派的普罗泰格拉就提出“人是万物的尺度”；文艺复兴时期，为了摆脱宗教的束缚，主张“以人为中心”，强调个性解放与人的自由；近代，经过法国大革命，西方又提出了自由、平等、博爱的理念，主张法律面前人人平等。然而，问题并未得到真正地解决。那么，对于有着数千年文明的古老中国，它又是如何思考人的，人在世界中居于怎样的位置?

* * *

如何看待人在世界中的地位，一直是中华文化的核心关切点之一。两千多年前，中国对人的思考，就摆脱了地域、种族、文化等具体限制，上升到抽象而普遍的高度，从人的本质来进行思考，这成为那个时代人类精神觉醒的标志之一。关于人，今天人们最常想到的就是，人为万物之灵，事实上，这一观念中国早在先秦时期就已萌生了。

中国最早的历史文献典籍《尚书》，其中的《泰誓》篇就说："惟天地万物父母，惟人万物之灵。"唐朝的孔颖达疏释其意甚精，他说："万物皆天地生之，故谓天地为父母也。《老子》云：'神得一以灵。''灵''神'是一，故'灵'为神也。"（《尚书注疏》）孔颖达引《老子》之说，认为"灵"之意与神是一致的。"灵"指精神、思想、意识。所谓"万物之灵"，它一方面肯定了人与"万物"（特别是动物）的一致性，另一方面也指明了人与"万物"的区别。这种特质保证了人能够挣脱自身并主宰自身而进行思想。换言之，人有主观能动性，有自由，能够思想，这恰恰是人区别于动物的最根本特质所在。作为"万物之灵"，人不仅有思想的无限自由，这种自由还可以在一定程度上保证人可以认识人自身。这一观念经春秋时期的发展，在战国时期定型。与西方文化不同的是，人为"万物之灵"这一人之所以为人的特性就在于人自身。换言之，人在自身中发现了"神性"，通过自身的努力，就可以实现自身的超越，而西方文化尤其是在宗教中，则需要一个外在的神灵来承担这一功能。正是在此意义上，中华文化从一开始就表现出很强的终极性、超越性意味。

战国时期，荀子也提出了"人最为天下贵"的观点。他说："水火有气而无生，草木有生而无知，禽兽有知而无义，人有气、有生、有知，亦且有义，故最为天下贵也。"（《荀子·王制》）"贵"就是最有价值，荀子通过与自然界、植物以及动物的比较，认为人有气、有生、有知且有义，即有思想，有能够分辨善恶的道德观念，这恰恰是人之所以为人，区别于动植物的特质所在。换言之，荀子从道德的角度说明了为什么天地万物中人最为贵的道理。这是中国儒家对于人的定义的一个特别的贡献，在儒家看来，人与宇宙万物共生于天地之间，但唯有人秉承了天地的仁德和生义，这就是人的道德观念，因为这一点，人是天地之间最尊贵的。所以孔子说，"仁者，人也"，说的就是人之所以为人的规定，孟子进一步将"四端之心"（恻隐之心、羞恶之心、辞让之心、是非之心）作为道德的进一步规定，宋代周敦颐将人之为人的道德规定说得更为清晰：

“天地间，至尊者道，至贵者德而已矣。至难者得人，人而至难得者，道德有于身而已矣。”在中华文化中，儒家对于人的认识，从人的主观能动性、自由、思想等层面往前迈了一大步，赋予了其充盈的“道德之意”。

建立在这两个意涵的基础上，中国古代关于人的地位的表述越趋细密。《孝经》中借孔子名义说：“天地之性，人为贵。”这里的“性”，是“生”的意思。宋人邢昺解释说：“性，生也。言天地之所生，惟人最贵也。……夫称贵者，是殊异可重之名。”人之所以为“贵”，其前提就是在天地所生的人与万物之中，“惟人，万物之灵”。因为人有“心”及其精神活动，从而也就有了道德自觉、道德观念和道德行为。此外，其他典籍中也有类似的观点，如：“人肖天地之类，怀五常之性，有生之最灵者也。”（《列子·杨朱》）“夫人宵天地之貌，怀五常之性，聪明精粹，有生之最灵者也。”（《汉书·刑法志》）“人抱天地之体，怀纯粹之精，有生之最灵者也。”（《新论》）这些观念从总体上说，都没有超出“人为万物之灵”的思想范围，只不过是其论所选取的角度有所不同而已。“有生之最灵者”的说法，将“万物”具体转化为“有生”之物，亦即动物，可见其考察趋于细密。

《礼记·礼运》篇：“故人者，其天地之德，阴阳之交，鬼神之会，五行之秀气也。”这里的“鬼神之会”，是指形体与精神的会合。人不仅有物质性的一面，也有精神性的一面。因为人禀受了天地间的“五行之秀气”，是天地间的精华之所在，所以人能卓然于万物之上，成为“万物之灵”。所以《礼记·礼运》又说：“故人者，天地之心也，五行之端也，食味、别声、被色而生者也。”天地之心即是宇宙之心。清华大学哲学系陈来教授指出，“天地之心”是天地、宇宙、世界运行的一种内在的主导方向，它决定了宇宙万象的发展，又是宇宙万象及其运动的根源和依据，类似人心对身体的主导作用那样成为宇宙运行的内在主导，同时“天地之心”也是宇宙生生不已的生机和动源。“天地之心”更多的是从价值的角度突出人在宇宙中的意义，认为人是掌握善恶的主体，是实践仁德、引导世界向善的主体。

之后，汉儒、宋儒如董仲舒、周敦颐、邵雍、朱熹等，也都从不同侧面发挥了这一思想。如董仲舒说：“天地之精所以生物者，莫贵于人。”（《春秋繁露·人副天数》）周敦颐说：“乾道成男，坤道成女。二气交感，化生万物，万物生生而变化无穷焉。惟人也得其秀而最灵。形已生矣，神发知矣，五性感动而善恶分，万事出矣。”（《太极图说》）这里的“得其秀而最灵”，也就是人禀受了阴阳五行之“秀气”，故能为“万物之灵”。人之“灵”就在“形既生矣，神发知矣”，也就是荀子曾说过的“形具而神生”。在人的精神活动中含有“五常之性”，它与外界事物相接触、相感应就有了善恶之分，于是人间“万事出矣”。邵雍说：“惟人兼乎万物，而为万物之灵。如禽兽之声，以其类而各能其一，无所不能者人也。推之他事亦莫不然。惟人得天地日月交之用，他类则不能也。人之生，真可谓之贵矣。”（《皇极经世书·观物外篇上》）人得“天地日月交之用”，意为人得道体之用，所以人能够兼乎万物，具备各种才能，成为万物之中的最贵者。在《渔樵问对》中，邵雍又进一步指出：“夫人者，天地万物之秀气也。然而亦有不中者，各求其类也。若全得人类，则谓之曰全人之人。夫全类者，天地万物之中气也，谓之曰全德之人也。全德之人者，人之人者也。夫人之人者，仁人之谓也。惟全人，然后能当之。”尽管人是“天地万物之秀气”，但并不是所有的人都能完全得到，只有一部分人能全而得之，这样的人乃全德之人，又叫“仁人”。朱熹也指出：“盖人为万物之灵，自是与物异。若迷其灵而昏之，则与禽犬何别？”（《朱子语类》卷十七）

把人看作“万物之灵”，这一思想模式是中国传统哲学的自然观，亦是中国文化的一个主要特色。儒家学说的人性论、人生观、社会观以及道德修养工夫论等也是以此为基础。因为人有思想、有精神、有自由，所以人能够进行道德判断，有道德自觉、道德观念和道德行为。

人为“万物之灵”这一观念已经变成中华文化的一个基本基因，成为中国人文精神的重要组成部分。我们这个时代最核心的理念之一——“人本观念”就与此息息相关。用现代话说，人本观念就是尊重人和推崇人，弘扬人的生命存在的意义和主体独立自觉的价值。而这也正是中华文化，尤其是儒家所津津乐道和汲汲追求的东西。著名学者，北京大学的楼宇烈教授曾多次撰文指出，“以人为本”是中国人文精神的体现，也是中华文化最根本的精神，“与西方文化相比，以人为本的人文精神是中华文化最根本的精神，也是一个最重要的特征。中华文化中没有一个外在的神或造物主，中国家庭、社会秩序的维护都是靠道德的自觉自律。中国传统文化强调人的主体性、独立性、能动性”。人本意识突出人的主体性，主张把人当人来看待，提倡重视民意，与民同乐，这是尊重人性、尊重人的体现。也正是在这样的思想基础上，儒家强调“民为邦本”，认为人民构成国家政治的基础，只有基础牢固，国家的安宁才有保障，国家的发展才有可能；强调“民贵君轻”，提出人民、国家、君主的同等重要性，人民是第一位的，天下之得失取决于民心之向背。这也是古代民主思想的萌芽。在很多人的观念中，现在的人本主义是西方的舶来品，而不知道它原来是中华文化的“土特产”。近代西方文化所倡导的人本主义思想，与中国传统文化中的人本思想有着极大的相似性。

2003 年，继承古代的人本观念，时任国家主席胡锦涛提出“以人为本”的科学发展观，成为中国共产党的执政理念；2018 年，科学发展观被写入宪法，成为指导国家生活和社会生活的根本原则。这一系列举措，也意味着“人为万物之灵”的贵人思想，将全面贯彻在治国理政和社会生活实践中。所谓“以人为本”，包含了两个方面的基本内涵：一方面，从“人”的角度来看，阐明了“人”相对于物、神而言，在世界中的位置；另一方面，从“本”的角度来看，则论述了在我们生活的这个世界中，什么最重要、什么最根本，什么最值得我们关注。简而言之，以人为本，就是说，与神、与物相比，人更重要，是根本，不能本末倒置，不能舍本逐末。以人为本的完整的内涵，包含了人与自然关系中的人类为本，它确认了人类在自然界中的主体地位，并为我们坚持作为伦理原则和道德规范的社会主义人道主义提供了根本依据。

当然，在中华文化中，“以人为本”“人为万物之灵”，并不意味着人在价值上比其他万物更高一等，可以随意裁制天地万物。这与我们现在所流行的人类中心主义，或者人定胜天的思想大为不同。中华文化所理解的世界是由天、地和人组成，人是万物的先觉者、辅助者和促进者。既然人得“五行之秀气”，为“万物之灵”，人就对天地万物有一份道德责任。这个责任不是外在给予的，而是人的本性如此。有鉴于此，中国古代思想家们认为，人虽是天地所生万物之一，然可与天、地并列为三。换言之，人之德可与天、地相比，更加凸显了人在世界中的地位，古人称之为“与天地参”。

荀子讲：“天有其时，地有其财，人有其治，夫是之谓能参。”（《荀子·天论》）“参”就是“三”的意思。这句话是讲，人以其能治天时地财而用之，因而与天、地并列为三。对此，荀子进一步解释说：“天能生物，不能辨物也；地能载人，不能治人也；宇中万物生人之属，待圣人然后分也。”（《荀子·礼论》）“分”是分位的意思。在荀子看来，“明分”（确定每个人的分位）是“使群”（充分发挥人类整体力量）、“役物”（合理利用天时地财）的根本，所以他所谓的“人有其治”的“治”，也正是指人的“辨物”“治人”的“明分”能力。

《礼记·中庸》则以“诚”对其进一步充实：“唯天下至诚，为能尽其性；能尽其性，则能尽人之性；能尽人之性，则能尽物之性；能尽物之性，则可以赞天地之化育；可以赞天地之化育，则可以与天地参矣。”《中庸》提出以“诚”来理解“天命之谓性”。“诚”就是真实无妄，“至诚”乃圣人之德。《孟子》和《中庸》都说过：“诚者，天之道也；思诚者，人之道也。”人以其至诚而辨明人、物之性，尽其人、物之用，参与天地生养万物的活动，因而与天、地并列为三。换言之，人如果真诚地发挥自己的本性，就可以发挥万物的本性，然后就可以参与天地孕育万物的工作。对于儒家来讲，天地万物是生生不息的，不断有新的生态和事物产生，人若能参与这生化的过程便能与天道结合。汉儒董仲舒继承了这一思想，他说：“人下长万物，上参天地”，“唯人独能偶天地”，“唯人道为可以参天”。（《春秋繁露》）在他看来：天、地、人是万物的根本。上天生成万物，大地养成万物，人类成就万物。天地并非是超然的存在，它们和人类共同构成和谐社会的主体，并在构建和谐社会的过程中各自担任着不可或缺的重要角色。董仲舒认为在天地之精华所生成的万物中，没有比人类更高贵的，因为唯独人能施行仁义，也唯独人能与天地为偶。

以上论述，都蕴涵了这样一层意思，即在天、地、人三者中，人处于一种能动的主动的地位。从生养人与万物来讲，天地是其根本。然而，从治理人与万物来讲，则人是能动的，操有主动权。这里突出了天人关系中人的主体地位，意在赋予人类对于自然界的责任感，强化人类的超物意识，与天地共施仁义。我们一直强调人类对于万物的优越性，而这种优越性体现的并不应该是人类对于万物的居高临下的态度，而应是对于整个世界的和谐共生与责任担当。就此来讲，人在天地万物中可说是处于一种核心的地位。这一观念实际上把人类的道德伦理推广到了天地之间，天、地、人各有其“德”，德不仅存在于人类之间，也存在于天地之间，人类的命运与天地构成的生态系统是密切相关的。

* * *

在世界中，人或以自我为中心，战天斗地；或被奴役，卑微渺小。如何真正摆好人的位置，是一个很棘手的问题。而其中至为关键的问题毫无疑问就是：人是什么？许多问题都取决于我们对人的基本看法：人生的意义和目的何在？我们应当做什么？我们可以期望达到什么目标？西方文化对人以及人在世界中之地位的看法，与中国大异其趣。也许，通过中西文化的对比，我们能有所启发。

西方文化中影响最大的当属基督教的原罪理论。该理论认为，由于亚当和夏娃受到蛇的诱惑，吃了“知善恶树”上的果子，变得跟耶和华一样能够分辨善恶，耶和华便把他们逐出了伊甸园，任凭他们在大地上繁衍。后来，他发现“人在地上罪恶很大，终日所思想的尽都是恶”，甚至“人从小时心里怀着恶念”。于是，耶和华后悔了，决定用洪水把人类消灭掉，只把挪亚及其后代保留下来。其实，原罪只是一个隐喻，它表明：人类作为亚当和夏娃的子孙，从出生的时候起就具有作恶和犯罪的原始冲动。《旧约》的《诗篇》第八篇说：“人算什么，你竟顾念他。……你叫他比天使微小一点，并赐他荣耀尊贵为冠冕。”《圣经》认为，人是由超越宇宙的上帝所创造，上帝为我们的生命规定了特定的目的。

在哲学上，西方思想家大多也把人看成是自私自利的。如马基雅维利认为人是一种被自私情欲和意向所统治的动物，人天生是恶的，只要一有机会，就总要依这种恶之本性行事。人之性恶是建立在财富和权力欲望的基础之上的。霍布斯说，人作为一个“自然物体”，自然本性支配着人的思想与行动，任何人的自愿行为，目的都是为了某种对自己的好处。休谟也秉持人性恶的观点，认为资源的有限性、自我保全生命和发展的需要导致了人的自私自爱，引发了利益的争夺和人与人的矛盾。古典经济学家亚当·斯密对人的论述，集中于“经济人”的概念。经济人的本性是趋利的，但是他对利益的追逐有赖于对人利益的成就。他以人性为出发点，提出了极具影响力的经济伦理学说。他认为，人都有利己的本性，资本主义生产方式的人性立足点是人的利己私心：“私人利润的打算，是决定资本用途的唯一动机。”但是，“自利人”的经营谋利活动最终会有利于社会的公共福利。“经济人假设”，构成了整个现代经济学的逻辑起点。这一观念在当今社会依然有着很大的影响。此外，现代生物学、心理学和社会学都从各自的专业角度提出了各式各样的所谓科学的理论。如达尔文的进化论和弗洛伊德的精神分析理论都永久地改变了我们对自己的认识。

如果说西方文化是从经验现象或个体存在的角度来看待人，那么，中华文化则是从天地万物的整体视域来看待人的地位。这一整体视域的凸显，恰恰是为了强调人在世界中应有的地位。人不是一个孤立的存在，与他人及天地万物都存在着密切的联系。那种对人之地位过度放大或缩小的观点，都是不合理的。西方文化以个人主义为核心，强调个人权利与个人自由，然而，这一观念很容易走向自私自利的极端个人主义，把个人的利益放在集体利益之上的人生观，主张个人本身是目的，具有最高价值，社会和他人只是达到个人目的的手段。当前社会中就弥漫着这样一种事不关己、高高挂起的氛围，忽视了人对他人及万物的责任。中华文化的整体视域，是对西方个人主义意识形态的救治，可以挽个人主义之偏。

对人的不同看法，直接决定了中西文化在人性论上的分歧。西方文化中的人是有缺陷的，其制度设计以人性的沉沦和陷溺为出发点，着眼于对人的救赎与限制。只要是人组成的政府，就不能对它完全地依赖，就应该对其实行监督与控制，这既是近代西方政治监督思想的基本前提和依据，也是西方政治文化中对人的认识的基本结果。中华文化则从人为“万物之灵”的角度出发，提出人性本善的观点，对人性论作了正面的肯定，由此也奠定了道德修养在儒家乃至中华文化中的重要性。性善论的思想，不仅维护了人的尊严，主张通过对善端的不断扩充，提升人的精神境界，还塑造了以“善养浩然之气”的圣人贤人为代表的理想人格，从而对世世代代的中国知识分子起到了积极的教化作用。

中华文化把与天地配合视为人的义务和目标，使人把自己安放于天地之间，思考周遭环境与自我生存和灵性的关系。这一思想使我们认识到，人类与大自然并不是二元对立的，而是互为一体的，也就是我们所讲的“天人合一”。从人与自然的关系角度来讲，“天人合一”说的是把人类看作自然界的一个和谐的组成部分。虽说人乃“万物之灵”，但人类与万物一样，都是由大地母亲哺育，靠阳光雨露滋润，才获得生命和生存的条件。因此，妄谈“征服自然”“人定胜天”，为所欲为，就有破坏环境和遭受大自然惩罚的危险。1992 年，联合国在里约热内卢召开会议，提出了“可持续发展”的理论——大家终于认识到，只有切实保护人类赖以生存的自然生态环境，经济建设和人类文明才有可能持续发展。这个认识，是人类在进入工业化社会以来，经历了无数惨痛教训之后才获得的。

传承传统观念，今日的“以人为本”，不仅主张人是发展的根本目的，回答了为什么发展、发展“为了谁”的问题；而且主张人是发展的根本动力，回答了怎样发展、发展“依靠谁”的问题。“为了谁”和“依靠谁”是分不开的。人是发展的根本目的，也是发展的根本动力，一切为了人，一切依靠人，二者统一构成“以人为本”的完整内容。只讲根本目的，不讲根本动力，或者只讲根本动力，不讲根本目的，都不符合唯物史观。毛泽东指出，人民群众是历史的主人；同时指出，人民，只有人民，才是创造世界历史的动力。习近平指出，“人民对美好生活的向往，就是我们的奋斗目标”，就是站在最广大人民的立场上，对人的地位的正视。这也是中华文化的题中之义。

以人为本、参天两地的贵人思想，不仅指出了人在世界中的地位，还指明了人与自然的关系，对当今人类自身的发展以及生态环境都有重大的理论意义。人类是天地万物的辅助者和促进者，通过把德性和价值伦理融入对待大自然的态度中，使人和大自然都能够同时得到提升，互惠互利，最终达到社会的可持续发展，实现天地万物一体的理想。事实上，这就是中华文化中所讲的“天人合德”的崇高境界；同时，也是习近平提出的构建人类命运共同体这一伟大构想的间接体现。

三、中华文化可以贡献什么健康观念？

——重生贵养、形神兼修的养生观念

随着科技的进步和医学的发达，今日人类的健康水平明显提高，然而，亚健康与精神疾病等诸多问题仍然普遍存在，健康问题依然是性命攸关的大问题。中华文化作为古老而深邃的智慧，几千年来对于人身体和心理的种种问题，有着自己独特的思考，形成了重生贵养、形神兼修的养生观念，它们是为现代人身心问题开出的一副独特药方。

从非洲草原上的南方古猿露西算起，人类已经走过了340万年的历史。经过千年万年的进化，站在食物链顶端，人类从生存到生活，对自己生命质量的要求不断提高，不断消灭危及自身生存的各种威胁，比如，在长期和其他物种的生存竞争中，人类率先学会了使用工具制造武器来保护自身的安全；人类学会使用火来制作熟食，摆脱了茹毛饮血的原始状态，有效抵御了生食的细菌摄入；人类认识水平的提高也使得人类在品类各异的自然事物中发现了它们的药用价值，最大程度地消除了各种疾病对人类健康的侵害。人类社会发展至今，科技愈发进步，医学愈加发达，人类的健康水平也随之明显提高，如产妇死亡率、新生儿死亡率显著下降，预防大规模传染性疾病的能力大为增强，人类的平均寿命稳步提高……

与此同时，工业化进程的加速发展导致环境、生态不断恶化，现代社会的高速运转给人类带来亚健康与精神疾病等诸多困扰，健康问题依然是性命攸关的大问题。亚健康是与现代社会快节奏的生活相伴而生的一种现象，在现代社会高强度的工作压力和生活压力之下，人们处于高度紧张的状态之中，心理和生理的压力得不到及时的缓解，就造成了亚健康状态。处于亚健康状态的人，虽然没有明确的疾病，但精神活力和适应能力都出现不同程度的下降，如果一个人长期处于亚健康状态而不能得到及时的纠正和治疗，非常容易导致心脏病、糖尿病、高血压、精神病等疾病的发生。

与此同时，世界经济飞速发展，追求成功的压力、剧增的人口、纷繁的信息，乃至拥堵的交通、家庭的碎片化让人的心理问题丛生。据世界精神卫生联盟统计数据，关于在职人群心理现状的统计中，每年有1/4的成年人正在面临心理健康问题，如职场中最常见的焦虑和抑郁；因精神健康问题，美国每年损失GDP至少1930亿美元；每年全球投入解决精神健康问题的成本约为2.5万亿美元。中国也面临较大问题，有关方面对全国抑郁症患病率的最低估计为2%，即全国至少有2600万名抑郁症患者。另外，中国12个地区精神疾病流行病学调查显示，目前全国有严重精神疾病患者约1600万人。根据北京自杀研究与干预中心的数据，自杀是中国18至34岁人群的首要死因。1990年代中期以来，每年至少有25万中国人死于自杀。有关专家预测，21世纪后各类精神卫生问题将更加突出，到2020年神经精神疾病的负担将上升到疾病总负担的1/4。包括心理抑郁和精神分裂症在内的精神疾病对健康的威胁甚至已经超过了癌症。

对于人类普遍存在的亚健康与精神疾病问题，目前的医学与科学条件实际上并不能完全解决，以精神疾病为例，很多情况下，一些抗精神病药的确可以对病人起到一定药效，但其副作用让病人无法正常生活，弊大于利。有鉴于此，专家甚至呼吁，应该更加慎重地对待精神心理疾病的药物治疗，更严格地评估疗效和副作用，并且积极引入非药物的治疗方式。可见，即便是医药科技愈发进步、健康水平显著提高的今天，人类健康也还面临着来自环境污染、生活工作压力等多方面的威胁和挑战。

我们知道，现代社会是现代科技造就的社会，受西方文化影响巨大。所以，当我们面对现代社会的种种问题时，不禁会追问，在传统的西方语境下对现代化的思考之外，与西方文化异质的其他文化是否可以提供一些新的思路，以解决我们现在所关注的健康问题？对此，中华文化作为一种向内的文化，几千年来对于人的身体和心理受到的种种威胁和挑战，有着自己独特的思考，道家的养生学，它和儒家、佛家的超越性“心理疗法”，都是古老而深邃的智慧，或可为人的身心问题开出独特的药方。

* * *

在中华文化中，“健康”问题经常是围绕“生”“身”等展开的，“重生”

“贵生”一直是中国古人的核心观念，或者说是整个传统文化的一种态度。

老子说：“故贵以身为天下，若可寄天下；爱以身为天下，若可托天下。”（《老子》第十三章）只有那些贵身、爱身之人，懂得生命可贵的人，才能治理好天下万民。《庄子·养生主》载：“缘督以为经，可以保身，可以全生，可以养亲，可以尽年。”提出了一个以“守中”为起点的保身、全生、养亲、尽年的生命展开序列。在老庄道家之外，儒家对生命的珍视也是非常突出的，《论语》载：“厩焚。子退朝，曰：‘伤人乎？’不问马。”（《论语·乡党》）孔子家里的马棚着火了，孔子退朝回家后听说了这件事情，他并没有询问马的情况，而是先问这场火有没有伤到人。宋儒程颢曾说：“周茂叔窗前草不除去。问之，云‘与自家意思一般’。”周茂叔即周敦颐，周敦颐不除窗前的杂草，别人问他原因，他说这草和人一样，他并没有把草视作与己无关之物，而是将之视作与自己一样鲜活的生命。这说明了以儒道为主要内容的中国本土传统文化是有着重生、厚生的传统的。

我们首先从传统的生生、阴阳观念出发，探讨中华文化中重视整体、平和、和谐的生命观，生生不息、阴阳和合正是中华文化独特的健康观念的本源与基础。在此基础之上，中国古人提出了“养生”的健康观。

如果用一句话来概括中国哲学的特质，我们可以说中国哲学是一种“生生”的哲学。正所谓“道生一，一生二，二生三，三生万物”（《老子》第四十二章）、“四时行焉，百物生焉”（《论语·阳货》），中国哲人正是从宇宙的大化流行开始，理解这个以“生”为根本现象的世界。《说文》载：“生，进也。象草木生出土上。”就其原始含义来看，“生”就是生命自然而然地产生。在中国传统文化中，儒道两家都以自然之“生”为其哲学的基本出发点，以此解决宇宙和人生的根本问题。因此，中国哲学可谓“生生”的哲学，在中国人看来，宇宙之间最崇高的美德就是天地化育万物的品德，“上天之载，无声无臭”，天地造化万物，却从不偏私。年复一年，日复一日，四季更替，寒暑往来，自然、社会、人生在不断地变化更替，以“生生”为“道”的中国人看到的是一个生生不息、日新日成的宇宙，看到的是一个新而又新的富有生机活力的宇宙。方东美先生论述《周易》的宇宙观时曾说：“《易经》的基本原理，就在于持续的创造性，乾元为万物所自出，一切变化的过程，一切生命的发展，一切价值理想的完成，创造前进都无已时。”

那么，宇宙与自然“生生”的根本动力又是什么？中国人一般会将之归为阴阳观念，老子云：“万物负阴而抱阳，冲气以为和。”（《老子》第四十二章）《易传》曰：“一阴一阳之谓道。”如果说“阳”代表的是健动、创化的力量，“阴”代表的则是凝聚、含藏的力量，因此，阴阳是同一种生命力的两种表现，两者之间虽然不无张力和冲突，但不是对立与争斗的关系，而是相互交感与相辅相成、相互转化，这样才有所谓的“化生万物”。而且，只有在阴阳的互动与和谐之中，万物才能得以成就，生命的历程才能不断绽开。

在这个以“生生”“阴阳和合”为核心的大生命观念之中，人的存在又是什么样的形态？早在先秦时期，人们就开始以阴阳解释人身体生理机能。《左传》昭公元年记载，晋侯求医于秦，秦伯派医和去看病，医和察觉晋侯是淫欲过度，他说：“阴淫寒疾，阳淫热疾，风淫末疾……”“淫”是指多、过度，在中国古人看来，各种疾病由多种原因引起，但共同之处是阴阳失衡。这从反面说明阴阳协调的重要性。在后来的中医理论中，阴阳平衡思想更是占据了极其重要的地位。“阴阳调和”既指人体与自然界之间应该有一种协调关系，也指人躯体内各系统功能应当维持一种平衡关系。因此，中医治病的基本原则是调整已受到破坏的生理机能，使之重新恢复到阴阳平衡协调状态，即“阴病治阳，阳病治阴”。

汉代的《黄帝内经》更是汲取了诸子对生命的诸多认识，将秦汉以前的养生文化适时而又完备地纳入养生理论当中，对人与自然环境的关系有较系统的论述。《素问·宝命全形论》中明确指出：“人以天地之气生，四时之法成。”《灵枢·岁露》载：“人与天地相参也，与日月相应也。”明确说明了人与自然之间的密切关系，这是一种强调“天人合一”的生命观，也是一种注重与自然相和谐的生命观。以这样的生命观为前提，如欲获得“健康”——也即个体生命的“生生不息”、创造不已，就必须与天地、四时、日月、阴阳处于同样的节奏与变化之中，所以，《素问·四气调神大论》有言：“故四时阴阳者，万物之终始也，死生之本也，逆之则灾害生，从之则苛疾不起，是谓得道。”《灵枢·本神》也说："故智者之养生也，必顺四时而适寒暑。"人应当按照自然界阴阳四时变更的规律来调节自身，与自然统一协调，使人体生理活动与自然界变化的周期同步，提高人体对自然界变化的适应调节能力，从而促进自身的健康长寿，这就是所谓"顺时养生"的原则："春夏养阳，秋冬养阴，以从其根，故与万物沉浮于生长之门。"（《素问·四时调神大论》）

可以说，中医养生文化中认识生命与健康的核心理论，正是中国古代哲学智慧由宇宙万物推及人体的具体诠释。中医养生蕴含着的是"阴阳和合""道法自然"的根本智慧，由此而衍生的养生方法虽然多种多样，但大致可以划分为"养形""养气""养心""养神"等。

谈及健康，首先最受关注的便是身体的健康，因此"养形"或者"养体"于健康而言不可谓不重要。古人对身体的保健与养护是相当重视的，《黄帝内经》在谈及上古圣人的养生方法时就说到："圣人者，处天地之和，从八风之理，适嗜欲于世俗之间。无恚嗔之心，行不欲离于世，被服章，举不欲观于俗，外不劳形于事，内无思想之患，以恬愉为务，以自得为功，形体不敝，精神不散，亦可以百数。"其中的"外不劳形于事""形体不敝"就是在强调对身体的保健与养护，拒绝一些琐事、杂事对身体的侵扰和戕害。与之类似的还有唐人刘禹锡在其名篇《陋室铭》中的那句"无丝竹之乱耳，无案牍之劳形"，这句流传千古的佳句和《黄帝内经》"外不劳形于事"有着异曲同工之妙。

除了提出"养形"理论，中国古人还开发了一系列养生功法，最著名的当是东汉华佗创编的"五禽戏"与南北朝时期达摩所创的"易筋经"。"五禽戏"仿虎、鹿、熊、猿、鸟五种动物的体态动作而成，是中国古代导引养生功法的代表，华佗本人对"五禽戏"的功效颇为自信，直言"'……（五禽戏）亦以除疾，兼利蹄足，以当导引。体有不快，起作一禽之戏，怡而汗出，因以著粉，身体轻便而欲食。'普施行之，年九十余，耳目聪明，齿牙完坚。"（《后汉书·华佗传》）而"五禽戏"也因其绝佳的养生功效，在两千余年后的今天仍然受到养生保健人士的推崇。据传为达摩祖师所创的"易筋经"则包括内经和外经两种锻炼方法，各有 12 势。"易筋经"内经采用站式，以一定的姿势，借呼吸诱导，逐步加强筋脉和脏腑的功能，大多数采取静止性用力，强调呼吸以舒适自然为宜，不可迸气；“易筋经”外经注重外壮，《易筋经外经图说》指出：“凡行外壮功夫，须于静处面向东立，静虑凝神，通身不必用力，只须使其气贯两手，若一用力则不能贯两手矣。每行一式，默数四十九字，接行下式，毋相间断。行第一式自觉心思法则俱熟，方行第二式。速者半月，迟者一月，各式俱熟，其力自能贯上头顶。此炼力炼气，运行易筋脉之法也。”

“五禽戏”“易筋经”等功法都是古人为养生保健而特地创编的功法，其核心目的就是养生、养形。如果说西方的体操主要是通过技巧、力量与速度等展示身体的“极端之美”，是一种极具专业性、危险性的体育运动，中国的这些养生功法则更为日常化，更适合普通人的操行与练习，因此也更容易被大众认可并接受。

中国古人大多认为世界是由“气”所构成的，因此“养形”的本质也可以视为“养气”。“养气”理论建基于传统哲学的“天人合一”理论，通过“气”在人与天、人与自然之间构建一种和谐的共生关系，而这恰恰是当代社会所缺乏的一种理念。中国的“气功”是以呼吸的调整、身体活动的调整和意识的调整（调息、调形、调心）为手段，以强身健体、防病治病、健身延年、开发潜能为目的的一种身心锻炼方法。“气功”主要讲究调整自然之气和先天之气和谐的关系，先天之气是禀赋于父母、循环在人体十二经络和奇经八脉中的元真气。“气功”的种类繁多，主要可分为动功和静功。动功是指以身体的活动为主的气功，如导引派以动功为主，特点是强调与意气相结合的肢体操作；而静功是指身体不动，只靠意识、呼吸的自我控制来进行的气功。大多“气功”方法是动静相间的。

如前所述，中国传统的“养生”理论是建基于传统哲学理论的，中国传统哲学的一大特色就是天人合一，这一特色反映到“养生”理论上即表现为内外合一、心形兼修，谈及“养形”“养气”必谈“养心”“养神”，所以《黄帝内经》谈及“外不劳形于事”必及“内无思想之患”，谈及“形体不敝”必及“精神不散”。上面所述的“五禽戏”“易筋经”“气功”等都必须达致“形神合一”“内外兼修”，才是最高明的境界。

所谓“养心”，就是要把心灵从烦忧苦悲等消极情绪中释放出来，让心灵处于一种怡然自得的舒适情境中，“以恬愉为务，以自得为功”。换言之，“养心”

“养神”的本质是对心理健康的养护，在传统哲学语境下，“养”则被赋予了更多的人文主义色彩，这样就使得心灵不是待治愈的客体，而是被涵养的对象。道家对于“养神”的论述，是中国养生学的思想渊源。老子提出：“故常无欲，以观其妙；常有欲，以观其徼。”（《老子》第一章）在老子看来，少私寡欲，能守中和是养生的秘诀。庄子在老子思想的基础上对“静以养神”进行进一步的明确论述，《刻意》说：“平易恬淡，则忧患不能入，邪气不能袭……此养神之道也。”认为平静安和的良好心态是抵御外界干扰的重要因素，直接将“养生”的根本称为“养神”。《淮南子·泰族训》也说：“太上养神，其次养形……神清志平，百节皆宁，养性之本也；肥肌肤，充肠腹，供嗜欲，养性之末也。”指出了养神和养形之间的主次、本末关系，养神重于养形，乃养形之根本。虽然佛教的教义没有直接强调“心理健康”，但也讨论了烦恼的本质及其破除烦恼的方法。佛教禅修的终极目标是洞察生命和世界的本质，而达到最终的解脱。佛教讲求正见、正思、正念、正定等，强调心灵为一切身心现象的主宰，侧重通过心理修养，颐养心神，健壮人格。《维摩诘经》曰：“欲得净土，当净其心，随其心净，即佛土净。”在佛学中，正精进、正念和正定构成了心灵的修炼方式，通过对自身的觉察，观照特定的心境，超出人类意识的状态，达到“净心”“无我”的体验，也就在精神层面警戒了不健康的行为，从而培养出真正的智慧。目前来看，佛教中的“正念”已经内化为主流心理干预的一部分，佛教传统的内观和禅、标准化的团体冥想练习对于缓解焦虑、抑郁、睡眠障碍，以及压力管理等有着良好的作用，能够有效减少负性情绪的体验及其与之相关的痛苦。

可见，中国传统的养生观既注重养形，更注重养神，认为神对整体功能起着主宰和调节的作用，以达到形神兼养的最终目的。中华文化的健康观主要呈现为一种强调天人合一、阴阳调和、身心合一、形神兼养的整体观与平衡观，特别强调人和自然环境、社会环境的协调，以及体内气化升降，心理与生理的协调一致。在这种独特的生命观与健康观的指导之下，中国人致力于在天与人、阴与阳、身与心、形与神的辩证之中看待“健康”问题，可谓由“大生命观念”确立了真正的“大健康观念”。在中国古人看来，一个人是否“健康”，既取决于生命个体与身处的存在环境是否协调，也取决于生命个体内部的身心协调。

* * *

前文已经说过，即便是医药科技愈发进步，健康水平显著提高的今天，人类也还面临着来自亚健康、精神心理疾病等多方面的威胁和挑战。面对这种种威胁和挑战，中国可以凭借自己古老的智慧为新的时代问诊号脉，开出新的药方。

通过上文可见，传统养生智慧中的“养形”“养气”与“养心”等“养生”理论可谓对当代社会亚健康与精神疾病的对症之方。亚健康状态下，人的精神高度紧张而压力巨大，因此“养心”之术当是颇为紧要的，在适当的时候抛去压力，彻底地放松心灵，把自己从繁杂琐事中释放出来，感受一种发自内心的愉悦。相比于古人，我们更加迫切地需要让心灵“无思想之患”，今天我们也许有更多的选择，也许只需要一场音乐会，或者一部电影，或者一次艺术展，甚至只需要一本书就能让来自生活、工作、学习等多方面的压力从心头消散，达到真正的“以恬愉为务，以自得为功”。当然，“精神不散”只是一方面，还需要“形体不敝”，长期的亚健康状态会诱发一系列生理和心理疾病，“养心”只是解决了心理层面的问题，“养形”才能解决身体上的问题。“五禽戏”“八段锦”“易筋经”等传统养生功法的价值已经被今人注意。例如，2001年，国家体育总局委托上海体育学院展开对“五禽戏”的挖掘、整理与研究工作，根据前人记载并结合现代养生理念重新编创“五禽戏”功法，并在全社会推广，正是古为今用的鲜活实例。

中医养生文化源远流长，影响深远，对现代医学的发展有重要的指导意义，然而，由于医学古籍中的文字艰涩，现代研究与应用较难吸收其深意。那么，应该如何促进传统医学的现代转化，并发掘其重要价值和意义呢？习近平总书记说：“中医药学凝聚着深邃的哲学智慧和中华民族几千年的健康养生理念及其实践经验，是中国古代科学的瑰宝，也是打开中华文明宝库的钥匙。深入研究和科学总结中医药学对丰富世界医学事业、推进生命科学研究具有积极意义。”就目前人类健康水平的现状来说，仅仅回溯中国古人的养生智慧是不够的，我们还要认真挖掘其现代价值并推广使用，才能真正使古老的中国养生智慧在现代世界重新焕发出生机。首先，我们需要将中医学古籍重新整理，转化为现代化的语言，系统发掘传统中医养生文化，使其更加符合现代健康服务业发展需求。其次，我们要致力于中医学与其他学科之间的交叉融合，充分继承传统精髓，充分吸纳其他学科最新成果。再次，我们还应致力于中医药养生文化的创造性转化，集医疗、保健、科研、教育、产业、文化“六位一体”，形成多元化、多层次和功能齐全、覆盖面广的中医医疗服务和养生保健服务体系……

在国家全面复兴传统文化的今天，发掘传统养生文化的现代价值是有重要意义的，问道古人，绝非否定当下，传统养生文化只有用在当下才能活在当下，只有充分地融入现代社会才能在今天的中国重新焕发生机。我们认为，中华文化应该而且可以为今天的世人贡献良好而有效的健康观念，一言以蔽之，让古人对生命的温情与敬意在今人心中燃起一丝火光，便是传统文化在健康事业上最重要的现代价值。

四、中华文化如何克服恶性膨胀的个人主义？

——人己相合、社群与个人协和的自我与社群观

极端个人主义是一系列社会恶果的罪魁祸首，市场经济中的种种弄虚作假、欺诈，社会存在的罔顾道德、金钱至上、享乐主义……而中华文化中的自我观念明确反对极端个人主义，主张人己相合、社群与个人协和，认为个体的存在不能脱离社群和社会，个人的成就说到底是整个社群共同运作的结果，它是一种立体交叉的网络式的自我观念。

2018年新年伊始，发生了两件骇人听闻的事件：美国的校园枪击案，可怕的枪手一瞬间使得数条年轻生命凋零；马斯克的可回收火箭成功发射，标志着人类的航天科技又有了突破性进展。对于这两个事件，我们或悲伤，或欣喜，但它们有没有什么关联呢？实际上，这两件事情最大的关联，就是它们都是由人来做的，而这些造善造恶各不相同的人，其实极可能秉持着共同的思想观念，那就是个人主义的自我观。枪手是个人主义的，所以他可以视他人生命如草芥；马斯克是个人主义的，所以他可以充满自信去追求自己的目标。这种诞生于近代西方的个人主义自我观，确实是一柄双刃剑：正面的作用是，它可以使得人们充分发挥自己的主观能动性，进行充满活力的创造和创新；负面的作用是，它会使得个人完全以自我为中心，视他人为工具、为敌人，于是产生各种非人道的行为，对他人、对社会造成伤害。为了区别这两种不同，笔者谨将前者称为个人主义，而将后者称为极端个人主义或者恶性膨胀的个人主义。

近代以来极端个人主义的最突出表现，就是制造了第二次世界大战的纳粹德国和21世纪以来猖獗难息的恐怖主义。作为纳粹德国的最高元首，在希特勒的眼中，非德意志民族的世界其他民族都是低等民族，所以都必须臣服于德意志民族，而犹太民族尤其作为下等民族甚至不具有在这个世界上生存的权利。在这种恶性的民粹主义背后，其实是希特勒极度膨胀的个人主义的展现。因为在他看来，德意志民族精神的集中体现就是他自身，他自身代表了整个世界文明的顶点，因而他具有对世界进行统治的权力、能力、正当性和合法性。正是在这种极端个人主义的心理下，他一手造成了第二次世界大战的恶果。而21世纪的恐怖主义的根源，其实和纳粹主义背后的民粹主义、极端个人主义是相通的。恐怖主义者的心态：一方面他们是掌握了绝对真理的人，他们是唯一正确者，因此他们所有的行动都是正确的；另一方面他们又是不被其他民族、其他人所理解的人，所以他者都是敌人，是需要予以处理的对象。在这样的心理基础上，恐怖主义者才会心安理得地去制造各种灭绝人性、惨绝人寰的事件。可以说，极端个人主义必然通向对他者的伤害，而这种伤害的最高阶段，就是对他者残忍的暴力和杀戮。

试看当今世界种种弊病：市场经济中的种种弄虚作假、欺诈；社会存在的罔顾道德、金钱至上、享乐主义、违法犯罪、盗窃杀人；尤其是极端个人主义渗入党和政府的队伍，某些党员干部由此衍生徇私枉法、贪污受贿等，这些正是极端个人主义造成的恶劣社会后果。当然，我们日常生活中的极端个人主义者，因着各种文明、法规和自身资源条件的限制，并未发展到暴力、杀戮和违法犯罪的地步，但是，他们对他者的伤害，却以各种形式存在着。比如在职场中，一些人为了自己的升职，会不择手段地恶意中伤、造谣嫁祸给竞争者；又如在学界中，一些人为了自己的学术地位，会刻意打压不同意见者，从而形成所谓的学阀；再如在娱乐圈，一些人为了自己的形象，会恶意制造其他明星的不良新闻，进行抹黑；等等。可以说，这些极端自私自利的行为背后，莫不有极端个人主义的思想作祟。这种极端个人主义不仅会伤害到他者，还危害到整个社群。职场中的极端个人主义，会造成整个工作氛围的不和谐，进而影响团结，降低效率，甚至造成整个集体的解体；学界中的极端个人主义，会造成对其他思想发展的压制，使得整个学术共同体的社会价值降低，甚至导致社会对专家学者的轻视；娱乐圈中的极端个人主义，会造成整个娱乐圈形象的低俗化、阴暗化、丑陋化，而最终遭到更多人群的鄙视。因此说，极端个人主义会对他者、社群都造成难以估量的伤害。

* * *

那么，极端个人主义渊源何在？它是否一直伴随着人类呢？应当说，我们所生活的现代社会，很大程度上深受西方近代思想理念的影响。必须承认，来自近代西方的诸多思想文化理念、生产生活模式等确实给整个世界带来了以前数千年历史中所没有的进步和发展。但是，在产生这些正面效应的同时，也有很多令我们担忧的东西：贫富差距的日益扩大，民粹主义的日渐兴起，人的本真生活的日益异化，精神愉悦的日渐庸俗化甚至空洞化……

深入分析近代以来西方的种种思想文化理念和生产生活方式等，可以发现，在所有这些的背后，其实有一个最根深蒂固的观念——近代以来的个人主义的自我观。西方思想经过中世纪近千年的神权对人性占权威和统治地位的反思后，到了宗教改革时期，开始出现双重权威论，如路德等认为人和神具有同样的权威。这种理解，伴随着宗教改革的兴起和各种基督新教的产生，动摇了千余年西方世界的自我观，使人自身获得了很大程度的解放。而文艺复兴对人的推崇，更进一步将人自身从宗教中释放了出来，使人的世俗生活获得了合法性、合理性甚至是崇高性。此后西方思想的发展，就在这样一种对人的重视和推崇的基础上展开。

一方面，近代西方哲学的开端是笛卡尔的“我思故我在”，这打开了人类理性至高无上的大门，而随着康德“人为自然立法”的提出，人类的理性获得了天然的毋庸置疑的优先性和崇高性。于是，自然科学获得了独立于神学和哲学的地位，而这就彻底释放了人的创造性、创新性能力。但同时，这样一种对人自身的过度推崇和自信，带来了人类自认为自己可以主宰一切的“人类中心主义”。而这种“人类中心主义”因着其根源是人对每个个体之理性的推崇，所以又造成了每个个体的“自我中心主义”。另一方面，近代生活以世俗生活为基础，随着基督新教对世俗生活的认可和政教分离的普遍被接受，使得世俗性的经济生活、政治生活获得了其真实的意义与价值。这使得人对私有财产的占有成为共识，而人对利益最大化之追求的本能，则产生了市场经济及其带来的巨大经济成果；同时人从神权权威下解放后，个体的独立存在及其价值成了人先天固有的权利和意识，也就是天赋人权观念，而一切政治生活也都以此为根基来进行设计，于是民主、法治等兴焉。但与此相伴的，是原子化个体主义的观念，也就是说，每个人都相信自己是独立于他人的具有独立价值和意义的存在：从正面讲，这意味着每个人对自身政治权利的要求和最大经济利益的诉求都是合理的；但从反面讲，这些要求和诉求只要在法律允许的范围内，则无论怎样追求都不为过，甚至可以不顾及他人的感受和对社群、社会的不良影响，这就导致了个人对自身权利和利益的无限膨胀与过度追求。尽管这些膨胀了的追求有法律为底线，但是，在法律之外还有极大的空间，而那些空间本来在古典时代是由道德、荣耀、礼仪、修养等来予以软性规范的，但因着近代以来原子化的个人主义观念，而这些古典时代的优良传统都被打破、打碎了。

由上述可知，近代以来的西方思想将个人主义予以了最大限度的释放，而在它带来种种善果的同时，也带来了其自身难以消灭的恶疾。面对这些疾病，现代以来的西方思想文化界其实一直在试图予以解决。尼采的“超人”是想给失去了意义和荣耀的人重建新的意义和荣耀，但他仍旧是在个体上进行努力，这注定是要失败的。胡塞尔、海德格尔等人意图还原人生活着的开放而真实的世界，但仍是从西方旧有的思路上去开拓，也始终无法迈出决定性的一步。只有马克思主义注意到了问题的关键在于不能再采取个体主义的自我观念，而必须将个体融入集体，才有可能使自我获得真实的意义。另外，现代的社群主义也重新发现了社群对自我的重要性，进而指出了美德对个人塑造的价值，从而促成了近几十年来社群主义和美德伦理学的兴起。

其实，在东方的中华文化中，有非常丰富的可以对治个人自我中心主义和原子化个人主义以及极端个人主义的思想资源。在传统中国，无论是儒家、道家、佛教，还是各种民间思想，普遍认为个体的存在是不能脱离社群和社会的，也就是说，传统中国的自我观，从来就是人己相合的自我观念。构成这种自我观的主要内容有如下逻辑思路：第一，人和禽兽是不同的。传统中国对人的最重要的认识就是天地之间人为贵，而人之所以珍贵就在于他和禽兽是不同的。禽兽有知觉、有认识，但是它们的感觉和认识只是最粗浅的同类认识，也就是说在它们那里只有同类和非同类两种感觉，所谓“兔死狐悲，物伤其类”，就是这样一种感觉。但是人类则不同，人类的认识能力更高、感受能力更强，人能为天地万物划分类型，所以有各种“名”的划分；人不仅会为同类而感动，也会为天地山川、草木瓦石感动。因着这两种能力，一方面，人可以进行各种群类的划分，从而可以构成一个由各种社群组成的社会；另一方面，人与人、人与社群、人与社会、人与自然之间可以和谐互动，从而整个世界并不是一个敌我的世界，而是一个和谐的世界。可见，通过人禽之辨，中国古人确立了人的社会性是自我观不可或缺的一个面向。

第二，人和社群、社会的关系。如前所述，传统中国人认为，人因着理性认识能力可以将人群划分成不同的群类，从而可以构成各个不同的社群，小到家庭、家族，中到村落、社区，大到民族、国家、世界。同时，正因为人天然地具有这种能力，所以也意味着人不得不无时无刻不处在各种社群之中，所以，人无法脱离社群而生活。而且中国人强调人的贯通一切的感受能力，所以无论是最亲密的家庭还是最疏远的世界，和自己都不是彼此隔离的，而是联系在一起的。虽然这种联系有亲疏之别，但即使是遥远的万物，也不是与自己不相干的。所以宋儒张载有“民胞物与”的说法，人的感受力，可以使人对他人、他物感同身受，所以一国之内的民众都是我的同胞，天地间的万物都是我的伙伴。显然，在传统中国人看来，人和社群乃至整个世界是关联在一起的，个体的权利和利益并不独立于自己所在的从小到大的各类社群。换句话说，就是自己所在社群的完善和幸福恰恰是自身之完善和幸福的基础，两者的目标是完全一致的。

这就有了第三点，即中国传统中天人相参、人可以且应当参赞化育的观念。中国传统文化有天、地、人三才之说，认为天、地、人各有其道，人在这个世界上具有巨大的存在意义与价值，人和天地一起使这个世界和谐、和睦而丰富多彩地运行。天道生生不息、流行不止，虽然一事一物有其荣枯，但是整个世界的生命洪流却是奔腾不止的；地道厚德载物、涵容一切，万事万物形形色色、各有所需，大地都无所差别地为他们提供滋养、润泽他们的生命；与天地相应，人道就是顺承自己的生命，担负起自己生存的意义，尽心尽力地在天地之间精彩而丰富地生活，从而使整个世界大生命圈更加和谐。也就是说，个体的独立生存，不仅是为了自身，还是和整个世界相协和的，所以个体自身的完善和社会、世界的完善应是和谐的。所以个体的真正价值之实现，并不只是金钱、财富、地位等的实现，而是对自己所生活于其中的各个社群能有所反馈、有所贡献。

正是因着如上所述的逻辑链条，古代中国人坚持个人的利益需要在社群的利益中来实现，因为人的生存不可能离开社群，所以个人的成就说到底是整个社群共同运作的结果。因此既要肯定个人的努力和付出，同时也始终要认识到：个人和社群是合一的，个人应当也必须反馈社群。所以在古代的家风家训中，始终强调一个家庭成员要对家庭、家族乃至邻居、同乡有所贡献，而同乡、同族之间也要互相帮助、共同发展。同时，作为古代中国思想文化主流的三家，儒家强调“民胞物与”“兼济天下”，道家强调“福利众生”，佛教强调“普度众生”，皆认为个人需要和天下万物共生共存，而且因着人高于万物的能力，人应当造福于万物。可见，传统中国的自我观念不是自我中心的个人主义，也不是原子式的个人主义——它明确反对极端个人主义，而是一种立体交叉的网络式的自我观念。

这样一种自我观念，使传统中国致力于培养温文尔雅的人格，温馨互助的家族，贫富均衡的经济，上下协调的政治。这带来的益处是古代中国的文化得以一脉相承、悠久绵延，古代中国的经济可以基本保持平稳、持续增长，古代中国的政治虽有朝代更迭，但始终需以民心作为合法性而保持一种相对的平稳性。当然它也有一些弊病，如经济的发展始终在农业社会而无法开辟工商社会，政治上只能在君、相、民的权力打转中延续民本政治而不能开辟真正的民主政治。但是，当近现代的我们追求过经济和政治上的富强后，却发现要想真正实现中华民族的伟大复兴，最关键是文化上的复兴，也就是说，中华文明要为世界的未来发展提供具有中国基底的文明因素、价值观念。而在这其中，中国人的立体交叉的网络式的自我观念，其实具有巨大的待开掘的价值。

* * *

在某种程度上，近现代中国的发展史，可以说是中国人自己破坏自己立体交叉的网络式自我观而走向个人主义自我观的历史：各式各样的新青年的“娜拉出走”，中国人走出了原有的大家族和乡村邻里；各式各样的文化运动，中国人走出了原有的文化思维和生活共同体；各式各样的经济、政治活动，中国人走出了固有的各类社群而置身于独立的个体语境。当然，根深蒂固的网络式的自我观念在近现代中国的发展中也曾试图重构网络式的自我观，如单位观念、集体主义，但是不可否认的是，这些观念在当代中国是日益淡薄了。

必须承认，建立正面的个人主义的自我观对于现代生活是必要的，如前所述，市场经济、民主政治、个人发展等都必须以之为基础。但问题是，仅仅有这种自我观是否就足够？通过上面的分析我们已经看到，个人主义的自我观不可避免地会滋生个人中心主义和原子化的个人主义，进而产生极端个人主义，导致各种负面效应的出现。所以，是时候重建我们的自我观念了。可以将西方个人主义的自我观和中国立体网络式的自我观加以融合调试，而形成一种新的自我观念。这种新的自我观，面向人的本真的丰富而开放的生活，既承认人的社会性的必然，又认可人的创造性的能力；既确认人的道德义务与能力，也肯定人的适度追求利益的正当性；既确定人和社群的和谐关系，又推重人的独立发展的价值。这种新的自我观念，致力于推动人的自我身心和谐的建构，实现人和自然和谐的发展，从而真正形成一种未来人类可以持久性存在的自我观念。而对这种新的自我观形成之贡献，将是中华文化对世界之贡献中极为重要的一点。

这里需要指出的是，用中国传统文化中立体网络式的自我观来克服单纯原子式、个人中心的自我观的弊病，其实就是要克服极度膨胀的个人主义带来的现代性沉疴，从而使得人类可以重新寻回自己的珍贵与荣耀，而不会堕落为破坏整个世界的罪魁祸首。这其中的突出表现，正如前文说到的，就是生态环境问题。近现代以来生态环境问题背后的观念原因，其实就在于极度膨胀的个人主义，人类相信自己可以凭借理性主宰一切，而万事万物都应当为世界的中心——人类提供服务。也就是说，作为他者的万物是且仅是物，并没有独立的、脱离于人的价值与意义，所以它们的存在价值就在于供人类进行所谓客观的研究，进而为人类提供服务。这种观念为人类生活带来了无穷的发展和便利，但同时，也造成了难以弥补的生态环境大破坏、大危机。这其实就在于极度膨胀的个人主义者没有意识到，自我并不是脱离于他者的，并不是和自己生存于其中的社群没有关系的。人的成就来自社群，同样的，人的所作所为对社群造成的影响也必然反过来影响人自身。所以，人对自然的伤害也必然带来自然对人的伤害，“人的宰制”必然形成“对人的宰制”。因此，要从根本上解决这种沉重的疾病，就必须改变我们的自我观念：人必须认识到，自己的生存是无法离开社群的，社群的完善才可能真正实现个人的完善。所以，只有改变旧有的人可以主宰一切的这种极度膨胀的个人主义自我观，才能真正推动所有人为改善生态环境而做出努力，这才是解决这个问题的根本之道。

极度膨胀的个人主义造成的另一个显而易见的弊病就是人的自我价值的虚无主义化。尼采曾指出，现代人的根本疾病就是虚无主义，虽然他开出的药方并不能治愈这个疾病，但他的诊断则是精辟的。膨胀的个人主义的自我观无可避免地带来虚无主义，因为它将人带至一个四顾无人的极度孤独无依的世界，在这个世界中，没有温馨的共同体可言，而只有冷冰冰的他人的地狱。人为了逃出这个世界，不得不将自身寄居于其他可以给自己带来满足的东西：享乐主义、物质主义为人们带来了欲望的极度满足，可以让人在丢失价值与意义的同时获得某些弥补；极端个人主义、激进主义可以为人们提供所谓的不朽价值，尽管这种价值在其他人看来可能是可笑的，甚至是反人类的；等等。可见，要想从根本上治愈这种顽疾，只有构建新的自我观，就是让人意识到自己并不是生活在一个孤零零的冰冷世界中，而是生活在一个他人和自己休戚与共的真实的生命共同体之中。这种自我观，显然是西方文化无法提供的，必须从传统中国立体网络式的自我观中汲取资源和养料。

当然，如前所述，今日中国的立体网络式的自我观其实已经比较薄弱了，所以，当我们想要为世界贡献新的自我观的时候，首先要改变的是我们自己。我们必须回到自身的优秀传统文化中去，去重新理解我们传统的自我观念，从而重建当代中国人的自我观，即通过自身内部调试个体主义的和立体网络式的自我观，构建起一种全新的既有传统因素又有现代因素的具有普遍性的自我观。这个工作，其实是十分艰巨的：一方面我们不能简单否定近代以来个体主义自我观的正面价值，同时又要充分警惕其中负面的极端个人主义的恶性因素；另一方面我们必须在恢复中国优秀传统的同时，尽可能淘汰其中有弊病的地方。这其中所呈现的巨大张力和所需要的巨大智慧，正是对当前中国人的真实要求。冯友兰先生认为，中华文化是“周虽旧邦，其命维新”的，这是中华文化的真实命运，也是中国人的真切使命。因此，我们逃无可逃、避无可避，只能承担起这使命，致力于新的自我观的建构，才能克服西方个人主义所带来的弊病。如此，我们才能让中国传统文化真正对世界有所贡献。而我们自身，也才能真正获得传统文化对我们自身生命的滋养、润泽。

五、中华文化如何克服穷奢极欲的消费主义？

——俭约自守、力戒奢华的节制观念

极端的消费主义已经成为现代最严重的问题之一。它作为全球性的问题，实则起自西方工业革命的无限度生产和全球贸易，又得到第三次技术革命和最近发生的第四次技术革命的推波助澜，已经危及我们人类生存的处境。而在中华文化中，历代有识之士都非常提倡和注重俭约。勤俭节约的思想是共识，节俭的品格和价值诉求在中国传统文化和哲学智慧中被广为推崇。秉持这种观念，未来的社会也将更理性、合度、平稳。

2016年，日本播出了一部连续剧《东京女子图鉴》，故事讲述了女主角绫从20多岁到40多岁的成长过程：绫从家乡来到东京工作生活，随着年龄的增长、生活环境的变化，她的人生也面临全新的变化和挑战。配合惠比寿、银座等多个地标性的外景，本剧全方位展示了一个真实的东京，也可以说是全面展示了人们对奢侈生活的欲望。剧里有句被反复提到的台词："Joel Robuchon Restaurant，一家知名米其林三星法式餐厅，三十岁前能在这里约会就可以证明是好女人。"也许是代表性的诠释，美食、名包、连衣裙、旅行、贵重礼物是女角的欲望；雪茄、酒、车，一切价值昂贵的东西，则是男角的。在这个世界，饮食男女欲壑难填，人们彻彻底底投入了物欲的怀抱，成了极端的消费主义。

消费主义兴起于20世纪二三十年代，第二次世界大战以后在西方资本主义国家迅速蔓延。自工业革命和贸易全球化以来，商品已超出人们的实际需求。为了追逐利润，资本家们创造出各种需求来促使人消费。不少人都应该印象深刻，资本主义世界的第一次经济危机，最典型的一幕是牛奶生产商把大批滞销的牛奶倒掉。这种生产过剩是与消费"异化"紧紧地绑在一起的。而随着信贷业、金融业的繁荣，次贷危机又成为发达国家特别是美国最严重的一次危机。2007年美国的房产价格开始逆转，首先触发的是次级贷款无法偿还，后来偿还危机逐渐演变并在金融体系内扩散，到2008年9月雷曼兄弟破产时就变成了全面的金融危机，恐慌遍及全球金融市场。基金冻结，银行破产，各种公司裁员。由于美国在全球金融体系中的地位，其危机直接传遍世界。反思这场危机，货币体系固然是根本的原因，但其爆发的最直接原因，则是信贷。而信贷的本质，是超前消费。在某种意义上说，次贷危机仍然是消费"异化"的恶果。

自从消费者社会在美国诞生以后，就以极快的速度向全球扩散，六十年代，核心区已经从美国扩展到西欧和日本，后来，法国、西德和英国也加入进来。就如开始所说的，日本人疯狂的消费主义代表了一种典型的商品文化。消费主义的诱惑是有力的，甚至有些不可抗拒，这股浪潮正悄然无声地从发达国家向发展中国家、从发达地区向欠发达地区、从中心城市向中小城市、从城镇向乡村、从高收入人群向普通大众迅速蔓延。在全球范围内，处于上升状态中的消费主义正以一种史无前例的规模向全球蔓延。

当前中国人的消费方式也正受到西方消费主义价值观念的冲击，在城市青年中有蔓延之势，而大学生首当其冲。2017 年有媒体在北京的大学生群体中随机调查生活费情况，调查结果显示，近三成的在京大学生每月生活费超过 1600 元，调查数据显示，大学生在购买穿戴用品和社交娱乐上的开支比例位于餐饮伙食之后，排在第二、第三位。其中，新生中女生对生活费的预期普遍高于男生，普遍要从每月生活费中计划出一笔“置装费”用来买新衣服和化妆品。调查数据还显示，受访的 135 人中仅有 2 人未曾有过网购经历。网购已成为大学生生活费开支的重要渠道，购买的种类相当广泛。调查数据还显示，当大学生生活费超支时，半数以上的学生会选择向父母要钱和兼职赚钱，这是最主流的方式，此外，约有 10％的学生会用互联网金融产品来“江湖救急”或者借贷。由此衍生了一系列问题，比如 2016 年以来，校园里接连发生的一次次校园贷甚至裸贷案件令人心寒和愤慨，许多学生不堪其辱，不堪重负，乃至于自杀。除了裸贷，很多非法的金融结构还以各种噱头，以各种套路很深的分期付款，吸引学生超前消费，导致许多大学生负债累累，不仅影响了学业，甚至毁掉了自己的人生和整个家庭。说到底，这都是卯吃寅粮的消费主义惹的祸。

与此相映成趣的是，互联网的发展，一方面加强了人们的联系，另一方面也大大地调动起人们的购物欲望。外国的亚马逊等网站，最早搞各种促销活动来刺激消费。各大电商平台为了促销商品，把各种节日都变成了购物节。某位知名电商的老总在某庆典活动发表演讲时甚至这样说：“什么是消费？消就是消耗的消，费就是可以浪费的费。”以前，我们是因为需求而去生产、消费；现在，则是为了消费去制造、诱导甚至无中生有地伪造假需求，从而去生产。人沦为欲望的奴隶，生产慢慢成为一场毫无节制的浪费活动。

虽然每个时代、地域都会有奢侈浪费的问题，但当今的消费主义已经脱离前现代的语境，空前地成为现代最严重的问题之一。它作为全球性的问题，实则起自西方工业革命的无限度生产和全球贸易，又得到第三次技术革命和最近发生的第四次技术革命的推波助澜，已经危及我们人类生存的处境。在这样一个空前的危机中，回到前现代的时期，探究一下消费、生产、生活的原初意义，以及中国古人的反思，对当今的问题是不无裨益的。

* * *

节制、俭约是中华民族的传统美德。简约自守、力戒奢华，往小处说，涉及个人修身养性；往大处说，则关乎国家民族盛衰兴亡。在古代中国，历代有识之士都非常提倡和注重俭约。上古时期，唐尧、虞舜、夏禹都是如此，尧为人简朴，吃粗米饭，喝野菜汤，得到了人们的爱戴；禹为天子，其为人所熟知的传说也以节俭为特色。春秋战国时期，思想领域虽然学派林立，百家争鸣，但勤俭节约的思想则是共识，节俭的品格和价值诉求在中国传统文化和哲学智慧中被广为推崇。

孔子一向注重节俭，他曾经讲过自己的志向："饭疏食饮水，曲肱而枕之，乐亦在其中矣。不义而富且贵，于我如浮云。"（《论语・述而篇》）当许多人为了享受锦衣玉食而卑躬屈膝的时候，孔子宁愿吃粗粝的食物，喝凉水，放弃"高广大床"的享受。他的弟子颜回也是"一箪食，一瓢饮，在陋巷"，别人难以忍受，他却一直保持快乐的心态。因为他们都是不为物所奴役的人，就不会因这些东西的充盈或匮乏而影响自己的心性。孔子曾把节俭和奢侈放在一起比较，他说："奢则不孙，俭则固；与其不孙也，宁固。"奢侈豪华，会让一个人显得倨傲不逊；节俭，会让人显得寒酸。他主张，宁可寒酸一些，也不能倨傲不逊。一个健全的人，有理想有抱负的人，不可能执着于个人的物质欲望。

能比得上孔子、颜回的人当然很少。生活奢侈的人历代却不匮乏，思想家对此的反思也频见于古籍中。宋代的司马光有一篇脍炙人口的《训俭示康》，就是为教育其子司马康特意写下的五千字的著名家训，现身说法，语言真切。在其中，司马光也描述了当时变得越来越奢侈的风气。司马光追溯，以前待客，酒仅仅在市场随便买一点，菜肴也仅限于简单的时蔬，可过了几年，风气为之一变：酒一定要用宫廷酿造的，果肴一定要用远方的珍品，花样一定要繁多，品类一定要丰富。这样的招待，要准备好几个月才可以。如果有人坚持简约的旧俗，就会被嘲笑为吝啬，不通人情世故。大家争相效仿、攀比，水涨船高，越来越崇尚奢侈，不知纪极。司马光由此引用了《左传》的一句话感叹道："俭，德之共也；侈，恶之大也。"

奢侈浪费是"恶之大"，它导致的后果也很严重。西晋建国没多少年，国力并不强大，民生也没有那么富裕，却已经出现了各种竞相追求奢侈华丽的事。其中最臭名昭著的便是石崇。据记载，有一个叫刘寔的官员出身寒门，做官之后仍然保持着俭朴的操守，甚至砍柴挑水都亲自动手。有一次，他去拜访石崇，在石家如厕时，见厕所里有绛色蚊帐、垫子、褥子等十分讲究的设置，还有婢女捧着香袋侍候，于是赶快退出来，笑对石崇说："我错进了你的内室。"石崇说："那是厕所!"刘寔说："我消受不起。"遂改进了别处的厕所。据说，石崇家的客人上过了厕所，婢女们就会让客人把身上原来穿的衣服脱下，侍候他们换上新衣。石崇觉得凡上过厕所后衣服就被熏臭不能再穿，这导致客人大多不好意思如厕。石崇住宅壮丽广阔，几百个姬妾都穿着精美的锦缎，装饰着璀璨夺目的珍珠宝玉。这种追逐奢靡的现象，不仅石崇如此，甚至在西晋形成了一种风气。豪族们相互攀比、争斗。

这种奢侈，必然是不能长久的。且不说奢侈浪费的是些不义之财，即便是合法的，每日这么奢侈挥霍，也会招致他人的嫉妒。石崇骄奢淫逸，养了许多姬妾，个个才貌无双，其中尤以绿珠最为出众，许多人都想得到。由于石崇攀附于贾皇后的势力，在八王之乱中，赵王伦清除贾氏势力，其亲信孙秀向石崇索取绿珠，石崇不应，孙秀便劝赵王伦杀石崇。绿珠因此跳楼，而石崇被乱兵杀于东市。临死前石崇感叹道："你们还不是为了贪我的钱财!"押解他的人说：

“你既知道人为财死，为什么不早些把家财散了，做点好事？”石崇的财宝、宅邸、姬妾尽归他人所有。身死人手，为天下笑。而石崇死后不到二十年的时间，西晋也在骄奢淫逸和相互倾轧中覆亡。

或许有人会说，西晋的时候还没有发达的商品经济，石崇这些人只是奢侈，但与消费观没太大关系。然而仔细思考，消费本质上也是对物的一种占有，来满足个人的欲望，并通过这种占有来宣示自己高于他人的优越感。石崇等人的用度，有一些是得自于自身的努力，有些则是通过权力或暴力等手段掠夺来的，但无论如何，都是对于物的占有。本来，物只是为了满足人的需要，人是物的主宰。但现在反过来，人将物当作追求，人自己变成了工具。

古人认为，过度的奢侈，不仅仅会给家庭、社会的经济状况带来负担，更主要的是它会戕害人的心性和德行。如司马光所说：“君子多欲则贪慕富贵，枉道速祸；小人多欲则多求妄用，败家丧身。”心性的纯良只有一种，而败坏和堕落却有千千万万种途径，这就说明人保持善的操守，是十分不容易的。过多的消费欲望，就是使人操行不轨、意志消磨的催化剂。诸葛亮在《诫子书》中告诫子孙说：“非淡泊无以明志，非宁静无以致远。”淡泊，就是对于物没有特别的执着，合理节度自己的欲望，理性地进行消费。只有如此，才能把精神收束到“志”上。

司马光、诸葛亮可谓古代儒家批判浪费、提倡节俭的代表。事实上，不仅儒家，佛道二教也是如此。老子称自己处世有三宝：一是仁慈，二是俭，三是不敢为天下先。“俭”尤其是老子对待生活的态度。在他看来，世界之所以大乱，就是因为人们奢侈过度。所谓“金玉满堂，莫之能守；富贵而骄，自遗其咎”，金钱财物，最终是留不住的；不仅留不住，人们还因为暂时地占有了这些东西，志得意满，骄傲凌人。人一旦用物来衡量自己的价值，并且用占有物的多少来衡量自己价值的高低，便会陷入永无止境的追求物的深渊，越陷越深，无法自拔。有鉴于此，老子说“甚爱必大费；多藏必厚亡”。从修行的角度来说，过度的消费，意味着自己真命元的消耗，所以道教专门以《清静经》作为入门的经典。在这一点上，道教与佛教文化相通。

佛教的持戒，其精神底色是反对奢侈消费的。佛教的基本生活方式是“乞食”。它意味着修行者对于食物、穿着不能有任何要求，施主施舍什么样的饭食，都能安然接受，即吃百家饭，穿百家衣。僧人的百衲衣，最初也是出于这种理念。佛教传入中国，与儒道固有的朴实节俭观念相结合，部分僧团甚至提出了“一日不作，则一日不食”的倡导。《西游记》里，唐僧和观音院长老之间斗袈裟的故事及教戒，就说明我们的传统文化一向以追求质朴为目的和标准。佛家关于禁止奢侈的戒律非常多，比如最基本的戒律——八关斋戒，其后三戒为：不非时食；不香花曼庄严装饰其身，亦不歌舞倡伎；不坐卧高广大床。这是对一个人的吃穿用度、生活作风保持俭朴的要求。能保持这种俭朴，就是在积累功德。

中国传统的墨家也极其重视节俭，甚至“尚俭”是其学派的主要宗旨之一。儒家的节俭，还强调礼的规约，即虽不能奢侈，却也不宜在该有花费的时候过于吝啬。墨家则认为，儒家的一些讲求，仍是过度奢侈了。他们举的例子是儒家在礼节方面太烦琐，丧礼上消耗的财富太多。他们崇尚的古代圣王是大禹。大禹在治水的时候四处奔走，把腿毛都磨光了，自己家里却生活得很苦。墨子认为与生存没关系的消费，都属于奢侈的，都会拉低社会的发展，故需要禁绝。战国时期的墨家子弟，个个厉行节俭，庄子曾对此加以批评，这里面或许有稍微过度的地方，但仍然值得深思借鉴。

中华传统文化提倡节俭，不是纯粹的禁欲、放弃物质生活。节俭，也是要符合中道的。《周易》里有一卦，节卦，就是专门讲述节制的道理。节卦的六三爻说：“不节若，则嗟若。”意思就是如果没有节制，以后总会有后悔哀叹的时候，六四、九五分别讲“安节”“甘节”，以及适度的、心愿诚服的节度，会带来吉的结果。但上六爻以及卦辞，却一个说“苦节，贞凶”，一个说“苦节不可贞”，都是在警告人们在节俭的时候不要太过度。这个问题，还是回到人与物的关系上来。一方面，人面对物，要警惕物对人的引诱，不可因物而放纵自己的欲望，但这也绝对不是放弃对于物的使用和消费。另一方面，物对于人，何尝不是一种成全？只有借助于物的消费，我们才能达成人类的各项计划和目的，实现个人和全体的发展。问题的关键在于，在这个关系里面谁主宰谁。《周易·系辞传》载：“日中为市，致天下之民，聚天下之货，交易而退，各得其所。”

只有分工才能提高生产效率；而只有通过交易，才能实现人类生产的发展和人际关系的和谐，也就是实现“各得其所”的目标。

中华民族向来以能吃苦耐劳、勤俭持家、讲究节俭著称于世。近代以来，我们的革命前辈就继承了这种品德，形成了我们党艰苦奋斗的优良传统。我们靠“小米加步枪”打赢了侵华日军，靠“小推车”打赢了淮海战役。从毛泽东谈“进京赶考”到刘少奇《论共产党员修养》，从朱德的扁担到周总理的睡衣，这些革命先辈用理论和实际行动向我们展示俭朴的美德。党的十八大以来，党和政府“光盘行动”的倡议，对于腐败奢侈的打击，对于作风建设的重点关注，仍是这种美德的继续发扬。

* * *

中华文化对奢侈消费问题有深入的思考，这些思考对当下是否具有借鉴意义呢？一个疑问在于，当今的消费已与传统社会完全不同。传统社会虽然有消费，但它建立在物物交易的基础上，虽然有商品经济，但货币和商品的流通都比较有限，人们基本上是按照实际的需求进行生产。但是，工业革命根本地改变了这一格局。资本家为了追求利润最大化，疯狂地、无休止地扩大再生产。这就要求资本家们疯狂地去制造消费。本来人们只因需求才消费，由此带动生产；现在是为了生产和利润，去促进消费。本来人们生产产品是为了自己的使用，现在则工人的劳动由货币体现；商品的重要程度和价值本该由它的用途来体现，现在也由货币来体现；人们的价值本应该从他的贡献及自我实现程度来体现，现在却由货币与商品的交换来体现。这样它就造成了两个断裂：工人生产与使用的断裂，货币与作为物的商品本身的断裂。人们扩大消费能力，占有物资，唯一的办法就是占有货币。而货币早已不是实际的黄金，而是作为符号的纸币。随着金融行业的发展以及计算机技术的崛起，纸币逐渐变为电脑中的一行数字。以前人们看自己的资产和货币，有一种物质占有感；但现在却连这一点仅存的、微弱的物质感占有都没有了。

这种物质占有感的完全消亡，给人带来的生存体验是颠覆性的。人的第一次“异化”，是由物的占有来体现自己的价值，物的占有进一步“异化”为货币的占有。而货币的虚拟化和数字化，导致了人的第二次“异化”。如果说第一次“异化”是物化，那么第二次“异化”便是虚无化。为了应对这种虚无化，人们要通过各种方式证明自己的存在感，证明自己没有活在空虚之中。那么，唯一能做的，就是把数字中的货币，通过消费，重新变为实际的物品。如果说第一次“异化”，人们对消费的追求被对于商品的欲求而奴役的话，那么第二次“异化”，人们已经不是被对于商品的欲望而奴役——这种欲望不是来自任何具体的欲求，而是纯粹为了摆脱虚无。通过消费，来证明自己没有被数字表示的价值而虚无化。“数字货币—商品”这样一个消费行为本身（不是为了消费某个具体对象）就是人们摆脱虚无的努力。可问题在于，仅仅靠消费这个行为本身，仍然解决不了虚无的问题。它反而会使人在虚无之中越陷越深。

中国传统文化到底能不能对这样一个空前棘手的境遇提供一个解决之道呢?面对这样一个空前的世界技术潮流和生产方式，我们固然不可能回到传统的自然经济社会。但利用技术的主体还是人，消费的主体仍然是人。而作为人自身，面对这个消费大潮的态度，是可以调整的，这恰恰是传统文化能给人提供启发的地方。

为了避免疯狂消费，根本的解决之道是唤回人自身真实的存在感。那么怎样才是标志人真实存在感的状态呢？杨立华教授通过对宋明理学的研究指出：劳动，是标志人的价值最基础的东西，劳动才能创造。他说：“出于自我保存和自我实现的目的，人将生存于其中的境域敞开为用的关联的整体。将物纳入到用的关联的整体当中，使其某个方面的性质和特点被放置到符合人设定的目的的位置，从而将其转化为有用的器具，是人的创造性最直接的体现。”这个过程，其实就是劳动。通过研究传统的宋明理学得到的结论，在面对现代性大潮中提出的应对之策，竟与马克思的结论在某种程度上有契合之处。

当我们重新在劳动之中找到自我实现的价值后，才能重新摆正对消费和商品交换的定位。其实当代很多“极简”生活就是对这种二重“异化”消费观的修正，可以说是古代“易简之道”的现代表达。“极简”方式的典型代表，是所谓的“断舍离”，即将生活中所有不必要的生活品，全部转让，日后除非维持生活的必需品，也不再购买和消费其他物品。“断舍离”者极度厌恶在衣服、鞋帽、包等用品上出现商标。这是对价值商标化、符号化的一种厌恶。可以说，“断舍离”的做法是可以理解的，同时也有启发，但它能在多大程度上改变现在这种格局，恐怕很难说。因为它是在厌恶这种虚无消费观后提出的一种截然相反的办法，仍处于与这种消费观相对峙的状态，甚至有些意气用事，未能在根本上解决问题。

不过“断舍离”这种新型的生活方式，确实给人提供了一个反思的契机：反思人的价值如何表现，人到底对于物、对于消费实际的需要是什么。消费首先是维持人生存的一种必需行为，也是对人往全面发展的一种成全。摆正这个关系，我们就不会为物所转；同时，利用消费成全自身，实现自己的价值，也不会为虚空所困。如果把现代性的虚无看作一种“风邪”，那么“去风邪”不仅仅要针对风邪自身，更需要培养自身的正气。正气盛，则邪自销；心中有实，则空虚自消。宋代理学家二程兄弟说的“有主则实”，就是这个道理。

《大学》在讲到面对经济和消费时指出：“生之者众，食之者寡，为之者疾，用之者舒，则财恒足矣。仁者以财发身，不仁者以身发财。”不管货币金融创造的数字帝国有多么宏大，资源在一定时间和空间内，总是有限的，而人是需要这些基本物资的。这是一个最根本的事实，不论古今。“食之者寡”和“用之者舒”说的就是不能过度奢侈和消耗。不少商人觉得，只有他们制造消费，才能刺激经济、激发创造、扩大生产，才能带来繁荣和社会进步。他们的立足点仅仅在于一时的经济繁荣，但这种繁荣是以透支未来为代价的。如果不改变这种观念，人类早晚要为这种过度浪费和消耗付出代价——总览全球各地，人们已经在为此付出代价。除了对社会层面的影响，就个体来讲，这种消费观实际上会把人引向虚无和毁灭。“不仁者以身发财”，这里的“不仁”不是一个道德判断，不是指坏人。这里的“不仁”就是指被虚无的消费蒙蔽了心智和自我的人。用自己的生命去追逐财富，去为了消费而消费——这种行为最终不是消费了商品，而是让商品和货币消费了自己。一个真正觉解的人，“转物”而不为“物转”，面对一个“异化”的消费时代，面对滚滚洪流，能够摆正自身，中立而不倚，和而不流。这便是仁者，便是“以财发身”。

能“以财发身”，而非“以身发财”，便可以重新审视传统中的俭约自守的消费观念。它不是自然经济中的暂时性的观念，也不是为节俭而节俭的苟延残喘，而是合乎自然的节度。我们相信，秉持着这种观念，未来的社会会更加理性、合度、平稳。《中庸》载：“致中和，天地位焉，万物育焉。”我们相信，合理而有节度的消费，可以促进这样一种境界的到来。

六、中华文化能为解决现代家庭问题贡献什么？

——理始于情、慈孝恩义的家庭伦理

今天，婚姻关系不稳定、婚姻关系契约化、家庭暴力、家庭沟通障碍、子女骄纵任性、养老难等家庭问题层出不穷。不同于西方，中华文化将生而有之的血缘亲情作为每一个家庭保持稳定的基础和出发点，倡导“尊尊”“亲亲”，情礼并重，水乳交融，并培养出辐射到社会人际“波纹”中的仁爱情感文化，家国同构，成为中国人处理群己关系的基本理念与准则。

1973年，瑞典导演伯格曼执导的《婚姻生活》上映，这位有过四次失败婚姻经历的电影大师在其中深入探讨了他对婚姻生活的理解。电影讲述了一对夫妻的故事：律师玛丽安与精神学讲师约翰结婚十余载，育有两个女儿，事业有成，生活平稳。然而，这种看似幸福美满的婚姻生活，只在影片开始关于婚姻生活的采访摄影镜头中维持了十分钟。很快，我们就看到了他们的朋友皮特与卡特里娜的婚姻生活濒于解体，看到他们自己因为怀孕发生争执，看到约翰爱上了另一名女子，看到二人痛苦分居……而在协议离婚的过程中，二人的愤懑不满纷纷爆发，婚姻生活的折磨如同一个巨大的黑洞，吞噬了所有的爱情、欢愉以及双方的生命力。

因为伯格曼对婚姻生活深刻而卓越的挖掘和表现，《婚姻生活》获1975年金球奖最佳外语片奖等一系列国际大奖。对我们来说，不管是长达近300分钟六集的电视版本，还是近三个小时的电影版本，它都显得流畅、生动，毫无晦涩之感，也没有需要费力理解的剧情，可以一口气看完——然而，《婚姻生活》最可怕、最深刻的地方就在此：它把婚姻诠释得极为透彻，尽管描述的只是特定的人、特定的故事，观众对此却都有着似曾相识的感受，就像经历自己的婚姻生活一样。伯格曼深刻阐述了婚姻生活的难度，向我们解释了婚姻破裂的深刻原因。

列夫·托尔斯泰说："幸福的家庭家家相似，不幸的家庭各个不同。"婚姻破裂、夫妻离异当然不仅是虚构戏剧，它就是我们的生活现实，已经成为世界上一个令人瞩目的现象：统计显示，乌克兰42%的婚姻以离婚告终，这个国家结婚很快，离婚的速度同样惊人；俄罗斯离婚率为51%；匈牙利67%的婚姻以离婚告终，每10位匈牙利成年男性就有一位离婚者，女性12.4%有过失败婚姻的经历；白俄罗斯离婚率高达68%，也是堕胎率最高的国家之一……而且，随着时间的推移，很多国家离婚率变得越来越高：1960年，捷克的离婚率只有16%，而2005年已达50%，当下更是达到66%；从1974年起，瑞典每年增加数千人离婚，当下约47%的婚姻以破裂告终；在20世纪70年代，比利时离婚率仅为9.2%，而当下离婚率高达71%；在美国，2000年以来，离婚率正在快速增长，已经超过53%。令人惊讶的是，人们似乎并没有从他们的错误中吸取教训，不少国家，经常结婚的人经常离婚，如美国，第一次婚姻离婚率约为41%，第二次婚姻离婚率约为60%，第三次婚姻的离婚率达到73%。中国的情况也并不乐观，2018年8月，我国民政部发布的《2017年社会服务发展统计公报》显示，2017年我国依法办理结婚登记1063.1万对，比上年下降7.0%；办理离婚手续437.4万对，比上年增长5.2%。2013年至2017年中国结婚率一直在下降。

高离婚率正在加速摧毁家庭。而现代人不婚、结了婚不生、生了不养等诸多问题，也越来越普遍。如中国留守儿童问题就一直广受关注。2017年度《中国留守儿童心灵状况白皮书》显示，农村学校的学生，因父母外出而无人照料的留守学生占近三成。在这些儿童中，超一成农村留守儿童与父母一年见不到一面。而在中国社会转型的大背景下，传统的“养儿防老”观念也正在逐步走向解体。越来越多的“空巢老人”正在打破中国传统的家庭养老方式。根据民政部的数据，目前我国城乡“空巢家庭”超过50%，部分大中城市达到70%；农村留守老人约4000万，占农村老年人口的37%。这一群体的规模还在继续扩大，并且带来了一系列的社会问题。“最怕突然接到电话，听到的是父母生病的消息”，这是很多年轻人的心声。而对于“空巢老人”来说，感到最无助的时候就是“你爸躺在地上，而你在通讯录里”。“仅有一成有子女陪伴看病”的调查结果，既让人心酸，又让人无奈。我国人口老龄化步伐加快，养老问题的严峻性日益凸显。

这一系列惊心动魄的数据，无一不在提醒我们，世界范围内的家庭问题已经变得越来越严重。此外，婚姻关系不稳定、婚姻关系契约化、家庭暴力、家庭沟通障碍、子女骄纵任性、养老难等家庭问题层出不穷。随着社会的急剧变迁与发展，原有的家庭功能存在方式逐渐发生改变，家庭功能呈严重下降趋势。越来越多的人反映，他们在家庭中缺乏情感支持，家庭已经不再是人最后的温暖港湾，家庭只剩下睡觉功能，像个旅馆。而且，由于繁忙的工作与巨大的经济压力，父母花在子女身上的时间越来越少，生而不养，养而不教，电视、网络、手机逐渐取代了父母的角色，导致很多儿童身心成长出现严重问题。一些在问题家庭中成长起来的孩子，以及被社会不公正对待的孩子，已经开始反噬社会。种种现象表明，家庭问题已经成为困扰当今社会最严重的问题之一，这不得不引起人们的反思。

* * *

费孝通在《乡土中国》中分析中西方社会结构时曾说，西方社会结构像是田里柴捆一样的个体集合体，而中国社会格局不是一捆一捆扎清楚的柴，而好像是把一块石头丢在水面上所发生的波纹的“差序格局”，这和西方的“团体格局”大不相同。在“差序格局”中，社会由不同个体按血缘亲疏关系组成网状关系，是放大了的“家”。

中国不同于西方，与其他民族和国家相比，中国人对家庭的重视是世界上任何民族都无法比拟的。我们经常说“家和万事兴”“百善孝为先”“齐家治国平天下”等，这些既是我们历史经验的总结，也是中国特有的以家为核心的传统文化的表达。陈独秀曾经在谈到中国人的重家现象时，意味深长地说：“中国人最重视的是家，家家有家谱、有族长、有户尊、有房长、有祠堂……个人一生的希望，不外成家立业，讨老婆，生儿子，发财，做官这几件事。”其实，古人的表达更富于逻辑和情理，《周易·序卦》载：“有男女然后有夫妇，有夫妇然后有父子。有父子然后有君臣，有君臣然后有上下。有上下然后礼义有所错。”意思是，有了男女就有夫妻关系，然后就有父子关系，然后才有国君与大臣、上级与下级的关系。在古人看来，作为家庭关系的体现的男女、夫妇、父子，是社会的基础。需要先确立家内秩序，才能建立政治秩序和社会秩序，而规范家庭成员的言行、维护家内之礼，才能拥有正常的社会秩序，所以《礼记·大学》篇认为“欲治其国者，先齐其家”，把家庭提升到“治国平天下”的高度来观照和审视。如此重视家庭和家庭建设，这在人类精神文化传统中是绝无仅有的。

中国人重视家庭、重视家庭观念，这首先取决于古老的占统治地位的自然经济。中国多河流与平原，在农耕生活方式的影响下，中国人在“日出而作，日入而息”的日常劳作中便可获得充足的生活资料与安宁的生活环境，这直接造就了中国人祖宗崇拜、安土重迁的思想观念，家庭的生产功能、消费功能、生育教育功能等基本上以家庭为中心展开，很容易形成庞大而稳固的家族或家庭关系，这与西方工业革命打破了以家庭为本位的生产社会化特征有着本质的不同。

在此基础上，中国建立起了以血缘关系为纽带的家庭关系。这种先天性的血缘关系是我们每个中国人都忘却不掉、割舍不下的内在情感，它能产生让每个人都为之感动的神秘力量。而从社会学的角度来讲，依靠血缘，中国社会的稳定和延续找到了一个最为强有力的基础，因为这是一个超越个体、超越有限生命的永续链条，它将变动的、不稳定的力量置放到了一个稳定、静止的结构和生命中——这个结构和生命持续了数千年，一直延续到现在。正如费孝通先生在《乡土中国》中所说：“血缘社会就是想用生物上的新陈代谢作用——生育，去维持社会结构的稳定。父死子继：农人之子恒为农，商人之子恒为商——那是职业的血缘继替；贵人之子依旧贵——那是身份的血缘继替；富人之子依旧富——那是财富的血缘继替。……血缘所决定的社会地位不容个人选择。世界上最用不上意志，同时在生活上又是影响最大的决定，就是谁是你的父母。”在这样的社会里，地缘也成了血缘的投影，区位成了文化的、社会化的空间，中国人活在“摇摇摇，摇到外婆家”的美好童谣世界里。

儒家强调人伦，这个人伦是传统伦理思想对人情的规定。其外在形式是礼，内在心理是仁。孔子的所谓“克己复礼为仁”可以说是这种伦理的精辟概括。

问题是，“仁”是一个很抽象的概念，欲使其得以实现必须在现实生活中找到一个可以具体操作的途径和制度系统，因此儒家先哲们就提出了一个现代社会学意义上的角色系统，这一角色系统要求每一个家庭成员按照亲情体验法的规则针对不同的地位和身份进行体验。“亲亲”因之成了人之所以为人的根本。中华文化尤其是儒家文化，正是把握了这一核心，重视家庭，关注家庭，重视“亲亲”之情，肯认之，发展之，中国文化的所有道德观念、精神创造与治世原则，实际上是以之为内核才得以确立。

实现“亲亲”原则首要的途径就是儒家所提倡的“孝”。《孝经》说“夫孝，天之经也，地之义也，人之行也”，意即人们最高尚的行为就是孝，孝亲就像天上的日月星辰那样有规律地运行，像大地江河那样永不枯竭，这是人的行为规范和做人的准则。在儒家看来，一方面，人出生后即在父母的关爱抚养中成长，孝是人最初的道德情感，为呵护培养这最初的也是最珍贵的情感而不丧失，古人极为注重抓住这个初心进行启发教育，这成了古人道德实践的起点；另一方面，孝作为不学而知、生而有之的道德情感，并非观念空谈，并非理论预设，而是实在的、可感觉的、客观呈现的情感，最好体会，最好实践。这两点对儒家而言极为重要，由此，孔子说，“孝，德之始也”，认为孝是践行仁义、实践道德的起始处，是伦理道德的基础。基于这个共同认识，孟子认为对父母的尊敬和奉养是孝的基本内容，要求用“孝悌”来教化百姓，使百姓懂得孝顺父母、尊敬兄长的伦理道德。所以著名社会学家金耀基才说“我们认为，孔孟整个理想的道德世界落实到社会上来，便是一个以‘孝’为基础的伦理世界。‘孝’是中华文化的大传统和小传统的核心”。

“孝”观念是古代中国家庭伦理的核心价值和起点。而这种“孝”在传统中国社会是一个以身份取向为特征的伦理规范，在此基础上扩充之，就是孟子所说的“父子有亲、君臣有义、夫妇有别、长幼有序、朋友有义”。在中国传统的家庭伦理中，父子、兄弟、夫妻任何一伦都是不可或缺的，每个人在其中承担各自的道德责任与社会义务，才能使家庭和睦。所谓“家和万事兴”，家庭成员恪尽己责，关系融洽，家庭就会其乐融融，家庭的经济状况与社会地位也会随之得到改善或提高。

儒家文化所说的“孝道”主要是针对长者特别是父母而言的，但人的社会关系不仅有长幼之别，还有同辈之分。因此，我们如果要做到对父母完全的孝，就必须连带兄弟姊妹一起爱，让父母放心，使父母高兴，这就是“悌道”所要求的内容。孟子也说：“仁之实，事亲是也；义之实，从兄是也。”“事亲”即是孝，“从兄”即是悌；换言之，孝敬父母就是仁，尊重兄长就是义。因此，孝悌和仁义是相邻而又相通的德行。当然，在这种双向的伦理之中，兄长必须具备“良”的德性，对弟妹爱护、宽容。除了具有血缘亲情的父子、兄弟关系，在家庭中也有非常根本的夫妇关系。在中国传统的夫妇之道中，丈夫占据主动地位，以夫唱妇随为最理想的家庭状态。但是，“夫唱妇随”并不意味着妻子没有任何的主体性，也不意味着丈夫可以毫无道德意识。《左传》说：“夫和而义，妻柔而正。”在某种程度上，丈夫的宽和、仁义，直接决定了妻子的柔顺、品正。只有在相敬如宾的琴瑟合鸣之中，才有着和谐美满、天长地久的婚姻与夫妻关系。可以说，在中华民族的家庭伦理中，无论是父子、兄弟还是夫妻，都必须遵循“互敬互爱”的基本原则，才能在此基础之上构建父慈子孝、兄良弟悌、夫义妻顺的和谐关系。

因之，儒家形成了“孝慈”之道、“尊亲”之论、“五伦”之说、“情礼”之辩，还有着一整套与之关联的系统完备的礼法制度。儒家倡导“尊尊”“亲亲”，“亲亲”是情，“尊尊”是礼。儒家视域中的家庭关系是有情有礼、情礼交融的关系。父慈子孝、夫妻恩爱、兄弟和睦、长幼有序、男女有别。情礼并重，水乳交融。亲情是凝聚的纽带，礼法是家庭角色定位的秩序规范。情礼并重的家庭才是仁爱有加、秩序井然的和谐的社会组织体。这样培养出来的人，男有谦谦君子的品行，怀仁义、秉气节；女有大家闺秀的风范，明大理、识大体。这样的人格是理想的人格，是集真善美于一身的人格。

在中国的价值谱系中，生而有之的血缘亲情作为每一个家庭保持稳定的基础和出发点，奠定了家庭伦理的基础，培养出辐射到社会人际“波纹”中的仁爱情感文化：中华传统文化尤其是儒家依据这一坚定的家庭伦理基础，进一步讲求“老吾老以及人之老，幼吾幼以及人之幼”，“亲亲而仁民”，要求以此扩充延伸以至“泛爱众”，将家庭伦理有效实施于社会，建立起一个一以贯之的家国天下和谐一体的价值体系，这就是儒家强调的天理、国法、人情的和谐统一。它基于血缘亲情，同时也超越血缘亲情，不停留于血缘情感的特殊性，而是“本立而道生”，这个“道”就是普遍爱人的仁道。它的落脚点既是家庭的温情与和睦，也是社会公共秩序的长治久安，这就是《大学》所谓“修身—齐家—治国—平天下”的生命逻辑的展开。也就是说，中国人不是以“个体”而是以“能群”的身份生活在这个世界上的，在讲求血缘亲情、互敬互爱的“小家”之外，还有“国”“天下”这种“大家”，同样是人存活于其中的重要境域。不唯如此，“小家”之中的逻辑同样也能推扩到“大家”之中，从而成为中国人处理群己关系的基本理念与准则。

我们看到，以家庭为本的中华家文化，在培育起家庭责任取向的同时，也培育了中国人对他人和对国家、民族、社会的责任感。一个对家庭有责任感的人，通常对单位及国家、民族、社会也会有责任感；而一个对家庭都没有责任感的人，他对单位及国家、民族、社会的责任感则无从谈起。应该说，注重家文化、重视家庭地位已成为凝聚中华民族的重要文化元素了。

可见，在传统的中国社会，儒家伦理的立足点是“情”，而不是“理”，要求人们针对不同的“情”做出不同的行为选择。故而学者韦政通先生才有下面的一番感慨：“以家族为中心的伦理，特别重视的是‘情’，情是维系伦理关系的核心。‘家和万事兴’‘清官难断家务事’，因此在家庭范围之内用讲理的方式是不适宜的。在中华文化里，情与理不再对立，理就在情中，说某人不近情，就是不近理，不近情又远比不近理更严重。”正因为“情”在中国人的社会生活中如此重要，为了建立、培养、维持和发展各种“情”，中国传统社会又发展出一套非常繁杂的“礼”系统。经过近三千年的丰富和发展，“礼”已经成为影响中国人日常行为的一个重要的非制度性规范。“情”和“礼”互为因果，互相促进，使得中国人长期生活在一个巨大的“情—礼”互动的人际关系网络之中，孕育出典型的伦理型文化，如重权威，重实用与经验，强调现状、保守、依赖、顺从、礼让、谨慎，采取直觉醒悟的思维方式，注重调和人与自然、人与社会的对立，视个人为群体的分子，要求个性必须融合于社会性之中等。

家庭教育也因之成为中华民族传统教育的基础。在中国古代，家庭教育始终贯穿于一个人生命的始终，即使成家立业之后，依然要不断接受来自家庭的教育。从汉代到明清，流传下来一系列家庭文化相关的著作，其中著名的有《孔子家语》《颜氏家训》《朱子治家格言》《孔子家训》《家范》《女诫》等经典家训。除去这种“言传”的方式，更多时候他们是通过日常生活中对子弟行为礼仪的培养，以及自身对行为规范的遵守来进行“身教”。重视践行的“身教”与注重学习领悟的“言传”相结合，让家风这一文化基因得以顺利完成代际传承。

* * *

随着小家庭时代、网络信息时代的到来，加之法制化、民主平等意识、自由独立精神等都间接地影响到今日的家庭，尤其是西方极端个体主义、拜金主义、快乐主义、怀疑主义等思潮盛行，没有敬畏感，没有信仰，道德观念滑坡，都极大加重了家庭问题的复杂性，让家庭面临越来越严重的问题。

反观中华传统家庭观念，在“家国同构”的传统社会结构中，中国社会治理是建立在家庭的基础之上的，虽然，随着历史变迁“家国同构”作为政治关系状态已经改变，但作为一种注重血缘亲情和家庭和谐的文化传统，在今天的社会发展模式中，它仍具有普遍的适用性，众多家规家训对现代家庭建设仍有极大的借鉴价值。传统家庭观念涉及家庭的方方面面，良好的家风传承是社会风尚健康发展的前提，它不仅是“言传”更是“身教”，不仅是道德精神的凝聚和传承，更是道德精神的内化和实践，有着导之以理、动之以情、持之以恒、身体力行多元因素于一体的特点，它对于人性温情之滋养、家庭和谐关系的维系、社会关系的和谐、家国责任意识的培育，意义仍然明显，作用仍然巨大。儒家的“孝慈”之道、“尊亲”之论、“五伦”之说、“情礼”之辩，以及一整套与之关联的系统完备的礼法制度，这些都蕴含着现代家庭建设的宝贵资源和智慧。

传统家文化对人的影响，可以体现在多种关系、多个方面。比如德与礼方面，也就是道德价值与行为规范方面。“孝悌也者，其为仁之本”，从孝悌观念开始，中国家庭观念就对人的内在德性有着极高的要求，这种内在的道德观念需要适当的外在表达形式和规范，也就是礼，夫妻之间、长辈与晚辈之间等，没有道德，礼就徒具形式，礼的规范就只有一个空壳；没有礼，没有行为规范，道德就无所依托。再比如性与情方面，可以说是个人性格与人情世故。性与情就是在家庭中能通过良好的家风，使家庭成员做到温良恭俭让，对他人又能够以忠恕之道待之，人与人之间并不是封闭保守的。这都是中华家文化所独有的智慧和魅力。需要指出的是，情虽然是人情，但并不等于私情，通过亲亲、尊尊、贤贤这三条原则，通过仁、义这两个德行的恰当处理，公、私两个领域是可以达到平衡的。

没有人可以逃避家庭，撇开以上种种，单从家是人的身心归属而言，中华独特的家文化仍值得特别重视。人是社会性的动物，要有归属感，然而在当今市场经济的大潮当中，社会存在很多问题，例如，个体化、自由化、身份“碎片化”，人们在安全、生存等方面的焦虑，无意义感、孤独感等方面的焦虑，等等。而在传统社会中，家庭把大家牢牢地凝聚在一起，情感和身份等都获得了归属感，心灵也自然有所归宿。所以，中国家观念就是一个基本的元点，是一个生存的元点。除此之外，家还是教育元点、秩序元点、独特的社会保障元点，当人遭遇失利和风险时，只要有家在，人们就有最好的避风救险的港湾。家庭和谐，人的身心也会平和，社会公共生活领域也才会带来更多温暖的力量。而一旦深入中国家观念，也就进入了一个有情有理、开阔而深厚的文化系统中。西方社会发展研究学者曾对中华文化和世界其他民族文化做过深入研究和对比，他们认为，世界四大文明古国中，只有中华民族一脉相承地沿袭到今天，在几次重大的民族灾难过后还能重新凝结、重新崛起，这得益于中国有一套合理完整的家庭伦理道德教育体系。具体在谈到赡养老人的问题时，西方社会学家指出，西方社会老年人的处境每况愈下的一个主要原因就是个体化家庭的扩大，这样老年人可能就会生活在孤独当中。因此，西方一些专家主张吸取中国的社会和家庭双向抚养的模式，因为中国传统的大家庭模式，使老年人生活在亲子家庭中，这样无论在物质生活还是亲情关爱方面都有积极的社会意义，这种模式无疑是解决西方养老问题的一个有价值的参照。

今天，家庭建设应该是国家建设、社会发展，尤其是多维社会治理体系当中重要的一维。换句话说，我们今天在建设现代中国时，在思路、布局、举措上绝不能忽略家庭建设这一基点。习近平在2015年的春节团拜会上也指出："不论时代发生多大变化，不论生活格局发生多大变化，我们都要重视家庭建设，注重家庭、注重家教、注重家风，紧密结合培育和弘扬社会主义核心价值观，发扬光大中华民族传统家庭美德，促进家庭和睦，促进亲人相亲相爱，促进下一代健康成长，促进老年人老有所养，使千千万万个家庭成为国家发展、民族进步、社会和谐的重要基点。"

家庭和谐，社会问题或可迎刃而解，世界则不再冷漠。家庭失和，和谐社会、和谐世界建设则难免失去基础。

七、中华文化能提供什么发展模式？

——从富民观念到中国道路发展模式

今天，世界经济低迷，很多国家经济发展起起伏伏，甚至陷入停顿和倒退。与之不同的是，作为著名的文明古国，古代中国经济一度领先世界，改革开放后，中国经济更是持续、高速发展，中国成了世界第二大经济体，成就了中国道路和中国模式。中国经济的发展模式、道路经验以及背后的强国富民历史文化积淀应当成为全世界共享之精神财富。

今天，引人关注的一个问题就是世界经济持续低迷，普遍发展较慢，很多国家经济发展起起伏伏，甚至陷入停顿和倒退。这其中，既有曾经发展较快的阿根廷、巴西、希腊等国，也包括较为发达的俄罗斯、南非等国，形势不容乐观。

以曾经强极一时而如今深陷经济泥淖的俄罗斯为例。苏联解体后，俄罗斯虽然承继了强大的国家遗产，但转型期间经济快速下滑，为向市场经济过渡，俄罗斯采用“休克疗法”解决经济体制和生产力之间的矛盾，扭转国民生产滞后的局面。然而改革推行后并没有得到预想的结果，经济危机不仅没有减轻，反而工农业生产全面衰退，人民生活进一步受到影响。据相关数据显示，20 世纪 90 年代俄罗斯工业生产、消费品生产、轻工业生产显著下滑。1993 年，石油、天然气和煤的开采量比上年分别下降 12%、3%和 9%。1992 年木材比上年减产 13%，1993 年又比 1992 年减产 25%。1992 年，钢、成品轧材和钢管比上年分别下降 13%、15%和 23%，1993 年又比 1992 年分别下降 13%、9%和 28%。农业综合生产指标也大幅度下降。1992 年以来，一些重要的农业经济指标已经下降 20%—60%，同 1986—1990 年的年均水平相比，1995 年俄罗斯的年均农业总产值已降低近 40%，农业劳动生产率下降了 1/3，整个农业生产在叶利钦当政时期倒退了 30 年。

良好的经济发展模式往往非短期内所能形成。2000 年，普京担任俄罗斯总统，2000—2008 年，在其第一、二个任期内，俄罗斯经济实现了快速增长，但这种发展是在石油价格走高的背景之下。自 2013 年，俄罗斯经济再次陷入衰退，暴露出经济结构、发展模式等多方面的问题。2017 年 11 月，俄罗斯科学院经济研究所召开关于俄罗斯经济在 1991—2016 年期间市场化转轨的总结会议，学者们普遍认为俄罗斯经济一直深陷发展困局，过去25年其年均经济增长速度远落后于世界平均水平，仅为1%，但通货膨胀率达到年均54%；生产结构和外贸出口主要依赖燃料、原材料，结构单一，波动很大；投资总额未升反降，比苏联后期下降10%—15%；由于一系列社会改革遇到挫折，社会两极分化程度较高。

俄罗斯的情况并非是个案，实际上，不仅欠发达国家的经济发展遭遇挫折，发达国家的经济发展也有许多问题。2008年的全球金融危机已过去多年，但包括美国、日本、欧元区在内的世界主要经济体均出现了经济恢复缓慢、经济长期低速增长的现象。美国哈佛大学教授、前世界银行首席经济学家劳伦斯·萨默斯提出：美国和西方主要经济体的增长可能陷入长期停滞的局面，也就是说，上述现象有可能成为新的趋势。以欧元区为例，2014年的GDP比2008年时的预测值低了15%；从2008年到2014年，潜在产出的预测已经下调了10%。日本和美国的预测也逐年下调，且实际产出水平仍持续低于预测值。南非一度是非洲之星，发展程度较高，然而据相关统计数据显示，该国2014年经济增速仅为1.5%，低于2013年的2.2%，是2009年以来的最低增速，面临失业率、贫富差距悬殊、财政赤字扩大、经济增速放缓、货币贬值等诸多困扰。阿根廷也曾是南美洲经济发展的领头羊，然而多年来陷入经济危机之中，自2016年起，阿根廷政府通过多种形式发行主权债务融资，外债规模大幅扩张。截至2017年底，其外债已高达2330亿美元，对阿根廷经济带来了巨大的压力；自2018年初至今，阿根廷比索贬值幅度已超过50%，频遭抛售，到了崩溃的边缘，成为全世界新兴经济体中贬值最严重的货币。

而与之不同的是，提到“发展”“发展模式”，生活在中国大陆的民众，或对出现频率较高的汉语言词稍有知觉的人，应该都对其毫无陌生之感，对“发展才是硬道理”也是耳熟能详。其实，作为著名的历史文明古国，古代中国经济一度领先世界，1840年以前，中国一直是世界经济强国，是东方的经济中心。德国学者贡德·弗兰克在其著作《白银资本》描绘和分析了1400—1800年间世界经济的结构与发展，在他看来，作为“中央之国”的中国不仅是东亚朝贡贸易体系的中心，而且在整个世界经济中即使不是中心，也占据着支配地位。

这直接源于中国经济和中国人民在世界市场上所具有的异乎寻常的、巨大的且不断增长的生产能力、技术能力、生产效率、竞争力和出口能力。这是当时其他地区都望尘莫及的。即使清朝晚期以来中国经历了近百年时间的贫穷落后，然而自20世纪70年代末的改革开放以来，中国经济高速发展，今日中国更是成了世界第二大经济体，成就了中国道路和中国模式，中国经济的发展模式、道路经验以及背后的强国富民历史文化积淀应当成为全世界共享之精神财富。

* * *

富民强国思想是中国传统文化的有机组成部分。对历代君主和政治家而言，治国的首要目标就是民富国强——“富民”思想关乎经济发展目的，关乎国家长治久安。

在中国历史上，经过对夏商周三代的历史发展经验总结，古代先人很早就总结出安邦富民的治国、兴国之道。商鞅变法，修建都江堰，开通丝绸之路，开凿大运河……从秦始皇到后世一系列经济措施，都直接或间接地推动了中国经济的发展。凡是重视民生、施政富民的王朝，无不经济繁荣、文化昌盛，反之则国家衰落、战乱四起、民不聊生。

《管子》凝聚了先秦时期丰富的治国理政智慧，书中明确提出了“治国富民”的主张，书中说：“凡治国之道，必先富民。民富则易治也，民贫则难治也。……是以善为国者，必先富之，然后治之。”还提出了六种“以政富民”的具体措施，即“厚其生”（重视民众生产生活）、“输之以财”（发展经济）、“遗之以利”（发展水利和基础设施）、“宽其政”（减轻民众负担）、“匡其急”（救民疾苦）、“赈其穷”（救助穷困之人），这六项内容涉及生产生活、经济流通、水利兴修、赋税徭役、民生疾苦、慈善救助等，集中体现了古代富民、裕民思想。

孔子的富民思想对儒家和后世影响深远。《论语·子路》云：“子适卫，冉有仆。子曰:‘庶矣哉!’冉有曰:‘既庶矣,又何加焉?’曰‘富之。’曰:‘既富矣,又何加焉?’曰:‘教之。’”孔子到卫国,和弟子冉有谈到庶民、富民、教化民众三个重要问题,表明他重视民生,重视解决民众基本生活问题,重视提高民众生活质量,同时也重视提高人们的文化素质和精神修养,达到所谓“富而好礼”的治理效果。《论语》还记载了儒门“使民以时”“敛从其薄”“节用而爱人”的爱民思想,《论语·颜渊》云:“哀公问于有若曰:‘年饥,用不足,如之何?’有若对曰:‘盍彻乎?’曰:‘二,吾犹不足,如之何其彻也?”对曰:‘百姓足,君孰与不足?百姓不足,君孰与足?’”这段话意思是说:鲁哀公问有若,年收成不好,国家用度不够,应该怎么办?有若答道,为什么不实行十分抽一的税率呢?哀公道,十分抽二,我还不够,怎么能十分抽一呢?有若答道,如果百姓的用度够,您怎么会不够?如果百姓的用度不够,您又怎么会够?有若和哀公的对话反映其“藏富于民”的思想。《论语》中便记载了孔子批评弟子冉求为鲁国大臣聚敛财富的做法。“富民”的重要标志,在孟子看来是有“恒产”。孟子认为统治者必须重视“制民之产”,《孟子》书中记载:“民之为道也,有恒产者有恒心,无恒产者无恒心。苟无恒心,放辟邪侈,无不为已。”只有这样才能使民众安居乐业,“必使仰足以事父母,俯足以畜妻子,乐岁终身饱,凶年免于死亡。”孟子富民思想的核心是“先足民后足君”“民贵君轻”。荀子进一步认识到富国和富民之间的重要联系和辩证关系,《荀子》书中揭示出“府库已实而百姓贫”的现实,提出“下贫则上贫,下富则上富”“王者富民,霸者富士,仅存之国富大夫,亡国富筐箧,实府库”等真知灼见。在荀子看来,如果社会财富不增加,百姓贫困,而统治者一味搜刮百姓来增加财政收入,虽然国库收入有所增加,却最终会缩小和破坏富国的基础,引起社会矛盾,激起百姓反抗。

关于如何富民,《老子》中也提出了较为丰富的思想。书中指出,百姓疾苦的原因,多源于贵族和官府的压榨,“其上食税之多”,但“金玉满堂,无法守藏;富贵而骄,自取祸患”,只会使得统治者“多藏必厚亡”。老子的思想,经过黄老学派的继承和发展,在国家治理上要求政府采取“无为而治”政策,对百姓尽量减少干预,在经济上提倡轻徭薄赋和简俭去奢。《淮南子》是黄老道家的集大成之作，书中认为“为治之本，务在于安民；安民之本，在于足用；足用之本，在于勿夺时；勿夺时之本，在于省事；省事之本，在于节欲”，这是把治国、安民、生产、节用统一于“安民足用”，比单独谈生产或减免赋税更有说服力。《淮南子》的“安民足用”思想，是对先秦富民思想的继承与总结，这一思想在西汉建立之初起到重要作用，经过汉文帝和汉景帝的应用，出现了“文景之治”的兴盛局面。西汉建立之初，因多年战乱使得民生凋敝、经济衰败，汉代统治者推崇黄老治术，施行“轻徭薄赋”“与民休息”的政策。汉文帝二年（前 178 年）、十二年（前 168 年），分别两次“除田租税之半”，文帝十三年（前 167 年）还全免田租；对周边敌对国家，汉文帝多采取和亲等怀柔策略，维持和平，不轻易出兵，以免耗损国力；汉文帝生活上奉行节约，其宫室内衣不曳地，帷帐不施文绣，更下诏禁止郡国贡献奇珍异宝。经过汉文帝身体力行，国家的开支有所节制，贵族官僚不敢奢侈无度，减轻了人民的负担，一定程度上释放了社会生产力。经过汉文帝、汉景帝两朝励精图治，国家经济繁荣，政治清明，粮仓丰盈，以至于府库里的铜钱因久而不用，穿钱的绳子都朽烂了。汉武帝时期，张骞出使西域，班超经营西域，开通和维护了陆上“丝绸之路”，促进了中外经济文化交流。可以说，安民、富民的政策使得汉朝的经济生产日渐恢复，国力迅速发展，出现了多年未有的社会稳定、人民富裕的景象。

“富民”可以说是中国古代的政治方略与智慧。古人对“富民”的认识虽然观念有一些差别，但都看到了富民与富国是统一不矛盾的，富民与发展生产是协调一致的，富民与国家的根本利益更是没有任何冲突的。被誉为中国改革开放总设计师的邓小平，根据马克思历史唯物主义和中国现实国情，认识到 20 世纪 80 年代，中国的社会生产力水平低下、经济发展缓慢、人民生活水平亟待提高，唯有改革开放，制定经济建设为中心的基本国策，解放与发展生产力，物质文明与精神文明齐抓共举，这样才能彻底改善人民的生活状况，才能最终实现国家富强的目标。20 世纪 90 年代初，中国的社会经济建设和改革开放进入了非常关键的历史时刻。1992 年初，邓小平考察南方时，肯定改革开放的诸多成绩，发表了重要谈话，明确提出了“抓住时机”“抓住机遇发展自己”“发展是硬道理”等战略思想，为社会经济发展指明了方向。关于抓住时机、加快发展，邓小平说："抓住时机，发展自己，关键是发展经济。现在，周边一些国家和地区经济发展比我们快，如果我们不发展或发展得太慢，老百姓一比较就有问题了。所以，能发展就不要阻挡，有条件的地方要尽可能搞快点，只要是讲效益，讲质量，搞外向型经济，就没有什么可以担心的。低速度就等于停步，甚至等于后退。要抓住机会，现在就是好机会。我就担心丧失机会。不抓呀，看到的机会就丢掉了，时间一晃就过去了。"关于经济发展速度，邓小平说："我国的经济发展，总要力争隔几年上一个台阶。""从我们自己这些年的经验来看，经济发展隔几年上一个台阶，是能够办得到的。""看起来我们的发展，总是要在某一个阶段，抓住时机，加速搞几年，发现问题及时加以治理，尔后继续前进。""从国际经验来看，一些国家在发展过程中，都曾经有过高速发展时期，或若干高速发展阶段。日本、南朝鲜、东南亚一些国家和地区，就是如此。现在，我们国内条件具备，国际环境有利，再加上发挥社会主义制度能够集中力量办大事的优势，在今后的现代化建设成长过程中，出现若干个发展速度比较快、效益比较好的阶段，是必要的，也是能够办到的。"总的来说，发展是硬道理。邓小平说："要注意经济稳定、协调地发展，但稳定和协调也是相对的，不是绝对的。发展才是硬道理。这个问题要搞清楚。如果分析不当，造成误解，就会变得谨小慎微，不敢解放思想，不敢放开手脚，结果是丧失时机，犹如逆水行舟，不进则退。"

"小康社会"是古代思想家描绘的美好的社会理想，也表现了普通百姓对宽裕、殷实的理想生活的向往。改革开放以来建设的"小康社会"，是现代中国实现"富民"国家的政治传统和发展模式。邓小平力主改革开放，强调抓住机遇、加快发展，在1980年代提出解决温饱问题，让人民过上小康生活的目标。1979年12月6日，邓小平在会见日本首相大平正芳时首次提出"小康之家"的概念。此后，他反复思考、调研论证，逐渐丰富，形成了他关于小康社会的理论，并在此基础提出了"翻两番""三步走"的发展战略。1982年9月，中共十二大正式把邓小平提出的20世纪末实现小康目标的构想确定为今后20年中国经济建设总的奋斗目标，人民的物质文化生活达到小康水平。1987年10月，中共十三大正式提出"三步走"发展战略。2002年，中共十六大进一步确立了到

2020年全面建成小康社会的宏伟目标，2007年党的十七大提出了全面建设小康社会奋斗目标的新要求。

进入历史新阶段，党的十八大以来，习近平以推动整个经济领域的发展为核心，继续推行改革和开放，就经济发展提出了一系列战略思想，如首次提出“中国梦”概念，稳中求进、民生导向、公有制主体、双重调节、自主开放、城乡一体化等经济发展战略思想。2017年，党的十九大提出在全面建成小康社会的基础上，分两步走在本世纪中叶建成富强民主文明和谐美丽的社会主义现代化强国。

从1978年到2017年，改革开放近40年，中国迎来了自己的经济奇迹！从数量规模上看，1978年改革开放伊始，中国的经济规模仅有3679亿元人民币；而到2017年，中国国内生产总值已经高达82.71万亿元人民币，已经成为世界第二大经济体，中国经济总量占世界经济的比重由1978年的1.8%上升到2017年的16%，仅次于美国。从经济增速角度看，1978—2017年，中国国内生产总值的年均增速高达14.5%，刨除年均4.8%通胀率，年均实际增速仍高达9.3%。按照经济学家林毅夫所说，“以这么高的速度持续这么长时间的增长，人类历史上不曾有过”。从经济结构的角度看，中国工业化进程加快，第一产业、第二产业、第三产业的结构日趋合理化，第三产业逐渐占据主导地位。中国社会经济快速发展，人民生活状况得到了极大的改善，也充分反映了富民、裕民的古代政治原则在现代社会的应用价值。

与此同时，改革开放的40多年，中国对世界经济也产生了重要影响，中国对外贸易、投资对全球经济的拉动作用明显，中国经济转型升级为世界经济发展提供新的经验，中国正在积极主动参与全球经济发展与治理……西方有不少学者对中国经济发展成就表示认可和接纳。美国传统基金会亚洲研究中心研究员西瑟斯·德里克对比改革开放前后中国的经济状况后指出，改革开放“带来了中华巨龙的腾飞”。英国伦敦政治经济学院亚洲研究中心主任阿塔尔·侯赛因甚至直接称赞改革开放后数十年来的中国“已经变成了另外一个星球”。著名的诺贝尔经济学奖得主罗纳德·科斯也曾在《变革中国》一书中认为1978年中国的改革开放是二战以后人类历史上最为成功的经济改革运动。

无论是古代的“富民”思想和政治实践，还是现代中国正在进行的改革开放与建设小康社会，都体现了“富民”是以人为本的客观要求，是国家建设的必然要求，在根本上促进个体发展，维护社会和谐。唯有如此，国家才能够长治久安。

* * *

历史是人类生存经验的积累，现实是人类当下的生存处境。通过总结俄罗斯、南非、阿根廷等国家经济发展的历史和现实问题，可以发现经济发展受制、民众难以过上富足的生活，通常都表现在以下几点：其一，国内经济长期衰弱或结构失衡、政治秩序混乱是产生经济危机的根源；其二，经济政策失误，不能正确处理政治改革、经济发展和社会稳定的关系，是影响经济发展的直接原因；其三，建立健康的金融、财政、税收体系，及时应对国际金融危机和外部干扰，是对经济发展的重大考验。

我们也看到，改革开放以来中国社会发生的翻天覆地的变化，国民经济、文化发展等各个领域都取得了长足的发展和进步，并得到了国际社会的认同。2004 年 5 月，美国《时代》周刊高级编辑、美国著名投资银行高盛公司资深顾问乔舒亚·库珀在英国伦敦外交政策中心发表了一篇论文，提出当代经济发展的“北京共识”概念，认为中国的发展模式是一种适合中国国情和社会需要、寻求公正与高质增长的发展途径，主要包括三方面内容：艰苦努力、主动创新和大胆试验；坚决捍卫国家主权和利益；循序渐进、积聚能量。而更多学者从中国经济发展多年来的历史实践出发，提出了日益明晰的“中国模式”概念，如日内瓦外交与国际关系学院张维为教授对中国模式进行概括，提出了中国模式的“八大特质”：第一，具有现代化导向的比较强势而有效的政府，制定出比较长期的符合自己民族利益的长远战略和政策，并能够付诸实践；第二，以实事求是为指导思想，一切从实际出发；第三，集中精力关注民生；第四，在稳定、改革和发展三方面的关系上，处理得比较好；第五，渐进改革，从现在的制度和体制出发，利用这个体制来运作，同时不断改革自身的体制；第六，确立了比较正确的优先顺序，认识到改革是一个阶段性和渐进性的过程；第七，坚持社会主义市场经济，保证社会总体公正；第八，以非常开放的态度，以我为主，积极学习世界各国的发展经验。

通过总结“北京共识”以及目前学界对“中国模式”的看法，有以下几点可谓中国道路、中国模式的“精要”所在。第一，建立社会主义市场经济体制。经过中华人民共和国建国前三十年的经验教训总结，邓小平等领导人认识到社会主义也可以搞市场经济，必须打破之前僵化的公有制认识，破除将社会主义等同于计划经济的旧有社会主义经济模式的观念。正是由于中国提出把市场经济与社会主义制度相结合，在公有制基础上建立社会主义市场经济体制，允许多种所有制经济共同发展，发挥市场在资源配置中的作用，广泛吸纳各种能够解放生产力、调动人民积极性的方式，正确处理分配问题及改革、发展、稳定之间的关系，才取得了快速发展、举世瞩目的伟大成绩。因此，建设社会主义市场经济体制，是中国特色社会主义的重要内容，也是中国经济发展模式最重要的特征。第二，推动社会主义民主政治建设。经济基础决定上层建筑，经济基础与上层建筑之间具有相互作用的关系。多年来的成功实践表明，政治体制改革是中国全面改革的重要组成部分，是经济社会发展不断深化的必然要求，也与人民政治参与积极性不断提高相适应。只有通过以广大群众为基础的基层自治制度，依法直接行使民主选举、民主决策、民主管理、民主监督，才能实现最直接、最广泛的民主实践，促进人民群众依法管理自己事务，提高民主素质，增强民众主人翁意识和民主法制意识，提高有序政治参与的水平和能力，夯实中国社会主义民主政治建设的基础。第三，吸取历史经验，坚持先进文化方向，妥善处理各种文化之间的关系，维护国内外的和谐稳定。任何国家都会面临复杂的国际、国内问题，中国的发展除了自身的发展需求，也离不开国际大环境，故而始终以开放、先进的文化为导向，正确处理传统与现代、国际与国内之间的复杂形势，坚持和平共处、共赢共享，为中国发展争取最好的国内与国际环境。中华文化向来强调“和合”“和平”等价值观，尤其在世界政治多极化、经济全球化的趋势下，更应该博采众长，为中国经济文化的发展注入强大的生机和活力，推动世界各国和人类社会的共同进步。第四，富民、裕民始终是加强民生的重点，更是体现了“中国模式”的巨大成就。中国领导人普遍认识到社会建设与人民幸福安康息息相关，必须在经济发展的基础上，更加注重社会建设，着力保障和改善民生。多年以来的经验表明，加强民生为重点的构建社会主义和谐社会的建设，有力地化解了影响中国发展的许多矛盾，确保了中国在经济、政治、文化和社会的协调发展，也是“中国模式”最为世人认可的宝贵经验。

2017 年，习近平在中国共产党与世界政党高层对话会开幕式上指出，“我们不‘输入’外国模式，也不‘输出’中国模式，不会要求别国‘复制’中国的做法。”“中国共产党愿同世界各国政党加强往来，分享治党治国经验，开展文明交流对话，增进彼此战略信任，推动构建人类命运共同体，携手建设更加美好的世界。”“中国模式”体现了中国数千年以来的政治智慧与当代实践，概括了中国在特有的国情下建设中国特色社会主义的经验，是对当代中国改革开放 40 多年来的经验概括与总结。“中国模式”是对中国以往历史到当今实践的总结，是对经济、政治、文化、社会领域取得成就和成功经验的归纳，对世界各国应对机遇和挑战，以及解决人类共同面临的问题，都有着非常重要的参考价值。

八、中华文化如何缓解贫富两极分化？

——均贫富、重教育的社会公平观念

世界各国自古以来都存在贫富差距，但是从 20 世纪 80 年代开始，贫富差距不断扩大成为一种全球性趋势，特别是 2008 年全球金融危机爆发之后，贫富差距扩大更加明显。中国古典思想家们十分看重贫富差距问题，无论是从顺应天道的角度来看，还是立足社会现实，他们都担忧贫者过贫，富者过富，极力强调避免贫富差别过大，强调社会公平和富后文明的重要性。

2018年4月，印度一部名为《起跑线》的喜剧电影在中国上映。该影片由导演萨基特·乔杜里执导，讲述了一对中产阶级夫妇为了让孩子能够从小就获得最好的教育而绞尽脑汁择校的故事。影片一开始，妻子米图就表示，一定要让自己的女儿接受最好的教育，这是他们摆脱所处阶级、跻身上流的唯一机会。然而事情远没有想象的那样顺利。夫妻俩首先花费大量钱财扮演上流社会人士，因为学校招生时要考察家长的谈吐和素质，其本质就是只对贵族开放。但他们女儿还是被学校拒绝了，因为他们是店铺老板。又因印度规定包括名校在内的每所学校，必须有25％的入学配额留给贫困学生，于是，拉吉夫妇在假装上流人士之后，不得不假装贫民，搬到了贫民区。为了融入贫民生活，把戏做足，骗过监督员的检查，拉吉夫妇又闹出了不少笑话。

《起跑线》是一部喜剧，但其喜剧元素不是单纯逗乐，而充满着对社会现实的反讽。讽刺产生于落差，而影片中最大的落差，无非是上流社会的奢靡和贫困区的破败，以及中产阶级的无所适从。上流社会一掷千金，而贫民区连饮用水都无法得到保障。影片直白地向观众展现了印度社会存在的巨大贫富差距问题，吉拉夫妇的失败告诉了我们贫富差距带来的阶级固化问题的严峻性。学校25％的配额对于原本人口基数就很大的底层来说，不过是杯水车薪。而当他们的孩子入学之后，家庭也无力承担学校各类高昂的开支。影片名为《起跑线》，主角夫妇将女儿的教育当作她人生的起跑线，但这起跑线的设置也是不公平的。巨大的贫富差距不仅横亘在阶级之间，更阻碍在底层人群想要继续往上流动的道路上。即使拉吉夫妇真的凭借自己的孤注一掷，使女儿接受了好的教育并成为社会精英，这也只是偶然的情况，社会整体的贫富差距还在那里，就像影片的结局，现实又无奈。

虽然《起跑线》反映的是印度社会问题，但贫富差距问题以及相伴而生的阶级固化和教育问题在世界范围内广泛存在。世界各国自古以来都存在贫富差距，但是从20世纪80年代以来，贫富差距不断扩大成为一种全球性趋势，特别是2008年全球金融危机爆发之后，贫富差距扩大更加明显。据联合国调查数据显示，在世界范围内，1％最富有的人占有财富超过50％。就各个地区而言，2016年，欧洲国家收入前10％人口的总收入占国民收入的37％，该份额在俄罗斯为46％，在北美为47％，而在撒哈拉以南非洲地区、巴西、印度则均为55％。中东是全球收入差距最高的地区，收入前10％人口的收入份额占比高达61％。2018年，世界不平等研究机构发布的《世界不平等报告》显示，全球最富有的1％人群占有的财富份额从1980年的28％上升至2016年的33％，与此同时，底层75％的人群所占有的财富份额则一直停留在10％左右。20世纪80年代到90年代期间，劳动收入是美国高收入人群的主要收入来源，而自2000年以来，资本收入在精英阶层总收入中占比越来越高。1980年，美国最富有的1％人口占有22％的国民财富，到2014年这一比例上升至39％。这一增长主要是靠最富有的0.1％人口的财富迅速攀升推动的。在英国与法国，由于中产阶级房产升值以及教育与工资政策更加倾向于低收入与中等收入家庭，欧洲的收入差距一直保持在较低水平。在此期间，由性别差异导致的收入差距在美国与西欧都呈下降趋势，然而在精英人群中这种不平等现象依然相当显著。

由著名政治经济学家赫希曼提出的基尼系数，是国际上通用的用以衡量一个国家或地区居民收入差距的常用指标。近些年，世界范围内大部分国家基尼系数都偏高，说明收入分配差距较大，乃至差距悬殊。

基尼系数表现的是各国内部的收入差距情况，但贫富差距还包括世界范围内各国之间的比较，即富人越来越多地集中在富国，穷人越来越多地出现在落后国家和地区。不同收入人群之间收入增长速度也不相同。1980年以来，1％最富有的人的收入增长了27％，占世界人口50％最贫困阶层的收入进展总体增长了13％。富人掌握更多的资本，资本的占有量影响的不仅是直接收入，更包括收入增长率。富人不仅会更富，而且富得会更快，这意味着收入差距拉大的速度也会更快。世界不平等研究机构认为，如果贫富差距照此趋势继续发展，到2050年全球最富有的0.1%的人群将会达到中等财富人群占有财富的总和。

贫富差距过大会带来方方面面的问题。正如印度电影《起跑线》展现的那样，收入差距加剧了社会结构的分化和固化，占有财富的人同时垄断了优秀的教育资源和发展机会。就个体而言，处于底层的人群很难向上层社会流动，自身的发展受到限制，这既打击他们对生活的期许，又妨碍社会公平的理念。就持续发展来说，收入差距过大无法调动大部分人的积极性，从长远来看不利于经济发展。当阶层固化加剧，一个人的发展需要“拼爹”“拼妈”“拼房子”的时候，普通年轻人奋斗比不上出身时，就会慢慢地失去通过个人努力改善自身生活的动力。而顶层富人生活的穷奢极欲勾起了普通民众对金钱的欲望，在欲望的刺激以及现实生活的无奈中，个人难免会产生对富人阶层的不满，甚至可能演变为“仇富心理”，社会冲突和阶层矛盾会加剧，并影响社会安定。过大的贫富差距已经成为人类社会文明与发展最严峻的挑战。

* * *

在人类社会发展史上，不论人类是否承认，人与人之间的贫富差别都普遍而真实地存在。春秋战国时期，中国社会遭遇礼崩乐坏的同时，贫富差距分化凸显，贫富不均加大，社会矛盾加剧。以诸子百家为代表的先秦思想家不得不面对这一系列社会问题，并形成了丰富而深远的贫富思想。

老子云：“天之道，其犹张弓与？高者抑之，下者举之；有余者损之，不足者补之。天之道，损有余而补不足。人之道，则不然，损不足以奉有余。孰能有余以奉天下，唯有道者。”老子认为，作为世间根本法则的天之道，就是要减损有余来弥补不足，抑制过高之极端现象，提升处于卑下地位的事物。天道运行，以求公平。而人之道则相反，人类社会时常出现“损不足以奉有余”的情况。汉代由于以土地占有不均为代表的社会财富分配不均现象越来越严重，赋役负担不均和社会不安定状况也有增无减，造成了“富者奢侈羡溢，贫者穷急愁苦，穷急愁苦而上不救，则民不乐生”的严重局面。在汉初的盐铁会议上，贤良文士就借用老子的话来论述社会贫富差距的问题：“今欲损有余补不足。富者益富，贫者益贫矣。”贫富差距问题常被当代经济学家称为“马太效应”。老子这里说的人之道，不是人所当行之道，而是当时社会现实存在的弊端。唐代诗人杜甫极力批判贫富差距过大的社会现实，写下了“朱门酒肉臭，路有冻死骨”的诗句。孟子也认为：“庖有肥肉，厩有肥马，民有饥色，野有饿莩，此率兽而食人也。兽相食，且人恶之。为民父母，行政不免于率兽而食人。恶在其为民父母也?”（《孟子·梁惠王上》）贫富差距过大，财富集中在少数人手中，与暴政无异。

儒家对最理想的人格的期许是“修齐治平”，“平”就是平天下。贫富差距过大显然与“平”的理想是相违背的。与“平”相联系的概念是“安”，所谓平安，不能“平”则容易发生动乱。儒家极力反对“不均”，认为“不均”是社会动荡不安的原因之一。孔子说：“有国有家者，不患寡而患不均，不患贫而患不安。盖均无贫，和无寡，安无倾。”孔子认为对于一个国家来说，不均的危害要远胜于单纯的贫穷，因为不均首先导致的是国家内部矛盾的爆发。汉代思想家董仲舒在解释孔子这句话时说：“故有所积重，则有所空虚矣。大富则骄，大贫则忧，忧则为盗，骄则为暴，此众人之情也。”“有所积重”是指财富偏重积累在某一部分人手里，其结果就是很大一部分人“有所空虚”。他控诉当时的社会“富者田连阡陌，贫者无立足之地”。贫富差距加大而导致人群分化，富贵之人自骄而压迫穷人，穷人担忧自身的生存问题，可能会走上违法的路。这样一来，阶层矛盾和社会问题都会加剧。春秋时期齐国的管仲认为：“夫民富则不可以禄使也，贫则不可以罚威也”。法令之不行，万民之不治，问题都是出在贫富不均上。贫富不均极端化会引发社会暴动和起义，历代农民运动领袖也往往以“均贫富”作为革命口号。如东汉末年的张角、张鲁痛斥贫富不均之弊；北宋的王小波、南宋的钟相都以“等贵贱，均贫富”作为斗争纲领。农民起义的根源也无非是贫富不均。

儒家看重“平”和“均”，但绝不是赞成绝对的平均主义。《礼记》有云：“慎之劳，劳则富。”劳动致富，贫富程度应当和勤劳程度成正比。孔子也承认趋富脱贫是人的本性，对财富并不应该采取回避或掩饰的态度，他说：“富而可求也，虽执鞭之士，吾亦为之。”可见他主张积极追求财富，愿意为了获得财富而付出，做好从事卑微工作的准备。只不过，他更强调的是：“礼之先币帛也，民先事而后禄也。”货币分配要遵循礼的规定，民能够得到的收入也要依据其工作情况来定，这里面蕴含着“按劳分配”的原则。儒家重礼，礼的功能之一是使社会财富的分配有等级有秩序，反对绝对平均主义。儒家虽然强调“不患贫而患不安”，但不是反对致富，提倡安于贫困。孟子认为：“民之为道也，有恒产者有恒心，无恒产者无恒心，苟无恒心，放辟邪侈，无不为已。”对人民而言，稳定而充足的财富是保持恒心的必要条件。恒者，长久安定。如果没有恒心，百姓会为了自己的利益不再坚定地遵守社会秩序和道德规范。孔子也承认“富与贵，人之所欲也”，只不过孔子更强调致富要遵循道义。管子虽非儒家思想家，也同样认为富民是治国的基础。《管子·治国》有言：“凡治国之道，必先富民。民富则易治也，民贫则难治也。奚以知其然也？民富则安乡重家，安乡重家则敬上畏罪，敬上畏罪则易治也。民贫则危乡轻家，危乡轻家则敢陵上犯禁，陵上犯禁则难治也。故治国常富，而乱国常贫。是以善为国者，必先富民，然后治之。”《周易》的谦卦《大象传》称“君子以裒多益寡，称物平施”，不少人将之理解为绝对的平均主义，但王夫之却不认同，他解释道，所谓的平施，不是截长补短，使其一样长短，这样对于长的是不正义的；所谓的平施，是平等地施与给所有人，让富的更富，穷的也逐渐富足起来。因此中国古代强调均贫富，不是要放弃发展限制致富，达成一种平均且贫穷的状态，而是要在整体富裕的基础上，使财富分配尽可能公平。贫富差距要控制在适度范围内，不能让贫富差距进一步无限制地加剧。

贫富差距会导致严重的社会问题，“损不足以奉有余”也是不符合天道原则的行为。世界上不可能存在绝对没有贫富差距的文明。中国古典思想家们将贫富差距看作一个问题，主要是担忧贫者过贫，优者过优，贫富两极分化。管子说：“贫富无度则失。”无度意味着没有节制，一方面要限制财富过于集中，一方面要将财富分配到广大群众手中，即所谓“藏富于民”。“民，事之本也。”藏富于民肯定不是说把财富集中在少数人手中，而是要将财富分予民众。“均贫富”是藏富于民的必然要求。晏婴是春秋时期齐国著名政治家、思想家，在《晏子春秋·内篇问上》中，晏婴在回答齐景公“古之盛君”的行为准则时说：“薄于身而厚于民，约于身而广于世；其处上也，足以明政行教，不以威天下；其取财也，权有无，均贫富，不以养嗜欲；诛不避贵，赏不遗贱；不淫于乐，不遁于哀；尽智导民而不伐焉，劳力岁事而不责焉。”在这段话中，晏子首先提出了“权有无，均贫富”的思想。一个合格的君王在处理财政时，要能权衡整体轻重态势，缩小贫富差距。战国时期秦国的商鞅主张国家应通过政策法令去平衡财富的占有，认为“治国之举，贵令贫者富，富者贫”。《礼记·坊记》篇中记载有孔子的话：“故圣人之制富贵也，使民富不足以骄，贫不至于约，贵不慊于上，故乱益亡。”制即掣肘，圣人在调节贫富问题时要把握合适的度，不是要彻底消除富人，而是使富的程度不至于产生骄暴之心。贫穷不可能根除，但至少也要保障其生活不至于过于局促。只要做到这些，国家内部基本就不会发生暴乱了。孔子强调“中庸”的方法论，提倡“执其两端而用其中”，反对“过犹不及”，贫富两极分化显然与中庸的原则相悖。因此在财富的分配上，儒家也必然主张遵循“中道”“合度”和“各得其分”的原则。董仲舒继承孔子的思想，认为：“圣者于众人之情见乱之所从生，故其制人道而差上下也。使富者足以示贵而不至于骄，贫者足以养生而不至于忧。以此为度而调均之，是以财不匮而上下相安，故易治也。”管子讲“权”和“均”，孔子讲“制”，董仲舒讲“调均”，其实都是一种调控和干预的手段。贫富差距问题如果放任不管只会变本加厉，应对贫富差距问题，政府通过各类政策来实现重新分配是必要的。韩非子也明确提出了“均贫富”的概念：“故明主之治国也，适其时事以致财物，论其税赋以均贫富，厚其爵禄以尽贤能，重其刑罚以禁邪，使民以力得富，以事致贵，以过受罪，以功致赏，而不念慈惠之赐，此帝之政也。”韩非子认为贫富不均是合理且必要的，他认为每个人都能得到他该得的财富，才能调动人民的积极性。但他也认为可以通过赋税来均衡社会财富。

荀子认为“贫富有差”是正常的，但是如果分配有偏就会导致混乱，“分均则不偏”。同时，荀子认为贫者摆脱贫困的一个途径是学习。“我欲贱而贵，愚而智，贫而富，可乎？曰：其唯学乎。”孔子也主张“有教无类”，向民间开放教育。教育不应对求学者的出身有所要求，教育的公平就长远而言是在为缩小贫富差距、实现社会公平奠定人才基础。

在继承古代有识之士的思考之上，面对近代的经济转型，孙中山先生在旧三民主义中提出了“平均地权”的主张。它较完整地在国民党第一次全国代表大会的宣言中表述出来，宣言中指出：国家规定土地法、土地使用法、土地征收法及地价税法，由政府进行土地管理及征税事宜；私地由地主报价，国家就价征税，必要时依价收买。国家当给佃农以土地，资其耕种。有研究者认为，这是借鉴了亨利·乔治的土地理论和达马熙克的土地改革理论。实际上，这是对于中国古代的土地问题和贫富问题有了痛心疾首的感悟，同时借鉴先贤的学说所形成的，与历史上的均田、限田思想一脉相承。

绝对的平均在现实中是不可能促进社会和人自身发展的，我们已经尝过这方面的教训。所以 20 世纪七八十年代以来的领导集体，借鉴传统文化关于贫富的讨论，充分洞察世界发展形势，并在马克思学说的基础上，提出了“效率优先，兼顾公平”的原则，指出要让一部分人先富起来，先富带动后富，最终达到共同富裕。在这里，共同富裕的最终目标，保证了我们奋斗的方向不走样、不造作；而“一部分人先富起来”，不是指定让某个人富裕，而是在给所有人公平地创造机会和环境的条件下，那些勤奋、聪明、正直的人可以先富裕起来。只有如此，社会才有前进的动力。而最终的富裕是建立在共同富裕基础上的。

此外，应对贫富问题，“中国式扶贫”也为全球减贫作出了巨大贡献。邓小平有一句著名论断，即“贫穷不是社会主义”，这既符合马克思主义关于共产主义社会物质极大丰富的设想，也符合古代对于大同社会民丰物阜的想象。改革开放 40 多年来，我国以政府为主导的有计划有组织的扶贫开发，尤其是党的十八大以来精准脱贫方略的实施，扶贫成果举世瞩目：1981 年末，我国贫困人口为 8.78 亿人，而到 2013 年末，减少到 2511 万人，累计减少 8.53 亿人，减贫人口占全球减贫总规模超七成。我国减贫速度明显快于全球，贫困发生率也大大低于全球平均水平，成为全球最早实现联合国千年发展目标中减贫目标的发展中国家，为全球减贫提供了中国方案和中国经验。世界银行 2018 年发布的《中国系统性国别诊断》报告称："中国在快速经济增长和减少贫困方面取得了'史无前例的成就'。"

* * *

如上所述，中国古典思想家十分看重贫富差距问题。无论是从顺应天道的角度来看，还是立足社会现实，他们都极力强调要均贫富，避免贫富差别过大，强调社会公平的重要性。诚如老子所言，贫富差距加大的一个原因就是"损不足以奉有余"，在封建社会这一点可能体现为地主阶级和统治阶级为敛财而压迫百姓，但对于当今社会而言，这句话更是对资本运作基本特征的解释。

马克思把资本看作一种永恒的运动，资本主义生产过程就是资本按照自身逻辑无限实现自我增殖的过程。也就是说，资本按其本性欲求无限的多，按其运作规律则占有原始资本更多者其资本增殖速度更快。西方国家在 20 世纪初为了追求利益最大化和资本最大化，采用市场自由的经济政策，最大限度地放任资本自我增殖，致使最终爆发了严重的经济危机。资本本身不关心人，要想依靠资本的自行运作来实现社会公平是不可能的。中国古代思想家也看到这一点，认为政府必须通过一定的手段来重新分配财富，调节贫富差距。中国在经济发展方面也始终坚持市场经济与宏观调控相结合的原则，这对缓解贫富差距具有一定程度的积极意义。

我们"效率优先，兼顾公平"的提出背景，是全球的一轮轮工业革命，以及资本主义的一次次转型。以往贵族社会的贫富差别建立在身份差别之上，而工业革命和资本主义的到来似乎打破了这一切。它以商品货币为刀剑，冲破了这些身份的壁垒，但并没有开创一个更加平等的世界，反而是更不平等的深渊。

主奴身份的破除，资本主义式的平等，是把所有人降为技术和资本之下最均质的机器。它造就了大量的无产阶级，而财富也比以往的任何时代都集中。我们看到资本主义国家的资本家们，实际享受着比古代贵族还要大乃至无限的权力——只要掌握在自己手中的财富是无限的。尽管几十年来某些地区的资本主义发生了转型，比如北欧的高福利国家，通过税收和社会保障，进入了类似社会主义的状态。实际上这些国家的所有制方式没变，生产经营的方式也没有变，所以只能是作为暂缓阶级矛盾所实行的权宜之计。这种权宜之计，已经让多数人认同了阶级的固化，并且丧失了追求美好生活的生气。

社会主义国家的“效率优先”则不同，首先它建立在公有制的基础之上。于是“效率优先”并不存在资本的无限制扩大，国家可以随时调控资源的分配，以防止贫富的扩大。同时，因为传统的阶层流动影响，我们重视每个人在平等的环境里凭借自己的努力和智慧获得相应的地位和薪酬，反对固化。市场经济是无法回避的，只是传统的贫富思想和观念告诉我们：市场经济条件下，要依法致富，更要依德致富、勤劳致富，因为无论法律多健全，只要道德意识淡泊，法律就总是“有漏洞的”；还要提高致富能力，“以能致富”和“学而致富”，能力弱、行为懒不可能摆脱贫困，等、靠、要无法实现共同富裕，变输血为造血，才能真正走向摆脱贫困之路；富后文明教育非常必要，为富不仁、富后不义势必败坏文明环境，因此，孔子的教诲可谓真正文明社会的关怀。

电影《起跑线》中的父母选择由贫入富的途径是投资自己孩子的教育。西方学者也指出，对教育的投资越高，以后的收入也会越高。但这个说法本身就蕴含着一个悖论，即富者对孩子教育的投资肯定会高于一般家庭，这便将教育也纳入资本增殖的序列之下了。《起跑线》揭示的也是教育不公平的问题，教育有违公平即可以看作是贫富分化的结果，也可以看作是进一步拉大贫富差距的原因。西方社会普遍存在精英教育和平民教育分化严重的问题，而在南非等落后地区，贫困人群的教育情况更令人担忧。就教育对象而言，教育要遵循“有教无类”的公平原则。就教育本身而言，确保基本的教育条件和教育公平十分重要。

习近平在世界经济论坛2017年年会开幕式上的主旨演讲中指出，第四次工业革命将产生极其广泛而深远的影响，包括会加剧不平等，特别是有可能扩大资本回报和劳动力回报的差距。全球仍然有7亿多人口生活在极端贫困之中，收入分配不平等、发展空间不平衡令人担忧。全球发展失衡，贫富两极分化，这是当今世界面临的最大挑战，也是一些国家社会动荡的重要原因。中国作为世界第二大经济共同体，有着博大精深的传统文化，理当承担起大国责任。传统文化中许多有关贫富问题的讨论和精神，放在今天依旧十分具有借鉴意义。

九、中华文化如何提升每况愈下的伦理道德？

——仁者爱人、以德立人的道德观念

道德滑坡问题无疑是当前全球性的严峻问题，个人道德沦丧、职业道德失范、社会公德缺失、政治腐败和商业腐败……诚信的缺失、道德的滑坡已经到了极为严重的地步。而道德，是中国古人安身立命之所，是几千年来中华文明与智慧之参天大树的根本，修己成人，修己安人，修己善群，中华文明中固有的仁爱传统与以德立人的主张，或可为全球伦理失范、道德滑坡的当下世界提供一定启示。

2011年10月13日，2岁的小悦悦（本名王悦）在广东省佛山市五金城相继被两车碾压，7分钟内，18名路人路过但都视而不见，漠然而去。《柏林晨邮报》称，小悦悦被反复碾压而肇事司机和路人视若无睹，这一事故让全世界的人都感到震惊。法国《世界报》认为，这起残忍的交通事故对中国的震撼超过任何其他事件。在中国出现的这场道德危机也是折射当下全球的道德失范的一面镜子。

众所周知，2007年的美国次贷危机已演变成自二战以来最为严重的一场金融危机。其影响并不是局限于美国，还波及全球，并引起了外汇市场、货币市场和资本市场大动荡，次贷危机也发展成一场全球性的金融危机。而从深层而言，次贷危机的发生，是由一系列道德诚信问题所造成的。因为，次贷危机的本质是机构误导消费者和投资者，进而误导美联储，然后美联储再误导全球的金融市场。从美国的次贷危机到全球性粮食危机都表明，目前市场中已充分显现了西方国家所面临的一系列道德危机。其实，在西方国家特别是美国出现的道德危机，在某种程度上反映了资本主义精神的危机。今天，人类拥有充分的经济、文化和精神资源来建立一种更好的全球秩序，可是，越演越烈的个人道德沦丧、职业道德失范、社会公德缺失现象；层出不穷的黑心产品、食品安全问题，假学历、假新闻、假政绩；越来越多的政治腐败和商业腐败……这些，正在一步步蚕食着更美好世界的建设：我们经历了技术的巨大进步和经济的飞速发展，但是人类的道德状况并未得到相应发展。

在《新教伦理与资本主义精神》中，马克斯·韦伯曾非常典型地刻画了现代资本主义的本质：资本主义就是要以可靠的、理性的、可持续的资本主义的企业来追求利润，并且是不断增加的利润。资本主义精神的实质就是要增加个人财富，这是一个人的天职。然而，在利益的驱动下，一些人的操守、良心统统被金钱利益所取代，欲望变为贪婪，不择手段，这些行为与资本原始积累时期以牺牲道德、挑战法律、蔑视人性为代价没有什么本质区别。正如马克思在《资本论》中引用英国经济评论家邓宁格的一段话：“一旦有适应当的利润，资本就大胆起来。如果有百分之十的利润，他就保证到处被使用；有百分之二十的利润，它就活跃起来；有百分之五十的利润，它就铤而走险；为了百分之一百的利润，它就敢践踏一切人间法律；有百分之三百的利润，它就敢犯任何罪行，甚至冒绞死的危险。”今天仍有发人深省的教益。20 世纪 90 年代以来，描述当今世界整体变迁的最为核心的关键词就是“经济全球化”，正是在全球化背景之下，全球性问题才会不断凸显，才让人们开始意识到全球伦理状况的每况愈下乃至困境的出现。那些曾经讴歌现代化的人们也不得不收拢笑容，开始正视现代化给整个人类包括整个世界所带来的消极后果。而这些消极后果的产生，折射出经济社会发展中道德信仰的缺席与伦理关怀的沦落。

道德滑坡问题无疑是当前全球性的热点问题。随着现代科学技术的发展，人们越来越真切地感到生活在同一个地球村，这样一个地球村的出现，让我们比以往任何时候更迫切地需要一种全球伦理以应对日渐下滑的伦理道德。越来越多的有识之士开始清醒地认识到，仅仅依靠科技的进步与经济的增长，人类是不可能摆脱当下道德滑坡的困境的。在地球上共同生存的人类，只有相互友爱，才能有光明的未来。国无德不兴，人无德不立。德不仅是“立人”的根本，也是“兴国”之策。在我们看来，恰是中华文明中固有的仁爱传统与以德立人的主张，能够为伦理失范、道德下滑的当下世界给予独特的贡献。

* * *

中国，历来被誉为“礼仪之邦”，这与中国古人重视道德修养有深刻的渊源。修己成人，修己安人，修己善群，几千年的中华文化，就是独特的道德观念逐渐传承积淀而成的。

道德是中国古人安身立命之所。孔子说，“志于道，据于德，依于仁，游于艺”。宋儒周敦颐先生云：“天地间，至尊者道，至贵者德而已矣。至难者得人，人而至难得者，道德有于身而已矣。”（《通书·师友》）立足于道德，方可齐家治国平天下。道德，可谓中华文明的根本。而仁爱观念，是孔子及儒家学说的核心范畴，也是中华传统道德的核心理念之一，被视为“众善之源，百行之本”。时至今日我们还在用“仁人志士”“仁者”来指称有道德的人，而用“麻木不仁”来谴责那些不道德的人或事，于此不难看出“仁”在中国传统文化中的重要地位及深远影响。

那么仁是什么？早在先秦孔子、孟子就指出仁是“爱人”的道德情感。仁者爱人，仁为“心之德，爱之理”。仁爱的感情，是对他人的一种亲近、关心和爱护。仁爱是爱人而非爱己，是一种典型的利他主义价值导向。在传统中国，爱正是人性中最根本和最本质的属性。爱，是人的天然本质属性，是存在于人性中的一种真实情感和心理。人因为有了它，在后天呈现和阐扬了它，人才成为文明之人，才组成了文明社会，人类社会才值得肯定、向往和赞美。也因此，爱才成为人类社会的核心价值观。没有爱，人们就会麻木不仁；没有爱，人们就会见利忘义；没有爱，人们就会礼崩乐坏；没有爱，人们就会迷失心智；没有爱，人们就会违诚背信。所以，仁爱是全德，是大德。

仁爱是一种怜悯、恻隐、同情，是没有预设的真情，是没有功利的实感，是没有杂想的善念。被称为儒家“亚圣”的孟子曾以“乍见孺子将入于井”之例来论证人的这一天然仁爱之性。孟子在其《孟子·公孙丑上》这样说：我之所以认为人们都有同情别人的情感和心理，其根据是如果有人突然发现一个幼儿要跌到井里，任何人都会有同情之心。这种心情的产生，一不是为了与孩子的父母攀交情，二不是为了要在乡邻朋友中博得名誉，三不是厌恶那小孩惊吓的哭声才如此的。由此可以得出结论，一个人如果没有了这种同情之心，就不能称其是真正的人。朱熹说：“仁者，爱之理。”仁是本质，爱是表现，仁是体，爱是用，“仁者爱之理，理是根，爱是苗。仁之爱，如糖之甜，醋之酸，爱是那滋味。”仁爱是实实在在能够感觉到的东西。仁爱不仅是道德理论，更是道德实践。中国历史上的仁爱实践事例举不胜举。比如，在明朝年间，山东济阳人董笃行在京城做官。一天，他接到家信，说家里为盖房地基而与邻居发生争吵，希望他能借权望来出面解决此事。董笃行看后马上修书一封，道："千里捎书只为墙，不禁使我笑断肠。你仁我义结近邻，让出两尺又何妨。"家人读后，觉得董笃行有道理，便主动在建房时让出几尺。而邻居见董家如此，也有所感悟，同样效法。结果两家共让出八尺宽的地方，房子盖成后，就有了一条胡同，世称"仁义胡同"。

仁者爱人应当也必然是出于真心实意的，虚伪便是不仁，正如《论语·学而篇》指出的："巧言令色，鲜矣仁。"假仁假义之辈历来受到人们的憎恶。同时，仅仅以真诚来处理、协调人与人之间的复杂关系，在古人看来还远远不足。为了使仁爱之心能够发而皆中节，就必须使之符合一定的道德规范，这就是孔子所谓的"克己复礼为仁"。就是说，人能够克服、战胜自己的私心、私欲，使自己的行为方式符合礼的要求，才能够符合仁的要求。而同样，人只有拥有了仁的道德品质，才能够自觉遵守礼的要求。在中国传统儒家看来，外在的道德规范应当是与个人内在的道德意志、情感相统一的。

仁爱的精义是在人际交往中注重人的价值，把别人也当作与自己的同类来看待，表现出浓郁的人本主义特征。仁者，人也，"以人为本"是中华文明仁爱精神的绝佳注脚。因而尽管中国古代尽管也有怪力乱神之说、神道设教之名，但宗教思想一直未能如西方那样成为人们精神世界的唯一支柱。以人为本，必然要求注重人的生命价值，乃至每一个有生命的存在的价值；以人为本，必然要求尊重人的尊严，"三军可夺帅，匹夫不可以夺志"。《论语》中曾经讲述了一名叫冕的盲乐师，前往拜会孔子。当他走到台阶前时，孔子及时告诉他前面是台阶；当其走到席前时，孔子又及时告诉他，前面是坐席；待其坐定后，孔子又一一告诉他某人在这，某人在那。这种对于盲者细致、周到的关怀，正是仁者爱人之心。仁者爱人，要求人们在处理人己关系时要关心人、爱护人、帮助人。而《礼记》中设计的"使老有所终，壮有所用，幼有所长，矜寡孤独废疾者，皆有养也"的大同世界理想，本质上来说，所展示的正是一个人人充满仁爱、"满街都是圣人"的仁者社会。尽管中国与西方在文明的发展进程中都相当重视道德的作用，但与西方的道德学家多从人的个体感受，如情感、幸福、功利等方面来论述解释道德，将道德视为外在的强制规范不同。中国人立足人人所具的仁爱之心，将其看作是“生生不已”的天地所赋予人的内在道德本质。行道德之事、做有德之人，追求天下有道的家国理想，便不仅仅是现实的功利追求与外在要求，而是人人内在的理想。

在传统儒家看来，仁爱是从家庭亲情血缘关系中引申发展而来，每个人一生下来首先遇到的就是家庭中的父母兄弟，处于亲人的爱抚之中，自然逐渐萌发出对亲人的爱恋与敬重。孔子说“孝弟也者，其为仁之本与！”在中国人看来，一个人只有首先爱自己的亲人，才能够爱他人。离开了亲情之爱，仁爱便成为无根之萍、无本之木。爱有差等，以亲情为基础，但这并不意味着，仁爱是局限在宗法血缘关系中的小情小爱。亲情之爱是对他人之爱的基础，也是必然指向。仁爱就是将爱亲之情不断地推展和扩张，即所谓“老吾老以及人之老，幼吾幼以及人之幼”。这就使得最初以亲情之爱为基础的仁爱原则得到不断发展深化。汉唐时期，贾谊、董仲舒、韩愈等人便提出“德莫高于博爱人”“博爱之谓人”的说法。到了宋代，张载更是将仁爱精神扩展至天地境界，提出著名的“民胞物与”主张，认为仁者与天地万物为一体。天地万物被看作是与我息息相关的生命共同体，在这个生命共同体中，无论是他人还是其他生命存在都与我密不可分。仁爱被抬高为对待宇宙万事万物的应然法则。人作为万物之灵长，与天地并立为三才，人应当效法父天母地的生生之大德，自觉承担起自身在宇宙大化中的应然责任，视天地万物为自己的同类，珍惜之、关爱之。仁者爱人的精神在这里被提升为一种高迈、超远的人生境界。

仁者爱人，以德立人，不仅是一种对人的道德规定性和应然要求，还是一套极富现实操作性的具体行为方式。仁是一种内在的道德情感，而爱人则是这种情感的外显，它必须通过现实的具体行为表现出来。这也即传统儒家所谓的为仁之方，也就是孔子提出的忠恕之道。关于忠恕之道的含义，朱熹曾以“尽己之谓忠，推己之谓恕”进行概括总结。也就是说，以仁来调解人际关系时，一方面对人应当尽心尽力，尽己所能；另一方面又要设身处地站在对方的角度考虑，不苛求于人。譬如，对于自己所希望得到的东西，也应当让别人能够得到。自己享受物质满足、精神愉悦的同时，也应当希望并努力让他人也能够获取，此所谓“己欲立而立人”。而对于自己都不想要、不愿做的事情，也不要强加给别人。用今天的话说，也就是当你的行为可能对他人带来影响时，必须考虑这些后果是否能够为他人所接受，此所谓“己所不欲勿施于人”。关怀同情他人的具体表现，就是尽心尽力地去助人、利人。特别要关怀、帮助那些丧失劳动能力、处境悲惨的人。而当人们同处困境时，更应当互相帮助、相濡以沫。最起码的要求是不可有损害他人之心。

同时，我们必须清楚地看到，中华民族先哲们的仁爱精神虽然强调爱的利他主义原则，但这并不意味着仁爱是不讲是非、不讲原则的盲目之爱。孔子说“唯仁者能好人，能恶人”。意思是说，只有以仁为内在的标准和尺度，人才能够正确地爱人与恶人。否则只能是盲目地以个人好恶为衡量标准而做出失当的行为。司马光在《资治通鉴》中就曾说过“爱之不以道，适所以害之也”。在其看来，无原则的爱，恰恰是招致灾祸的重要原因之一。

爱是世界众多民族所倡导的重要价值观，只不过强调的重点各自不同。在传统中国，也有儒家的仁爱与墨家兼爱等不同的主张。儒家的仁爱强调爱有差等，亲亲、仁民、爱物，儒家认为，爱的有层次性恰恰反映了现实社会中人的自然情感，这是由人的本性所决定的，“爱莫大于爱亲”，无差别的爱是空想而不切实际的。西方基督教思想中同样强调博爱，这是建立在基督教人人在上帝面前都是兄弟姐妹的信仰体系基础之上的伦理主张。如果将这些主张进行比较，西方的主张似乎在理论上更为高尚更为理想，而儒家差等之爱则似乎显得有私情的偏向，但从现实的合理性角度而言，传统中国的仁爱理念则更为贴合自然实际而更具现实可执行性。

中国人往往将“仁”与“义”并举。简单来说，仁是每个人内在的道德本质，而义则是其外化的具体行为，正所谓“义者，宜也”。义是每个人在现实生活中所适宜、所应然的行为方式，而现实中的每个人都是具有感性欲望与功利追求的，因此中国人也往往将“义”与“利”并举，形成了深深影响中国人的“义利观”传统。义利观充分彰显出中国人道德理想主义与现实主义的有机结合。在处理义利关系时，我们不仅有充满道德理想主义的“正其义不谋其利”与“舍生取义”追求；还有“富而可求也，虽执鞭之士，吾亦为之”的现实主义关切。对于这一义利观，自古及今有无数先哲的理论探讨与现实注脚，《吕氏春秋》中子贡赎人的故事就是其中的典型之一。故事讲述的是子贡赎了一个流落他国的鲁国奴隶。战国时因人口稀少，鲁国国君就鼓励有钱人赎买流落他国的鲁国奴隶回国，这笔赎金可以向国库申请支付。子贡家境富裕，就没有申请。表面看，子贡是以利报国，可谓道德楷模。但孔子却很严肃地批评了他的这一行为。在孔子看来，其他赎奴隶的人不一定像子贡一样富裕。不报账，他们赔不起；报账，又怕别人拿子贡来说事，说他们见利忘义，不爱国。这就会使多数人不愿为国家做事了。在中国传统文化看来，义与利之间并非决然对立，所得之利只要符合义，就是应该得也必须得的；而对于不符合道义的名利追求则是“不义而富且贵，于我如浮云”，这才是“君子喻于义，小人喻于利”的真切内涵。

自五四运动以来，在中国共产党领导下，一代又一代的仁人志士从摆脱“三座大山”重压下探寻中华民族的出路，到完成从新民主主义过渡到社会主义的艰巨任务，再到建设、改革、发展中国特色社会主义的伟大征程。在新民主主义革命和社会主义革命与建设的过程中，一代代中国共产党领导集体，继承发展了中国古代优良的道德传统和革命传统。革命时期所强调的“为什么人的问题，是一个根本问题，原则的问题”“道德是人的道德，是为人服务的”，将道德充实为“为人民服务”的思想，无疑是对传统仁爱思想的发展。

中国共产党人历来对道德建设十分重视，老一辈无产阶级革命家，曾就加强道德建设有许多重要的论述，在领导人民进行革命斗争和建设实践中，形成了一整套优良的革命传统道德，这一革命传统道德与中华民族几千年来形成的传统美德一起，是当下公民建设的宝贵精神财富。在道德建设路上，党与国家始终把弘扬中华民族传统美德、加强社会主义思想道德教育作为极为重要的战略任务来抓，为实现中华民族伟大复兴的中国梦提供强大精神力量和有力道德支撑。党中央提出的“富强、民主、文明、和谐，自由、平等、公正、法治，爱国、敬业、诚信、友善”的 24 字社会主义核心价值观，传承着中华优秀文化、中华传统道德的基因。在我们身边，也有这样一群人担当起了道德育人的重任，如“最美教师”支月英，“耶鲁村官”秦玥飞，“大国工匠”李万君……他们用自己的凡人善举引领我们树立正确的价值取向，成为现代文明里一道道最美丽、最动人的风景线。

* * *

道德危机，20世纪特别是二战后西方社会的道德衰败，是一种极为复杂的现象，概括起来，主要表现在：(1) 人伦道德关系恶化，生活为金钱和私欲所支配，极端个人主义和利己主义盛行。(2) 人变成了机器的奴隶，个人失去了独立性和自主性，价值观念失衡，狭隘的自我意识和狂妄成为某些人畸形的心理特征。(3) 社会犯罪率增加，一些人醉生梦死，吸毒、酗酒、卖淫嫖娼等社会丑恶现象泛滥。(4) 一些人利用先进的科学技术从事不道德的活动等，使社会道德日益沦丧。诺贝尔奖获得者、法国人阿尔伯特·斯韦策指出：“经济因素对精神所作出的反映变得一天天更有害，促成道德越来越败坏。”人们对物质的过分和片面的追求，人们满足物质欲望的过程，会使个人把注意力集中于自身，以个人为行为和思考的中心。

经济全球化及科学技术的迅猛发展，为人类带来机遇的同时，也带来前所未有的挑战，问题虽然形态各异，归根结底是人“心”上的病态，是人类道德陷入危机的信号。深入分析社会道德危机产生的根源：物质主义的极端崇尚、西方个人主义的极大张扬、道德实践的功利主义传统都难辞其咎。从更深层次而言，这一危机直接来源于西方文化中物质与精神的分离对立。在西方文明的强势推进下，近代以来，人类致力于对大自然的科学探究和对物质世界财富的追求，却忽略了对人文精神的培育和超越价值的肯定，从而导致人类精神价值迷失，社会责任感缺失，道德滑坡，由此产生众多个人的、社会的、世界的不和谐问题。

既然社会道德出现的问题是没有处理好精神世界与物质世界统一的关系，致使人类社会在发展过程中的严重失衡。而谋求人与人之间、国家之间、天人之间和谐发展正是中华文化的一大特质；主张人与人之间相容相生、和平共处，形成人际关系和谐的大同社会是中国传统文化的价值追求。那么，将传统中国仁爱精神作为今后立德树人的重要原则，恰是建立和谐人际、国际、天人关系，应对全球道德危机的可能方向之一。

应对日益沦丧的伦理道德，应当充分发挥中华文化中的同情爱人之情，以唤醒道德良知、挺立道德主体性的作用。西方的道德，是一种外在行为规范，而中国的道德则具有内在而超越的特色，道德对中国人来说是一种信仰。面对物质主义金钱诱惑，中国注重“先义后利”“舍生而取义”，而不义的富贵，则有如浮云。因此，我们应当以同情爱人之情唤醒道德良知。人如果对自己的同类，乃至动物和生命缺乏基本的同情心，那么，这个人可能就已经丧失了基本的人性。人是社会性的存在，因此，总要有一种类意识，对同类的不幸怀有恻隐之心，这恰恰是人性的底线；人与人并不应该是狼与狼的关系，而应该是一种相互同情、相互关爱、相互帮助的关系。

面对每况愈下的伦理道德，应当以中华文化中的忠恕之道、民胞物与精神培养我们对他人的同情和宽容。每个人在社会上都要与他人打交道，心系他人，是彰显个人基本素质的地方。要以忠恕之道将心比心，换位思考，严以律己，宽以待人。联合国教科文组织于 1995 年就通过了《宽容原则宣言》，宣布每年 11 月 16 日为“国际宽容日”，旨在强调在利益多元化的社会里，应通过普及宽容方面的教育，使人们在平等、和谐、和平、相互关爱的氛围里生活在一起。然而现实社会中不同人群的利益和需求总是有差异的，矛盾是难免的。而仁爱精神，就是要尊重差异，包容多样，在尊重差异中扩大社会认同，在包容多样中增进思想共识。当今世界无论个体还是国家都存在如此多的纷争、混乱，需要的正是彼此间都能够秉持民胞物与之精神，以同胞视人、待人，将人类乃至自然看作休戚与共的人类命运共同体。

十、中华文化如何化解人际冲突问题？

——求同存异、忠恕并行的交往之道

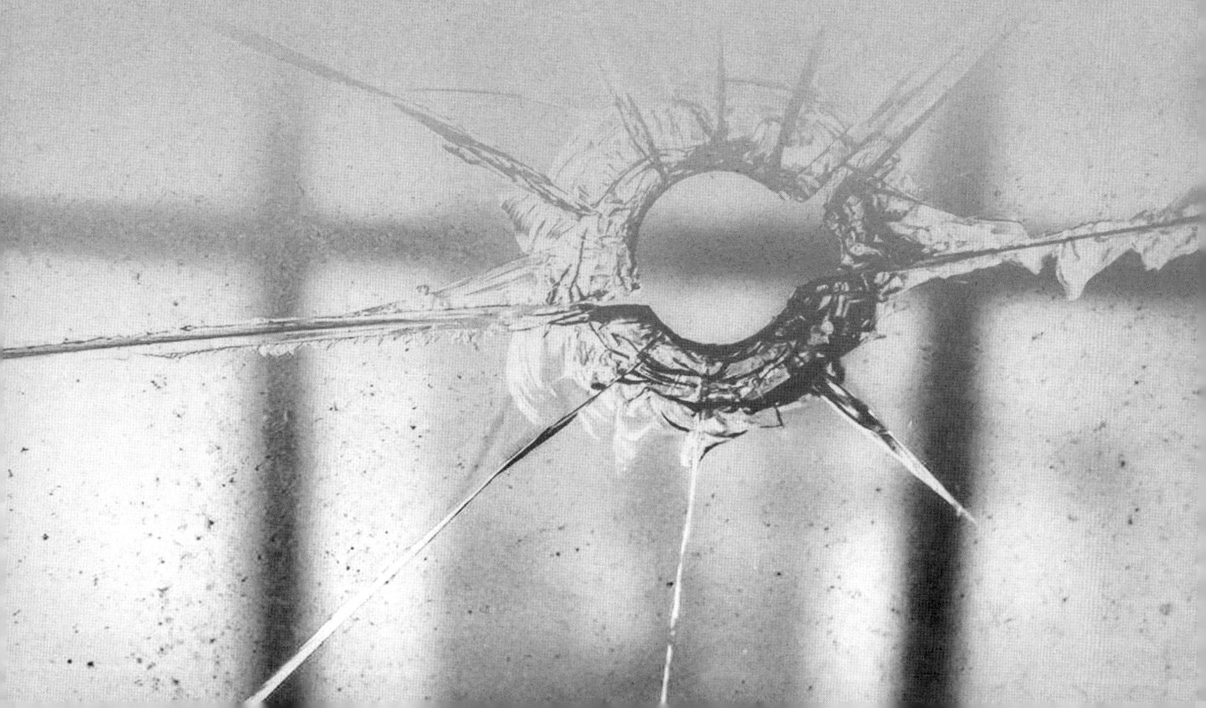

人际关系问题仍是今日社会的一大难题，小则人与人之间，大则群体与群体之间，冲突频频发生，人的相处质量并未与物质生活条件相匹配。中华文化中蕴含着丰富而深刻的伦理思想，始终对人与人的关系保持积极的态度，基于人是共性人也是个性人的认知，中国传统文化提出以求同存异和忠恕之道为原则的交往之道，在最大程度上调和了冲突问题，最终指向人际关系的和谐。

2010年，英国出租车司机杀人案震惊整个欧洲。据英国《泰晤士报》报道，2010年6月一个上午，出租车司机伯德驾车在十余处地方开枪，先后打死自己的双胞胎弟弟、家庭法律顾问、一名出租车司机同事和九名陌生路人。据家人、朋友介绍，伯德性格安静内向，也没有精神病史。报道一出，英国很大一部分群众都无法相信这样一个平凡的出租车司机会犯下这样的罪行。而事后经警方分析，伯德杀人的诱因是其对母亲的财产分配不满意；在平常的工作中，他和同事的关系也不是很融洽。因为伯德无法解决和家人的纠纷，与同事的冲突也日益发酵，最终导致了这样一个令人毛骨悚然的结果。虽然我们仍很难接受这就是伯德杀人的原因，但事情就这样发生了。伯德案震惊英国，当地副警长斯图尔特·海德说，这可能是坎布里亚郡历史上“最黑暗的一天”。首相卡梅伦当天表示，这场枪击案令他“恐慌和震惊”。

自18世纪英国工业革命以来，世界各国都开始进入或被卷入现代化的进程。世界范围内生产力得到巨大的发展，经济水平不断提高，人的物质生活条件越来越好，但人与人之间的相处质量却并未与之相匹配。无论大小，人际冲突事件频频发生，伯德案只是一个代表。比如说美国，因为种族问题爆发的冲突甚至枪杀案至今仍时常见诸报端。虽然美国在20世纪通过一系列努力废除了种族歧视的相关政策，甚至把种族平等视为社会上的一种“政治正确”，但许多人骨子里仍然有不少偏见，这些矛盾一旦遇到导火索就会迅速燃爆，成为严重的社会问题。

而至今仍让中国人记忆犹新的，就有比如2004年发生的“马加爵事件”，2014年上海发生的大学舍友投毒案。大学同学、舍友本该是一个人一生中难得的密友，然而这两个案件都发生在大学舍友之间。这两个案件中，双方的争端都主要集中在日常生活中的小事，它们也都以流血事件收场。这些血腥的事件是人际冲突的极端化，但它们却反映了普遍的问题，据部分调查统计反映，某些地区高校很多“90后”大学生对自己的人际关系现状并不满意，他们迫切想改变自己的人际关系现状。具体数据为：46.1％的学生不满意自己当前的人际关系状况，并且想要改善；约35.4％的学生觉得自己目前的人际关系还可以，表示满意或基本满意；19.5％的学生认为无所谓，无所谓也是一种冷漠态度的体现。大学生是年轻的一代，也是社会的未来。他们的人际关系现状，某种程度展现了未来社会人际关系的趋向。当大学生广泛觉得自己没有能够很好地处理人际关系时，我们也不难想象人际冲突问题的解决是多么迫切。

对现代人而言，人际关系似乎成了一个很大的问题。曾几何时，我们在处理人际冲突时，始终秉持着“以和为贵”和“退一步海阔天空”的原则，问题似乎没有如今这么激烈。当今社会，许多人在发生冲突时，总是一言不合就起剧烈的争执，动辄大打出手，乃至于有网友戏称：“我打你只是因为你多看了我一眼。”网络用语比较夸张，带有搞笑成分，但其中反映出来的问题确实是存在的。人们不知道如何正确地与人相处，发生冲突又得不到有效的解决。20世纪以后，无论是国内还是国外，有关处理人际关系的书籍大量出版，并且始终在畅销书领域占据一席之地，也有各种关于处理人际关系的文章在各类媒体上流传，各种分析报告层出不穷。但这些书籍和文章的流传并没有解决问题，相反，它们表明，人际冲突问题正愈演愈烈，事情已越来越严重。

* * *

人际关系同人的起源一样古老，它是人类社会最基础和最常见的关系。人是群居动物，每个人都不能离开他人而独立存在。在一定意义上，群体性、社会性是人之为人的根本原因。古希腊哲学家亚里士多德曾经说过：“城邦之外，非神即兽。”城邦的形成有赖于人的聚集，人也必须生活在城邦共同体之中。对他们来说，城邦之外，不是诸神就是动物。中国古代也以是否具有群体性来区别人和动物的。《荀子》书中有言：“（人）力不若牛，走不若马，而牛马为用，何也？曰：人能群，彼不能群也。”人的身体条件和各项生存能力都比不上别的动物，但人却能优于别的动物，这是因为“人能群”。群体性是人的优势，我们不能否定人“能群”的特性。人生活在共同体之中，意味着人与人必然处于各种关系之中。马克思直接表明：“人是一切社会关系的总和。”人不能摆脱社会关系而存在，而在各种社会关系中，最直接的就是人际关系。拥有良好的人际关系，可以说是好的生活的重要指标。人际关系不是我们要努力摆脱的东西，人的群体性意味着，我们要在好的人际关系中才能成为更完善的人。

当然，世界上没有完全相同的两片叶子，同样的道理，世界上也不会有完全相同的两个人。要人与人之间不发生任何冲突，这是任何一种文明都无法允诺的事情。但我们总是能尽可能地避免冲突，或者寻求合适的方法解决冲突。人际关系问题不能避免，我们不能以消极的态度来看待人与人之间的相处。况且，不同不意味着必然就会发生冲突。中国从古至今一直在努力建设和谐社会，人际关系的和谐自然是其中至关重要的一环。而“和谐”这个说法本身就包含着对差异的肯定，绝对的同质化中没有所谓的和谐。差异是必然存在的，但差异并不一定就导致冲突，这意味着不同的个体必定具有能够沟通和理解的可能性。人是个性人，也是共性人。因此，要处理人际关系，解决人际冲突，必然要考虑到人的共性与个性。

中国传统思想中蕴含着丰富而深刻的伦理思想，中国哲学也一直以伦理学发达而著称。伦理学就涉及共同体中的关系问题。中国传统社会始终对人与人的关系保持积极的态度，儒家认为最理想的人际关系就是“和”。《论语》中有子曾经说过：“礼之用，和为贵。”礼即人在社会中应当遵守的交往和行为规范，礼的最终指向是人际关系的和谐。孟子提出“人和”的思想，认为：“天时不如地利，地利不如人和。”中国传统思想中，表达良好关系的语词都离不开一个“和”字，例如，“和谐”“和睦”“和平”“祥和”等。《中庸》有言：“中也者，天下之大本也；和也者，天下之达道也。”“和”不仅仅是良好人际关系的表述，儒家学者更是认为“和”就是达道，是终极价值的完成。孔子曾经赞扬其弟子曾点的政治理想，曾点认为自己的志向无非是“暮春者，春服既成，冠者五六人，童子六七人，浴乎沂，风乎舞雩，咏而归”。这句话展现了一幅极其和谐又生机勃勃的场景，成年人之间、成年人与幼童之间，乃至于人与自然之间，都不再有任何冲突。儒家的最高价值理想和政治理想，不外乎人与人能达到和谐，社会能够生生不息地发展下去。

儒家以三代之治为理想社会，三代之治恰恰是人与人都能和谐相处的典范。朱子认为三代之治下每个人都能“各遂其性”，也就是说每个人的本性都能在关系和谐的社会中得到彰显。维系好的人际关系不仅是外在的社交要求，更是符合人本性的要求。中国古代很早就意识到人虽然各自具有不同的特性，却能照顾到彼此的不同而达成和谐，故而孔子有言：“君子和而不同。”《中庸》开篇就说：“天命之谓性。”中国自古以来，在讨论人性时，不是首先讨论父母、原生家庭或成长环境，而是追溯人的性命来源于天地。天地可以看作是最大的共同体，秉承天命而来的人都具有共同性。也就是说，儒家文化从一开始着手处理人际关系的时候，就同时考虑到了人的个体性和共同性，“求同存异”是人与人交往的一个积极准则。求同存异最早是在儒家经典《礼记·乐记》中出现：“乐者为同，礼者为异。同则相亲，异则相敬，乐胜则流，礼胜则离。”这句话虽然是在解释礼乐的特质与关系，但也包含了儒家对共同性和差异性的看法。因为存在共同性，人与人之间能够相亲相爱，能够处在一种比较良好的亲密关系中。因为考虑到差异性，人要互相尊重。如果只强调共同性和亲密性的话，会让关系变得恣意随便，因此儒家也讲“君子之交淡如水”。但如果只在意相异性，人与人之间的关系就会变得疏远，甚至有可能发生冲突。所以，在社会文化中的“求同存异”是最为中庸的处世态度。

天是人性中共同性的来源。按照传统儒家的看法，人从天那里承接过来的，就是仁、义、礼、智、信，而仁、义、礼、智、信无一不是人际关系中的德行。“仁者爱人”，人之为仁就在于要爱护他人；与人相处，以义为先，与义相对的是利，利是争端的根源；礼则是人在社会中的各种具体规范和行为；智是一种理解的智慧，即“不患人之不己知，患不知人也”；信即对人守信。根据“仁包四德”的说法，其中最重要的就是仁，可以说是中国古代为人的首要原则。仁，从人从二。子曰：“人，仁也。”仁是人之事，但如果只有一个人，仁也就不能得到实现。仁从二，二者，多的开始，也是关系的开始。仁从一开始就旨在处理人与人的关系，仁要在共同体中实现，而当人人能够行仁道，做仁事，想必人际冲突也不会再是一个激烈的社会问题。仁本身还有“种子”的意思，比如桃核还叫作桃仁，杏核也叫作杏仁。种子是希望的象征，是新生的开始。如果一个社会人人都能够行仁爱人，这个社会必然会充满活力和生气。正所谓“天地之大德曰生”，天道流行，生生不息。与人处仁，更是符合生生的要求。就个体而言，我们很难想象一个时常与他人发生冲突的人在生活中会过得多么美满；就社会整体而言，过多的人际冲突无疑就像路上的各种障碍，会给持续发展添堵。所以，儒家要求以仁为原则，积极处理和应对人际冲突，有生存论意义上的指向。

仁在《论语》中反复出现，其含义看似多变，但不离“忠恕”二字。孔子的弟子曾子解释孔子“吾道一以贯之”时说：“夫子之道，忠恕而已矣。”“忠恕”，是以对待自己的态度对待他人。忠恕是“仁”的具体运用，也是儒家处理人际关系的基本原则之一。忠，从中从心；恕，从如从心。就字形来看，忠意味着遵从自己的本心本性，恕意味着如其本心，即比对着自己的本心来对待他人。朱熹有言：“尽己之心为忠，推己及人为恕。”《论语·卫灵公》中记载，孔子弟子子贡曾经向孔子询问有什么是可以终身奉行的处世原则，孔子回答道：“其恕乎！己所不欲，勿施于人。”“己所不欲，勿施于人”就是忠恕之道的具体要求，它意味着人要设身处地为别人着想，将心比心。它更偏重于对自我行为的约束，将心比心，不把自己的意志强加给别人，充分尊重别人的想法。

《大学》将忠恕之道表达为“絜矩之道”：“所恶于上，毋以使下；所恶于下，毋以事上；所恶于前，毋以先后；所恶于后，毋以从前；所恶于右，毋以交于左；所恶于左，毋以交于右。”在人际交往中，这个含义相对消极，但忠恕之道还有积极的内涵，即“己欲立而立人，己欲达而达人”，孔子认为这也是“为仁之方”。这句话的意思是，仁者自己想立身进达，以恕推己及人，知道别人也和自己一样，所以先帮助别人立身进达。这表明中华传统文化中有利他的维度。冲突和争端通常是利益之争，儒家首先就否定了利益至上的原则，在人与人的相处过程中也首先把他人纳入自己的考虑范围。忠恕之道中存在一个“推己及人”的逻辑，而我们之所以能够将自己的感受和需求推广运用到别人身上，就是因为人是共性人。孟子曾言“老吾老以及人之老，幼吾幼以及人之幼”，也是同样的道理。当我们以己度人的时候，会发现我们希望自己的特性能够得到尊重，则自然也能想到要同样地尊重他人的独特性。忠恕之道以人的公共性为基础，在忠恕之道的运作过程中，已经包含了对差异性的尊重。在儒家看来，人的公共性和个体性不是截然区分或者相互对立的，忠恕之道就在这个基础上得以发挥作用。它是孔子提出的处理人际关系的基本准则，已经被世界公认为具有普遍价值的道德金律，被人们称之为“金法则”。忠恕之道是仁的具体行动展现，还包含着平等的原则。中国传统思想虽极其重视等级伦理，但在人际交往却着重以平等为前提。一个人要做到推己及人，必然是将对方摆在了与自己相当的位置上。有平等就会有尊敬，儒家思想极其强调“敬”，《礼记》第一篇是《曲礼》，《曲礼》第一句话就是“勿不敬”。敬除了意味着双方平等，更意味着交往之人秉持着谦和的态度。谦和不是卑下，而是恭敬与宽让。《周易》六十四卦中，唯有谦卦的爻辞无一不是吉利话。

中国古代将人际关系主要归结为五伦：君臣、父子、夫妇、兄弟和朋友，其中父子、夫妇、兄弟和朋友关系依旧可以被看作是人际关系的主要构成。儒家认为，最理想的人际关系状态无非是父慈子孝、兄友弟恭、夫妻相敬如宾以及朋友责善辅仁。仁是君子的理想人格品行，行仁者必然能妥善处理这几种关系。孔子说“孝悌也者，其为仁之本与”，孝悌基于血脉亲缘关系，是仁的精神在亲人相处之间的体现。与忠恕之道同理，孝悌之情可以推广到无血缘关系的人身上，尊敬长辈，友爱朋友。与人相处不外乎仁的精神和忠恕之道的原则，而孔子也从来不认为这是困难和遥远的事情。子曰：“仁远乎哉？我欲仁，斯仁至矣。”仁本该是每个人都能轻易做到的事情。

儒家文化历来被看作是入世的文化，其有关人际交往的伦理规定和讨论都非常丰富。道家思想与儒家思想并称为中国传统思想的双璧，同样博大精深，前者可能看起来更偏向出世的学问，但其中蕴含的一些深刻哲理依旧可以运用于人际交往。老子云："上善若水，水善利万物而不争。"老子赞扬水不争的德行，不争之德运用到人际交往中，更是一份"虚怀若谷"的谦让和豁达。古人讲究遇事退一步海阔天空，退而不争也是道家的智慧。儒家思想和道家智慧互相补充，儒家为建立积极的人际关系提供了正面的典范和具体可操作的原理，道家智慧则撑开了人的胸怀，让人在冲突面前能抱有更加宽容的心态。

* * *

有人的地方就会有冲突，而人际冲突在现代社会愈演愈烈，难免与现代性的诸多问题相关。西方自启蒙运动以来，个体主义的倾向越来越明显，人们追求自由，却不经意变为追求不受任何限制的自由。20世纪法国哲学家萨特甚至喊出了"他人即是地狱"的口号，他人是与我相对立的，世界是地狱一般的存在。人和人的关系变得隔离，甚至断裂。相应地，资本主义席卷全球，利益至上的原则遍布社会的各个角落。人们对他人的衡量标准变得物质化，换句话说，他人变成了单一的符号，变成了能被计算之物。西方社会最负盛名的一本关于人际关系的书，莫过于卡耐基的《人性的弱点》。卡耐基在前言中表示，这本书的写作是为了指导人际交往，然而成功的人际交往的最终目的和评判标准却是事业上的成功。卡耐基提出诸种交际原则所考虑到的人的各种需求，他称之为"人性的弱点"，并且显然是他人身上的人性弱点，而自己却能够利用这些弱点。这里面体现了强烈的功利主义倾向，以及明显的对人的物化。很多流行的所谓"社交学"类书籍都与之相似，有些甚至直接认为人际交往无非是对人际关系和对人心的操控。因此，这类书籍并不能真实有效地解决人际关系冲突的问题，因为它们从一开始就对人与人的关系抱有消极态度。

既然人是社会性动物，与人交往就不该成为一种与本性相违背的负担。要解决人际冲突，首先要摆正对人际关系的看法。他人不是地狱，人是社会人，我们恰恰是在各种社会关系之中才成为自身。中国以天地为最大的参照，认为生活在天地之间的万物都可以达致和谐，何况人与人。基于“民胞物与”的价值观念，儒家传统中从来没有“陌生人”的概念。孔子说：“君子敬而无失，与人恭而有礼，四海之内，皆兄弟也。”君子与人相处恭敬有礼，又不放弃基本的原则，则所有人都能够成为自己的兄弟朋友。现代人际冲突加剧的一种重要原因，是物质利益至上主义的泛滥，而无论是儒家还是道家都强调对利的抑制。这不是说要放弃经济发展，而是要节制人的欲望。在很大程度上，降低对利益的欲望，可以避免和减弱很多冲突。西方文化强调个性的发展与个人利益的正当性，这没什么问题，可是他们缺少了对处理个性冲突与利益冲突的考量。基于人是共性人也是个性人的认知，中华传统文化提出的以求同存异和忠恕之道为原则的交往之道，能在最大程度上调和冲突问题。

儒家以仁为对个人品行的期望，以忠恕之道为仁的基本准则，以期达成和谐的人际关系。然而，忠恕之道说来也只是将心比心的原则，所以儒家将这一套准则具体化为各种礼仪规范。“礼本称情而立，其经法者，则《礼记》也”，情即人情世故，礼不是抽象的规范，而是有具体的针对性。礼不是僵死和虚伪的处事方式，讲礼一方面意味着对别人的尊重，另一方面也能保持适度的距离，不至于产生过分亲昵的关系。过分的亲昵也极容易转变为剧烈的冲突。《礼记》主要记载和论述先秦的汉民族礼制、礼仪，解释仪礼，记录孔子和弟子等的问答，既包括与日常生活密切相关的礼仪，也包括有关事亲敬长、为人处事、待人接物、修身交友的原则等内容。随着时代的变化和发展，人际关系的具体情况有所变化，所谓“殷因于夏礼，所损益可知也；周因于殷礼，所损益可知也，其或继周者，虽百世，可知也”，礼不会一成不变，但我们可以继承其中对处理人际关系的基本准则，并重新形成符合时代特征的新的礼仪规范。

《礼记·礼运》说：“大道之行也，天下为公，选贤与能，讲信修睦。故人不独亲其亲，不独子其子，使老有所终，壮有所用，幼有所长，矜寡孤独废疾者，皆有所养。男有分，女有归。货恶其弃于地也，不必藏于己；力恶其不出于身也，不必为己。是故谋闭而不兴，盗窃乱贼而不作，故外户而不闭，是谓大同。”《礼记》提出了“大同社会”的理想，“大同社会”中人不局限于个体私利，能够与人为善。历史学家费孝通曾将“大同社会”的精神归结为：“各美其美，美人之美，美美与共，天下大同。”就人际关系而言，能够发扬自身的优势，能够尊重和爱护别人，就能美美与共，哪里还有什么严峻的人际冲突问题。“大同社会”与近年来和谐社会的宗旨颇为相似，构建社会主义和谐社会，应该是民主法治、公平正义、诚信友爱、充满活力、安定有序、人与自然和谐相处的社会。

人际关系和谐是社会和谐的重要保证，人际冲突则是各种社会矛盾的引火索。用正确的方式处理人际关系，形成良好的人际关系，对每一个文明国家的人民来说，都同等重要。建立和谐关系，加强民族团结，是实现中华民族伟大复兴和实现中国梦不可或缺的重要内容。放眼世界，西方世界面对日益剧烈的人际冲突问题——无论是出于阶级矛盾还是出于种族偏见，中华传统文化中所蕴含的对人与人关系的肯定态度，以及求同存异、推己及人的交往原则，无疑能够填补其文化可能缺失的维度，缓解人际冲突问题。

十一、中华文化能贡献什么独特的思维模式？

——重整体、重平衡、重直觉的思维方式

思维方式是文化中深层，稳定而具有决定性的东西，反思过去 200 多年间人类社会的一系列全球性问题，西方的思维模式起了决定性作用，自我中心主义、工具理性主义、功利主义等导致人、自然与社会的诸多问题。不同于西方，中华文化强调天人合一、群己合一、知行合一，其重整体、重平衡、重直觉的思维方式发人深省，从长远看来，对于在根源上解决全球问题与人类困境具有较好的启发。

过去短短200多年间，以科学技术为基础的工业文明、商业文明以前所未有的速度迅猛发展，创造了现代文明的辉煌成就，给人类充分利用自然资源、享受现代生活提供了极大便利。可以说，过去200多年人类所创造的物质财富和精神产品远远超过了过去几千年的总和。然而，富有天赋理性的人们并没有陶醉于繁华的现代文明与人类伟大的创造力之中，反而越来越多的人惊呼世界末日正在以同样迅猛的速度来临，人们看到了现代文明畸形的发展，并不是在整体上促进了全人类的全方位进步，理性至上、科技独大、工商业主宰的片面发展导致了人类社会发展的严重失衡，甚至可以说将人类引入了物质主义的歧途，导致一些人人性的扭曲与社会的变态，造成一系列危及人类生存的全球性问题。比如1914—1918年、1939—1945年，前后间隔不过20年，便发生了两次毁灭性的世界大战，足以让全世界警钟长鸣。正是在第二次世界大战中曾遭到法西斯政权迫害与监禁的意大利人奥雷利奥·佩西博士，经历痛苦思考后大彻大悟，于1968年创建了国际性协会“罗马俱乐部”，邀请西方发达国家知名科学家、教育家、经济学家与垄断资本家，共同致力于研究全球问题与人类困境，第一阶段的研究工作形成了第一次研究报告《增长的极限》，其中关于世界人口、工业发展、环境污染、粮食生产与资源消耗五种因素之间的变动与联系以及“世界末日模型”等观念震动了全世界，随后关于全球问题的研究风起云涌，越来越系统深入。

从现代文明发展没有兼顾整体性与平衡性的大视角出发，研究者一般将全球问题分为三类：第一类是社会与社会之间的全球问题，包括战争与和平、南北关系、东西关系等；第二类是人与社会之间的全球问题，包括文化教育、科技革命、人口发展、健康卫生等；第三类是社会与自然之间的全球问题，包括自然资源的合理利用、环境污染的防治等。进一步深入的研究，比如中国全球问题研究专家蔡拓教授1994年出版的《当代全球问题》，对威胁人类的生存与发展的全球问题作了全面研究，反映的主要问题有：发展中国家与发达国家经济发展水平与贫富方面的巨大差距（南北差距），战争以及核武器大战的阴影始终笼罩在人类周围，工业化所带来的温室效应、水土流失、森林毁坏、物种灭绝等生态破坏，资源短缺与人口膨胀所造成的粮食短缺、水资源短缺、空间拥挤、失业严重等。再比如，曾任世界银行欧洲部副总裁的里斯查德2002年出版的《2020——20年解决20个全球问题》则明确列出了全世界亟待解决的20个全球性问题。

虽然蔡拓在《当代全球问题》一书的最后指出，解决当代全球问题的基本途径在于进行社会变革，建立新的国际政治经济秩序，但这可谓老生常谈、不痛不痒，因为真正要探讨的问题在于社会究竟应该如何变革，应该建立什么样的新秩序，等等。里斯查德在其著作的最后部分也提出了解决全球问题的新思路。他认为应该创立一种新型的公共空间，即通过建立20个全球问题网络，使每个网络解决20个全球紧迫问题中的一个。各国政府、企业、民间团体三方都参与进来，先建立纲领，然后制定规范，最后组织实施，等等。因此，可以说这部书“为我们列出了一个改变世界命运的日程表”，足以让全世界充满深层忧患意识的思想者们都对有着20年世界银行工作与管理经验的里斯查德的务实精神与合作精神充满了敬意，然而，里斯查德的这种解决思路仍然是一种典型的形式主义，似乎适用于所有全球性的项目开展，对于究竟如何认识所有或每个全球问题的本质，在此基础上如何进一步平衡并促成各国政府、企业、民间团体通力合作，以及如何针对全球问题建立纲领、制定规范、组织实施指导思想与基本原则（即“内容”）仍然缺乏整体性的认知与探索。

然而，现代世界以欧美文化为主流的价值观念与思维方式并不能在根源上提供较好的解决方案。许多学者都将西方哲学的思维模式归本溯源到生活在古希腊这小块领土上的人们所发展出来的商业文化、航海文化，因此在哲学、政治、经济、伦理上都注重维护个体之权利，并远胜于强调个体对世界的义务，重视冒险、奋斗与超越精神远胜于和谐、因袭与保合的自然观与人生观，在主流西方哲学的思维模式中，人与人、人与物、人与自然的关系，“分”永远是第一位的，比如，天人二分、物我二分、群己二分、知行二分、主体与客体二分、存在与本质二分、本体与现象二分，等等。“合”只能建立在这些“分”的基础之上。由于在超越“分”而寻求“合”的过程中，过于简单、机械地看待这些“二分”之间彼此的矛盾与对立，从而发展出了过于形式化、片面化的逻辑中心主义与工具理性主义，再加上在处理“分”“合”关系时永远是以个体利益为出发点，从而形成了集团化的唯利是图的功利主义与单向思维。这一点体现在个人与整个自然、整个世界的关系上，即进一步膨胀为人类中心主义与矛盾冲突观念。正如唐君毅在《中国文化之精神价值》所言：“近代西洋人在实际生活中，力求向外探险，航海殖民，以膨胀其在地面上活动范围之精神……近代天文学与生物学，探索无限之大宇宙与生物人类之原始，遂若置宇宙万物于一力与力之争衡冲突之紧张关系中。此紧张关系，亦即表现西洋近代人之社会政治之组织，及人生情调者。此种思想之进一步，则必然为以整个世界为矛盾之力之结合，如黑格尔、马克思之自然宇宙观。”相反，我们发现，中华文化中重整体、重平衡、重直觉的思维方式正好可以为解决全球问题与人类困境提供一套富有启发性的指导方案。

* * *

思维方式是文化中深层、稳定而具有决定性的东西，与世界各大文明传统相比，尤其是与西方更关注抽象的逻辑推理、概念论证相比，中华文化重整体、重平衡、重直觉的思维方式具有鲜明的特色与显著的思想成就。

众所周知，中华文化强调天人合一、群己合一、知行合一。“天人合一”强调宇宙多样统一的整体性，以及人与自然的平衡性，人对天地之道以及万事万物所秉承的天性具有直觉体认的能力；“群己合一”强调自己与他人在根本上为有机生命体、命运共同体的整体性，以及在“己欲立而立人，己欲达而达人”

“己所不欲，勿施于人”的过程中，必须兼顾成己之美与成人之美的平衡性，自己与他人相处时对他人喜、怒、哀、乐、爱、恶、欲感同身受，荣辱与共的直觉性；“知行合一”强调人类认知与创造过程中，必须将理论与实践视为一个整体，必须将主体与客体即自身与自然、社会视为一个整体，即心物合一，必须将主体中的认识能力与实践能力视为一个整体，即身心合一，身、心、性、情、欲、意、志、行合一。在知行合一的过程中，要做到对上述各种充满了矛盾的统一体作整体性的把握，实际上是要时刻平衡各种矛盾，使其具有动态统一的和谐性，由于身、心、性、情、欲、意、志、行、物之间的相互关系往往非常精细深微而且错综复杂，因此在知行合一的过程中，对“知”的应用与反思、对“行”的顺随与管控，若非具有很强的反省直觉与修养工夫，则绝不能随时深刻意识到身心合一、知行合一过程中的种种矛盾，并使其达到一种动态和谐的状态。天人合一、群己合一、知行合一，可谓中华文化中各家各派的共见，呈现了重整体、重平衡、重直觉的思维特色，但相对而言，儒家之重整体、道家之重平衡、佛教之重直觉，尤为显著，发人深省。

整体性思维对中国的历史、文化和生活的影响是巨大的。中国人的“大一统”思想，中医的整体疗法（中医理论将人体看成一个有机联系的统一体，绝不同于“头痛医头，脚痛医脚”的西方疗法），八卦、六十四卦、五行生克等观念，都反映了中华文化的整体思维模式。

众所周知，中华文化非常重视追根溯源、返本开新的观念，无论是国家政令、个人行为还是文化传承、知识创造，都强调对宇宙、社会、人生之“大根大本”的保守与呼应，这个“大根大本”在思想上的显著体现就是“道”作为最根本、最核心的哲学概念创生一切物质、统领一切文化、指导一切行为。因此，中国诸子百家的观念主张与思维方式虽然各有不同，但在强调以合理之道来保守和谐整体、实现完满整体的思维方式上却是高度统一的。比如，儒家侧重以人文化的“天道”来指导社会，道家则侧重以自然化的“天道”来警醒人类，墨家强调以“兼爱”“非攻”“尚贤”“尚同”来实现“天志”。相比之下，我们阅读西方思想文化的著作，纵观欧美各国发展的历史，则看不到贯穿不同时代、不同思想家的通用核心概念，看不到思索宇宙与人生浑然一体、血脉相连的“整体性”之和谐发展的概念。

具体说来，儒家的整体观，一般都被表述为“家国同构”，父天母地，将天地看作自己的至亲父母，将万事万物都看作自己的手足兄弟，将天下百姓都看成自己的一体同胞，因此，认为“家”“国”的结构在根本上是一致的，主张以治家之道来治国，这就是《大学》中说的“家齐而后国治，国治而后天下平”。相应地，道家的整体观则被表述为“身国同构”，认为每个人的身体都是一个“小宇宙”，但是在人文世界中受到种种异己的道德与制度的困囿、染污、扭曲乃至摧残，而丧失了其与“大宇宙”完全相似的结构和彻底相通的气脉，因此，必须先以致虚守静、归根复命的方式返璞归真，以道法自然的方式实现全性保真，而后才能为法于天下，使民自朴自化。下面，重点就最具有“整体性”思维特征的儒家思想相关观念展开简要论述。

《尚书》中说：“惟天地万物父母，惟人万物之灵。亶聪明，作元后，元后作民父母。”北宋周敦颐说：“乾道成男，坤道成女。二气交感，化生万物。万物生生而变化无穷焉。唯人也得其秀而最灵。”张载也说：“乾称父，坤称母；予兹藐焉，乃混然中处。故天地之塞，吾其体；天地之帅，吾其性。民吾同胞，物吾与也。”可见，中华文化很早就形成了父天母地、民胞物与的整体观，而后完全为历代知识分子所接受并反复阐发，强调人与世界万事万物本来就是一个“宇宙有机生命共同体”，一起生生不息、荣辱与共。因此，作为“万物之灵”的人类依靠天地赋予自身的天性（灵性），必定要在“亲亲—仁民—爱物”逐渐扩充的过程中尽心知性知天、存心养性事天，最终在参赞天地之化育的过程中成就自己的天性。将“天地”视为“大我”，将“天心”视为“我心”，他人以及万事万物都是我之身、心的有机组成部分，所以陆九渊说：“宇宙便是吾心，吾心即是宇宙。”“宇宙内事，是己分内事；己分内事，是宇宙内事。”王阳明说：“心外无物，心外无事，心外无理，心外无义，心外无善。”将天地中的万事万物视为一个有机整体作为自己认知与践行的对象（毋宁说是“合作伙伴”）或场所。系统阐发天、地、人三才之道的《周易》载：“《易》与天地准，故能弥纶天地之道。”“与天地相似，故不违。知周乎万物而道济天下，故不过。”

“范围天地之化而不过，曲成万物而不遗。”中国历代知识分子都高度认同《周易·泰卦》所言“财（裁）成天地之道，辅相天地之宜”，这种内圣外王经纶天地、成人成物以成天地之大美的通泰局面才是人生价值最高的实现。用《尚书》中的话来说，君王应该追求“光被四表”“协和万邦”“不虐无告，不废困穷”“惟王子子孙孙永保民”，用张载的话来说，“凡天下疲癃残疾、孤独鳏寡，皆吾兄弟之颠连而无告者也。于时保之，子之翼也”。士大夫们也应该时常视民如伤、视民如子、视民如己。在儒家看来，所有理论认知与实践创造过程中的成己、成人、成物都是顺应天道、率由本性的行为，都是天道、本性的应有之义。

因此，“天人合一”（宇宙本体论、宇宙生成论）、“群己合一”（政治学、伦理学）、“知行合一”（认识论、实践论）在儒家最终都被熔铸为一，而表现为“体用合一”，即体察天道之本体而成就天道之大用，认为天道的本体就是至真至善至美、生生不息的大德，人类最应该做的事情就是时刻领悟这个宇宙的“大本大源”，在知行合一参赞其大用流行的过程中，尽性事天。“体用合一”义旨精奥玄妙，简单来说，就体用关系而言，“用”就是“体”之生生不息、流行不已的轨迹，而“体”即是大用流行的内在根源；就人生而言，人生是健行不息的，故而人生是积极的、入世的；就宇宙而言，宇宙是流行的、生化的，故而是真实存在而非空寂虚幻的。并且，正如陆九渊、王阳明等人所言，这个“宇宙的本体”实际上就是“宇宙之仁”“宇宙之心”，也就是我们人类的“本心”“仁心”。对此，以“体用合一”为鲜明思想主旨的近代大儒熊十力论述道：“仁者，本心也，即吾人与天地万物所同具之本体也。”“盖自孔孟以迄宋明诸师，无不直指本心之仁，以为万化之原、万有之基，即此仁体，无可以知解向外求索也。”显然，儒家虽然没有使用类似于佛教“一即一切”“一切即一”的语言表述，但其思想主张与行为实践时时处处都具有很强的“有机性”与“整体性”，正如黄宗羲在《明儒学案》评价王阳明“致良知教”所言：“即知即行，即心即物，即动即静，即体即用，即工夫即本体，即下即上，无之不一。”

中华文化崇尚平衡思维，古人认为，天地、阴阳、昼夜，等等，都是相对相成，这是宇宙的定法。因此，强调中庸之道就是事物的平衡。平衡就是适度，就是恰好，既不过，也没有不及。如果失去了平衡，就会产生偏差。不过，事物的平衡不是静态的、固定不变的，而是变动的、相对而言的。在这个时间地点取得了平衡，到了下一个时间地点又不平衡了，又得再调整，达到新的平衡，楼宇烈先生和汤一介先生将之称为中华文化的动态平衡。

因此，中国古人认为，人与人，人与自然，也需要确保平衡和谐。比如，中国的传统武术太极拳强调刚柔并济，要保持平衡；中国的传统饮食，人们将各种食物分为温、热、凉、寒等属性，称“四气”，且按味道分为辛、酸、甘、苦、咸等“五味”，饮食的“平衡”，就是根据各种食物的“四气”和“五味”来搭配，使之实现“四气”和“五味”的“平衡”；再如，中医认为，一切疾病都来自身体阴阳的失衡，一个人的身体，由于内伤和外感，阴阳也就会处于不平衡的状态，需要取得一个相对的平衡，这样才能保持自己身体的健康。中华文化儒释道三家的义理结构都具有显著的“平衡性”特征。

比如儒家思想，其核心的治国观念，用《尚书》的话语来描述，是以“天命/天德”“王命/王德”“民命/民德”三者平衡发展为基础的敬天休命、顺天成命、畏天永命观念，“王命”不应“天命”“民命”，则国祚不延；“王德”不合“天德”“民德”，则为独夫民贼。因此，儒家所追求的最高境界的内圣外王，要求时时刻刻在修己安人之道上与“天”“民”保持和谐一致性，周公“制礼作乐”就是为了将这种“和谐一致性”致广大而尽精微地落到实处，“礼”“乐”的根本作用就是为了在人与人之间“和同”“存异”时能实现一种合情合理的平衡性与和谐性。到了春秋战国时期，礼崩乐坏，“礼乐”僭乱失衡，孔子、孟子为了正本清源、拯乱救弊，提出首先以“仁义”之道从人的心灵上来重建和谐秩序。所以《论语》中说：“人而不仁，如礼何？人而不仁，如乐何？”《孟子》中则说：“言非礼义，谓之自暴也。吾身不能居仁由义，谓之自弃也。仁，人之安宅也；义，人之正路也。旷安宅而弗居，舍正路而不由，哀哉！”通过调养、节制人心，来恢复人与人之间、人与天地万物之间的平衡性与和谐性，这就是《中庸》里面说的：“喜怒哀乐之未发，谓之中；发而皆中节，谓之和；中也者，天下之大本也；和也者，天下之达道也。致中和，天地位焉，万物育焉。”其后宋明理学对先秦儒学如何以仁义礼乐之道来“致中和”的观念进一步在哲学上作了精微的探讨：在宇宙论上，张载、朱熹等人着重探讨“理”与“气”的相互关系；在人性论上，程朱理学与陆王心学着重探讨“性”“心”与“理”的相互关系；在实践论上，着重探讨“未发”和“已发”、“知”与“行”的相互关系。这些都是旨在力图实现各种元素之间和谐有序的平衡发展。

印度原始佛教极为强调世间生、老、病、死的苦海无边与成佛的“出世本怀”，具有鲜明的单向思维特质，但其后经由部派佛教发展出大乘佛教中观、瑜伽两派之后，强调色空不二、性修不二、性相不二、解行并重、悲智两运、定慧双修，常用“车之两轮、鸟之双翼”的比喻来说明矛盾对立双方的和谐一体性，其理论结构与思维模式已经具有显著的“平衡性”特征，再其后发展出来的中国大乘佛教宗派，比如，华严宗“四法界”观念中最为强调“理事无碍法界”与“事事无碍法界”，“十玄门”观念中，以“同时具足相应门”与“主伴圆明具德门”为始终，强调一、多、隐、显、广、狭等各种法门之间在本质上依存无碍、圆融自在的相互关系；天台宗则以“一心三观”“三谛圆融”为理论根基，将一切的知、解都从“空”“假”“中”三个方面来思考与实践，其最高境界之“中观”与“中谛”，追求泯绝了一切矛盾对立的二边对待关系，实际上正是企望实现一切矛盾对立的和谐一体性与平衡发展。因此，再到后来发展出的禅宗与净土宗，便高度提炼华严宗与天台宗的精髓，分别提出了“自性即是西方”“自性弥陀不二”的传法宗要与修行法门，而宋代以后，更是“禅净合流”，大有百川入海之势。中国佛教发展至此，可以说在理论结构与思维模式上都已经将大小乘各宗派的基本精神涵摄其中，其中所有矛盾对立都获得了极高明的平衡化处理与应用。

道家尤其注重“平衡性”观念，将“平衡性”作为立论的出发点与原动力。道家将最为重视的三部书《周易》《老子》《庄子》合称“三玄”，“玄”字得名于《老子》，实际上指的就是“无”和“有”在“道”中微妙玄通的相互关系。在老子的思想中，“无”主要指的是道体无形无色、无穷无尽的创造因子与创生力量，表现为幽隐不显的“潜能”状态；“有”指的是有形有色、可感可触的物质形态与物体结构，表现为多姿多彩的生机与活力。因此，无论是“有生于无”，还是“有无相生”，都是“大道”对现有“物质世界”的某种主宰、规范或调节、修补，一言以蔽之，即“大道”对“万物”的发展变化必须有使其实现良性循环的平衡作用。因此，可以说整部《老子》就是以“平衡性”为立足点的。这一点在第二章就可以得到充分的证明：“天下皆知美之为美，斯恶已；皆知善之为善，斯不善已。有无相生，难易相成，长短相形，高下相盈，音声相和，前后相随。是以圣人处无为之事，行不言之教；万物作而不为始，生而不有，为而不恃，功成而弗居。夫唯弗居，是以不去。”老子之所以激烈批判“仁”“义”“礼”“法”“智”“巧”“争”“战”，正是因为看到周朝末期礼崩乐坏之后，仁义礼法的僵化，政令刑罚的肆虐，以及名利竞争热潮的兴起所导致的虚伪智巧、利欲横行，大国竞相吞并小国，大规模的战争对自然、苍生的残害，从而极力主张“自然”“无为”“虚静”“柔弱”“不争”，希望通过“极本穷源”“拔本塞源”“正本清源”的方式对整个现实世界单一片面、畸形病态的偏失予以调整，使万事万物从“失衡”恢复到“平衡”，最终实现拯乱救弊。老子反复强调人类要“守柔处下”“返璞归真”“归根复命”，就是在以矫枉过正的方式力图在“乱世”中启示人类安然相处之道，使人类从因为自我中心主义、功利主义而导致的僵化、停滞的文明中重新接上天道自然的活水源头，使人类社会能整体健康、平衡地发展。

老子这种强调无与有、虚与实、静与动、下与上、后与先、弱与强、反与正、阴与阳必须达到一种整体平衡的思想，很可能是受到了《周易》六十四卦以阴阳时位关系所创建的一整套哲学体系的影响。众所周知，《周易》八卦、六十四卦符号所表达的思想都建立在阴阳观念的基础之上，以“阳”代表天、日、昼、男、夫、刚、君、上、实、圆、动、开等自然世界与人类世界的万物，以“阴”代表地、月、夜、女、妻、柔、臣、下、虚、方、静、合等自然世界与人类世界的万物。通过在不同时空环境、不同情况之中，“卦”和“爻”的时位表征有所不同的理论建构，来强调世界万事万物都应该处于一种阴阳平衡的“时中”（恰到好处）状态，才能实现通泰的局面。因此，作为大自然化育万物的参赞者、人类社会的宏观调控者，更应该以“与天地合其德，与日月合其明，与四时合其序，与鬼神合其吉凶”的整体平衡与和谐美满作为保国安民、成人之美的最高理想。

《周易》这种强调人类应该与自然融为一体、“乾道变化，各正性命”的整体平衡观念以及《老子》自然无为、虚静不争的思想显然都深刻影响了庄子。从这个角度来说，《庄子》中的“重平衡性”思维达到了一个更加深刻、完满的程度，主要体现为“齐物论”的三个层次：（一）齐论，即善恶是非的平衡。庄子认为，由于人类的各种局限性，人类社会充满了各种善恶是非的观念，“此亦一是非，彼亦一是非”，都带着某种“成见”，并不能反映天道整体的样貌，因此，无论看起来多么正确、多么受人称颂的主流观念都不能作为唯一的标准，去强行要求其他的观念无条件地服从。人类需要做的是带着平等的眼光、宽广的胸怀来看待所有不同的知识或观念，既能看到它们的合理性，又能看到它们的局限性，允许百家争鸣，各得其所，使各类人群精神的自由追求、各种思想的自由表达都能彼此“平衡”地健康发展。（二）齐物，即大小差异的平衡。《逍遥游》的开篇就以鲲、鹏与蜩、学鸠生存状态的强烈对比来表达一个“小大之辩”的观念，认为世界上的万事万物本来就是不同的，完全不必以他人的生存状态来要求自己，只要能够完满地实现上天赋予的本性，其存在价值在根本上就是平等的。这种认为万事万物在根本上是平等（“齐物”）的观点，实际上是强调人世间的万事万物都应该实现百花齐放、各美其美的整体平衡。（三）齐生死，即吉凶祸福、生死存亡的平衡。《大宗师》一则著名的寓言谈到，子祀、子舆、子犁、子来四个人都把生当作脊梁、把死当作尾骨，“知死生存亡之一体”，所以成为莫逆之交。庄子认为万事万物的生存发展都由造物者所定，因此，无论吉凶祸福、生死存亡，人都要以“安时而处顺”的态度来对待才能获得彻底的解脱，正所谓：“今一以天地为大炉，以造化为大冶，恶乎往而不可哉!”《齐物论》最后也讲了一个“庄周梦蝶”的故事，认为无论是庄周变成蝴蝶，还是蝴蝶变成庄周，只要能够与物为春、与物俱化就能活在当下，悠然自得地享受生命的过程。显然，正是从“齐论”“齐物”进一步升华到“齐生死”的“物化”境界，最后才能彻底超越个体生命的有限性，使生命获得彻底的解脱。宇宙与人生、心与物、生与死、福与祸、美与恶、本我与非我之间的对立被彻底消解融通，天地一片清明，达到整体平衡最完美的效果。

中国古代哲学的思维不同于西方的“概念推理”，而是高度依赖“直觉体证”，古人认为，对于宇宙本体，对于“天—地—人”的系统，仅仅依靠语言、概念、逻辑推理去认知是无法穷尽其奥义的，必须凭借对于“象”的直觉、顿悟、内在的自省，以直观为基础去领悟、把握宇宙、人生。

儒家也很重视直觉思维。先秦时期，最为鲜明的案例，莫过于《论语》中的109个“仁”字，孔子从来都没有对“仁”这个最为核心的概念下过定义，而是处处观机逗教，“默而识之”，寄望门人、世人在日常为人处事中通过“直觉体证”去把握，是谓“体仁”。孟子的“性善论”也是如此，只是说“尽心、知性、知天”以及“良知、良能”，从来没有展开概念推理性的逻辑论证，都具有直觉思维的显著特点。宋明时期，“心”“性”“情”“欲”“意”“志”“理”“气”“知”“行”“工夫”“本体”等概念，到最为关键难通之处，仍然诉诸“直觉体证”而非“逻辑推理”，程朱所说的“格物致知”，陆王所说的“求理于吾心”等，更是直觉思维的展示。梁漱溟指出，“孟子所说的不虑而知的良知，不学而能的良能，在今日我们谓之直觉”，“此敏锐的直觉，就是孔子所谓仁”。贺麟进一步指出，“陆王所谓致知或致良知，程朱所谓格物穷理，……是探求他们所谓心学或理学亦即我们所谓哲学或形而上学的直觉法”。因此，可以说“直觉体证”乃是整个儒家哲学最为基本的一个思维特质。

道家哲学也是如此，他们认为，“道”是宇宙的本体、世界的本原、至上的存在、唯一的终极，但“道”是不可闻见、无以名状的，是不能仅靠名言、概念认识的，要靠直觉或体验加以感悟或体认，是为“悟道”“体道”。其正面立论则采取逆向思维的“遮诠”（否定性论述）而非正向思维的“表诠”（肯定性论述），或用比喻，或用象征，或用寓言，比如《庄子》中的“北冥”“南冥”“蜩与学鸠”“鲲与鹏”“无何有之乡”“庄周梦蝶”“庖丁解牛”等，实在万不得已之时，也是使用“希”“夷”“微”“妙”“惚恍”“倏忽”等高度“玄之又玄”的语词来正面表述。庄子倡导的悟道方式，就是“心斋”和“坐忘”。所谓“心斋”，就是排除一切知识之后，保持心的虚静，从而对“道”予以全体把握、整体感悟。所谓“坐忘”，即毁弃四肢百体、屏黜聪明心智，达到“内不觉其一身，外不识有天地”，从而形成一种心理上的混沌状态，以便全体把握、整体感悟大全之“道”。究其实，这就是一种自发状态下的神秘直觉，与“概念”“推理”不尽相同。

如上所述，中国本土文化，如儒道两家，本来也非常重视人的“直观”能力与“觉悟”能力，不过，儒道两家“直觉体证”的思维方式虽然显著，但由于其理论出发点与归宿点仍然是高度关怀现实社会，旨在改善现实生活世界，而非旨在玄思奥妙真理，其“直觉性”之触角往往都点到为止。相比之下，佛教哲学既建基于“觉性”，又归命于“觉性”，注重自觉、觉他、觉行圆满，追求观照心性、觉悟成佛的智慧解脱，其“直觉性”的思维特点已经渗透到了宇宙、人生各个方面，渗透到中国知识分子的思维方式与普通百姓的日常生活之中，故而下面重点就中国佛教思想尤其是天台宗之“直觉性”观念，予以简要说明。

天台宗最能彰显宗要特色的观念，是在开三显一（开权显实）、圆顿止观基础之上实现的一心三观、圆融三谛、一念三千。所谓“三观”，是指由假入空观、由空入假观、中道第一义谛观。所谓“圆顿”，即是在任何粗浅经验现象的当下，都能觉悟到最高真理的本体的悟道能力。正如智者大师在《摩诃止观》中所说：“圆顿者，初缘实相，造境即中，无不真实。系缘法界一念法界，一色一香无非中道，己界及佛界众生界亦然。”止观修行者一旦升华到“圆顿”的境界，就能进入不可思议的一心三观：“一空一切空无假中而不空。总空观也。一假一切假无空中而不假。总假观也。一中一切中无空假而不中。总中观也。”所谓“圆融三谛”，即是进一步在“圆顿”中契入“即空即假即中”、三即一一即三的真理法身，并融通为一。所谓“一念三千”则是指“一念心起即空即假即中”“一即一切”“一究竟一切究竟”，此时“一念心”与三千世间“一切法”的关系，并非一念心“观照”“觉悟”一切法，也不是一念心“包含”“创生”一切法，而是一念心当下“具足”“即是”一切法。也就是说，在“一念三千”的境界中，心与万法之间并非主体与客体、本质与现象的关系，并不存在彼此对待或万物化生问题。天台宗认为《华严经》里面讲的“心佛及众生，是三无差别”即是“三谛圆融”“一念三千”的境界。正如智者大师在《摩诃止观》中所言：“夫一心具十法界，一法界又具十法界百法界，一界具三十种世间，百法界即具三千种世间，此三千在一念心……玄妙深绝，非识所识，非言所言，所以称为不可思议境。”很显然，这是一个建立在圆顿止观即“圆满顿悟的直觉性”基础之上的不可思议境界。我们抛开这种不可思议境界在“存在论”或“修行论”上是否可能不论，天台宗将一切悟道修行都建立在“圆满顿悟的直觉性”基础之上则毋庸置疑，从“整体性”与“直觉性”的角度来看，“三谛圆融”“一念三千”的观念，确实比中国本土儒道两家对宇宙万事万物血脉相连、荣辱与共的直觉意识更进一步，因为在《周易》的理念和孔子、孟子、老子、庄子的思想中，个人与宇宙有机生命共同体显然是部分与整体的关系，即便是后来陆九渊说“宇宙便是吾心，吾心即是宇宙”，王阳明说“心外无物，心外无事，心外无理，心外无义，心外无善”，也只是从“价值论”（意义世界）的角度来肯定宇宙万事万物的意义是建立在个人本心或良知灵明的基础之上的，个人与宇宙在“存在论”上仍是部分与整体的关系，而心与万物的价值联系，仍然有“先后”之分。而天台宗“三谛圆融”“一念三千”的观念中，“一念心”就是“一切法”（万物）本身，二者并非部分与整体的关系，也没有先后之别，因此，从“整体性”与“直觉性”的思维方式上来讲，天台宗的这种观念都要比儒道两家相关思想的逻辑系统深入得多。

如上所述，与西方各大文明传统相比，中华文化“重整体”“重平衡”“重直觉”的思维方式确实具有鲜明的特色，对于反思现代文明片面发展所导致的全球问题、解决人类困境应该有较大的借鉴价值。

* * *

现代文明由于西方思维方式的影响，学科细分、行业细分以及理性与科技的片面发展导致了种种全球问题，概括起来，产生这些问题的思想根源主要有三个方面：自我中心主义（前）、理性主义（中）、功利主义（后），而中华文化中“重整体”“重直觉”“重平衡”的思维方式正好可以从根本上分别予以对治。

自我中心主义所导致的全球问题，在国家与国家的关系方面，最严重的问题即是因为霸权主义与恐怖主义蔓延进一步导致的政治单边主义与民族分裂主义、宗教极端主义，以及因为军备竞赛导致的核战威胁等；在人与自然的关系方面，即进一步上升为人类中心主义，过度开发、肆虐大自然，导致温室效应、水资源短缺、森林破坏严重、土地荒漠化、能源危机、物种灭绝、自然灾害频发等。

理性主义所导致的全球问题，一方面，因为过于崇尚工具理性、迷信科学技术而使现代文明过于注重机械化、流程化、制度化、普适化、全球化、网络化、信息化，导致社会的发展过于冰冷、僵化、琐碎、轻率等；另一方面，因为人们过于追求“时尚”“工具”的价值，导致社会人口流动越来越多、城市化进程越来越快，再加上机械化、制度化的应用越来越广，各行各业的竞争压力越来越多、越来越大，使得社会失业严重、老龄化严重、人的身心失控严重，人群中多发强迫症、抑郁症等精神疾病。

功利主义所导致的全球问题，因为功利的驱使，使得“唯利是图”的工商业获得前所未有的繁荣，直接催生了享乐主义、拜金主义盛行的不良之风，同时，由于资本家与商人们往往都见利忘义而不能见利思义，因此世界各国都存在环境安全、食品安全、金融安全、科技安全、文化安全、信息安全等社会重大隐患，再加上各国、各地区、各利益集团的条件与机遇不同，直接导致了不同行业、不同阶层、不同地区、不同国家之间巨大的贫富差距，再加上资本泛滥、赢家通吃且趋吉避凶的恶性竞争，一如“马太效应”所示，社会扶贫与慈善救济成为全球的时代难题。

分而言之，“重整体”可以对治“自我中心主义”，“重直觉”可以对治“理性主义”，“重平衡”可以对治“功利主义”。正如这三大问题在逻辑上虽然可作前、中、后之分，但在事情发生时却往往都是同时发挥作用的一样，中华文化中“重整体”“重直觉”“重平衡”三大思维方式在发生学上也是俱时的。因此，合而言之，我们需要同时融合中华文化所有关于“整体性”“平衡性”“直觉性”的思想观念来从整体上辨证论治，而非“头痛医头，脚痛医脚”。

从“整体性”视角来看，学科细分、行业细分、工具理性、精密科技越来越发达的结果，将会导致个人、专业、行业的局限性越来越强，正所谓“隔行如隔山”，再加上“功利主义”的诱引与自以为是的“理性主义”，势必会进一步加重、加大人类各利益集团的“自我中心主义”，因此，很有必要教育世人时常要抱着群己合一的心态，父天母地、民胞物与的情怀，将所有的“他人”或“外人”都看成是与自己血脉相连、荣辱与共的有机生命体与命运共同体的一部分，同时在成己之美、成人之美的基础之上追求实现“美美与共，天下大同”的理想社会。

从“平衡性”视角来看，“功利主义”借助“理性主义”这一武器工具，以及唯利是图、见利忘义的“自我中心主义”，商业资本嗜血的本性势必变得更加横行无忌、冷血无情。因此，很有必要时刻警诫世人不要骄傲自得、自甘堕落，应当以“超功利”的心态去体悟宇宙与人生、他人与自己、心与物、是与非、美与丑、福与祸、生与死之间不断动态流转的平衡性与和谐性，追求自适其性而又与物为春，如此则天地间必将一派春意盎然。

从“直觉性”视角来看，现代文明的“理性至上”本质上是“工具理性独大”，这不仅只是“理性”这一概念最狭隘、最粗浅的含义，而且更为致命的是，这种工具理性还强烈地排斥、否定人类的情感与意志中合理的部分，从而导致人类发展为“有脑无心”“有智无情”“有身无魂”的畸形病态。因此，很有必要提醒世人，人类天生的情感、意志、理性等各种特性必须“中和”协调地健康发展，才能真正称得上“万物之灵”。而人类的灵性最典型的体现即在于人类对“整体性”与“平衡性”时刻都有着一种“直觉性”，自发地追求恰到好处（时中）。在每一种境界，在每一个具体的时间与空间都能观照、觉悟，从而实现圆融的“不思议境”。这当然是包涵人类情感、意志、理性等所有特性在内的一种精神状态，简单来说，即人类意识在对内外种种情状都已作全面掌握、彻底负责的基础上，通过见微知著、防微杜渐来实现时时处处言行举止的恰到好处，显然，所谓“工具理性”，不过是这一玄妙过程中若隐若现、可有可无的一颗螺丝钉而已。

当代大儒牟宗三先生曾对西方哲学与中国哲学思维方式的不同作过系统的分

析比较，认为相对于西方哲学“分解的理性之架构表现”，中国哲学是一种“综合的理性之运用表现”，西方文化崇尚的是“真善美之分别说”，而中华文化崇尚的是“真善美之合一说”。因此，追求“分析”的西方文化的思维方式可谓处处有对立，充满了杀机，而追求“浑化”的中华文化的思维方式则处处无窒碍，充满了生机。中华文化“重整体”“重平衡”“重直觉”的思维方式，在根本上是为了实现庄子所谓“原天地之美而达万物之理”的理想结果，即人类始终以宇宙为至真至善至美、存在与价值合一的本体而不断天人合一、与时偕行地创生万物、气化日新，实现万事万物的各遂其性、各得其所。新儒家代表人物之一的方东美先生将其描述为：“宇宙天地处处布濩大生机，表现为大生广生之创造力，是谓‘生生之德’。面对此种弥贯全宇宙天地之创造力，人类即应当下自觉，诚明在躬，沛然兴起，而参于天地，赞其化育矣。”

十二、中华文化能为人文传承贡献什么？

——崇文重史、返本开新的文化观念

世界四大文明古国中，古埃及文明、古巴比伦文明、古印度文明均早已灭亡，只有中华文明至今传承不息。中国历代知识分子都有强烈的道统意识与担当精神，有强烈的崇文重史、返本开新的文化观念，中华文化因之得以传承经久不衰。在世界人文传承出现巨大危机的现代社会中，中华文明具有高瞻远瞩的大智慧，对世界文明的传承或可提供较好的借鉴。

1991年12月25日，苏联解体，这大大影响了苏联各加盟共和国的经济社会发展，也深刻地改写了国际地缘政治大格局。近三十年来，中外研究者一直在探究其中的原因，有学者将其归结为“民族矛盾”“上层自决”“斯大林模式”等。实际上，除上述原因，还有一个关键的原因，就是对红色文化传统的抛弃。自列宁开始，苏联共产党（以下简称“苏共”）逐渐形成了良好的社会主义文化传统，这个良好的红色文化传统，让落后的俄国得以跨越“卡夫丁峡谷”，从根本上改变了俄国人民在罗曼诺夫王朝时期生活在村社制度下的悲惨处境，得到了党内外的广泛支持，为苏共赢得了最广大的人民群众的支持。但这个传统逐渐被赫鲁晓夫、戈尔巴乔夫集团所抛弃，最终祸起萧墙，导致苏共亡党、苏联解体。

红色文化传统的抛弃是苏共亡党、苏联解体的一个重要原因，这当然是人文传承断裂所致恶果的一个比较极端的例子，事实上，人文传承出现问题常常在人们的日常生活中就能见到。20世纪以来，人类进入现代文明，在短短的一百多年之间，以工商业为依托的科学技术得到了飞速的发展。现代城市生活已然取代传统乡土社会，成为社会主流人群的生活场所，尤其是随着全球化与网络化对社会的全面影响，与传统社会相比，人们的生活空间、生活方式、生活条件、生活工具、生活态度都发生了很大的变化，使现代文明在很多方面都与传统文明格格不入，甚至出现不少完全对立、彻底割裂的情况，造成世界各国人文传统的传承都出现了不同程度的危机。总体来说，体现在两个方面：

其一，从思想观念上来说，由于人类生活过于依赖工商业文明与科学技术，因此人们过于崇尚工具理性、实用主义与功利主义。然而代表人文传统的文学、艺术、历史、哲学和宗教等人文学科基本上都是超功利、非实用性的，这便自然导致人们的生活被机械化、物质化、商品化的科技产品所主导，而漠视人文传统对完善个人生命、实现社会和谐的巨大价值。再加上各个国家对人文学科的重视与投入不够，进一步使人文学科发展举步维艰。多方数据显示，21世纪以来，即便是人文学科极为发达的哈佛大学、耶鲁大学、普林斯顿大学等世界名校，选择人文专业的学生比例也逐渐下降，根据哈佛大学《描绘未来：哈佛学院的艺术与人文教育》发布的一组来自全美的数据统计，从1966年到2010年，全美人文专业的本科学位授予数占总体学位授予比例从14%下跌到7%，而哈佛大学过去60多年中，艺术人文专业的报考率也从36%下跌到了20%，甚至一些已经选择人文专业的学生也在不断逃离。

其二，从生存状态上来说，全球化带来了大量的流动人口，网络化则使现实生活走向虚拟空间，这就是世界趋势。而以中国为例，根据国家卫计委2017年11月发布的《中国流动人口发展报告2017》，2016年中国流动人口规模达到了2.45亿人，数目惊人；根据中国互联网络信息中心发布的第42次《中国互联网络发展状况统计报告》，截至2018年6月30日，中国网民达到8.02亿，其中手机网民为7.88亿。显然，人类主流社会正在由传统乡土的“熟人社会”向现代城市的“陌生人社会”转变，血缘共同体、地缘共同体的社会纽带逐渐断裂，而新的“文化共同体”“道义共同体”又尚未形成，从而使得社会主流人群基本都处于陌生化、流动化、分隔化、偶然化、一次化、碎片化的生存状态。这种生存状态虽然表面上会带来极为多元化、个性化的人文追求，造成一种人文传承繁荣的假象，但实际上这些人文趣味往往都类似于满足个人欲望的快速消费品，并不能促进或实现各国民众对本国传统文化精华的整体性继承与发展。因此，尽管现代社会各种时髦的新观念、新文化层出不穷，本国最有价值的传统文化反而可能一直处于边缘状态。如果这种情况持续超过50年，势必造成文化断层，使得绝大多数社会民众难于理解、契接本国的人文传统，再加上全球化各国文明传入的影响，很可能一个国家大多数民众都将成为“四不像”的人，既不像有着浓郁人文传统风味的本国人，也不像有着任何某一个国家特色的外国人。

以上两个方面相结合，使得现代社会人文传统的传承与发展遭遇了前所未有的危机，成为世界各国、各民族所必须面对的共同难题。1972年，联合国教科文组织向全世界提出要“保护自然和文化遗产”的概念，到1997年，“非物质文化遗产保护”已经得到国际的普遍认可与重视。然而，根据资料显示，截至2017年7月，进入联合国世界遗产保护的项目，包括自然遗产在内，总计165个国家1052处，这在数量上可谓沧海一粟，也只不过能得到最低限度的保护而已，谈不上继承与发展。为了从根本上继承与发展本国的人文传统，世界许多国家都在逐渐加大对人文学科支持的力度，比如高等教育更多地强调“通识教育”而非“专才教育”，鼓励知识精英通过阅读文学、艺术、哲学、宗教作品去探究生命的意义与人格的完善，以便将来在各专业、各行业的研究与工作中可以将人文思想与工具理性、价值追寻与实践应用结合起来，并引领社会风潮，从而较好地实现对人文传统可持续的创造性转化与创新性发展。

* * *

世界四大文明古国中，古埃及文明、古巴比伦文明、古印度文明均早已灭亡，只有中国文明至今传承不息，还得到了较好的发展，这深刻地证明了中华文明在人文传承上具有高瞻远瞩的大智慧。这种大智慧主要表现为两个方面：返本开新与崇文重史。

根据可靠而丰富的历史资料显示，早在先秦，孔子就对中国春秋以前的文明成果做了系统而深刻的整理、继承与发展，形成《诗》《书》《礼》《乐》《易》《春秋》等“六经”与“礼”“乐”“射”“御”“书”“数”等“六艺”，并以“仁道”为核心思想将其一以贯之，教授门徒，继往开来，对中华文化传承贡献极大。虽然孔子以后至今，几乎所有学者都认为“仁学”是孔子的创造发明，并在根本上影响了其后整个中华民族的主流精神，但《论语》中却记载，孔子明确说自己强调以仁道来扶危济困、拯乱救弊乃是“祖述尧舜，宪章文武”“述而不作，信而好古”，他以文王、周公的学习者与继承人自居，一方面将自己的文化创造都归功于古圣先贤的贡献，向世人宣说：“文王既没，文不在兹乎？”“甚矣吾衰也！久矣吾不复梦见周公。”“郁郁乎文哉！吾从周。”另一方面又进一步将古圣先贤与自己的文化创造都归根于对天道本有内涵的体悟与开显，教导门人说：“唯天为大，唯尧则之。”“不怨天，不尤人。下学而上达，知我者其天乎!”因此，可以说中华文明传承与发展注重经世致用的返本开新的基本精神在孔子那里已然初具雏形。

其后孟子对孔子思想的继承与发展，主要体现在将孔子“仁学”中引而不发的“仁”“仁政”思想更加系统而清晰地直白解说：一方面，根据孔子“为仁”的内在依据，明确提出“性善”说，认为“人皆可以为尧舜”；另一方面，根据孔子“为仁”的外在指向“仁政”，明确提出“民贵君轻”说，认为“以不忍人之心，行不忍人之政，治天下可运之掌上”。并且，在孔子“知命”“知礼”“为仁由己”“用力于仁”的基础上，还提出了“养浩然之气”的观念与方法。这三方面可以说是孟子对中华文化的最大贡献，尤其是其“人禽之辨”“义利之辨”“王霸之辨”的三辨之学在内涵上已有不少超出了孔子的思想，但孟子也明确认为这些并非自己的独有创造，而是像孔子一样，将其都归结于古圣先贤与天地之道本身。因此他也说：“孔子之谓集大成。”“乃所愿，则学孔子也。”“言非礼义，谓之自暴也。吾身不能居仁由义，谓之自弃也。仁，人之安宅也；义，人之正路也。旷安宅而弗居，舍正路而不由，哀哉!”孟子还在孔子的基础上第一次整理出“尧、舜、禹、汤、文王、孔子”这样一个中华文明传承的道统谱系，再加上孟子在“经世致用”上系统完整的三辨之学极具炽烈的济民激情，可以说，中华民族返本开新的基本精神已由孟子完全定型。

到荀子，这种基本精神被高度概括为一个经典的表述：“礼有三本：天地者，生之本也；先祖者，类之本也；君师者，治之本也。无天地恶生？无先祖恶出？无君师恶治？三者偏亡焉，无安人。故礼，上事天，下事地，尊先祖而隆君师。是礼之三本也。”（《荀子·礼论》）中华文明非常重视表达报本反始、归根溯源的思想情感，而祭祀中的祭天地、祭祖先、祭圣贤最为根本。《礼记》中说：“人者，天地之心也。”北宋邵雍《观物内篇》又说：“圣也者，人之至者也。”这样一来，显然是最有人性光辉的“圣人”最能代表天地之心与天地生生之大德，也正是圣人在教导人类究竟应该如何祭天地、祭祖先，以及教导人们如何实现人生圆满与社会大治，即《周易》中所谓的“观乎人文，以化成天下”。因此三祭之中又以祭圣贤最为关键，而每一代圣贤又都将自己的贡献归功于天地、祖先（古圣先贤），最终形成了一种大公无私而又意境高远的良性循环，充分展现了返本开新、经世致用的中华民族精神。

这种民族精神最终落实下来，正好形成了中华文化独具特色的承前启后重史崇文的学术传统，即历代知识精英都通过对早期经典文本的反复注疏来表达自己的思想主张或创造出新的理论形态，我们甚至可以说，一部中国古代学术史就是一部旨在返本开新、经世致用的经典注疏史或文本诠释史。

从儒家来看，两汉的今文经学与古文经学便对儒家的《六经》返本开新、经世致用的学术态度作了较为系统的诠释，宋明理学则吸收了魏晋玄学与隋唐佛学的思维方式与学术特色，将原始儒家孔孟之道发展出了新的儒学理论形态，直至现代新儒家，梁漱溟、贺麟、熊十力、牟宗三、唐君毅等人，在清末内忧外患所导致的民族深重苦难之中，他们都一致选择了“中学为体、西学为用”的构建方式，结合西方哲学、宗教、政治以及佛教哲学，对儒家基本精神与观念做出了前所未有的返本开新式的理论创造，提出了许多极具儒家精神又极具时代特征、极具社会影响的思想主张，比如梁漱溟的“乡村建设理论”，牟宗三先以“道统”开“学统”再以“学统”开“政统”的“三统”学说，等等。

从道家来看，原始道家老、庄之后，在汉代初期，结合法家、名家、儒家等诸子百家的思想，形成了较为系统的“黄老道家”；又结合易学、医学、阴阳五行学等学说，初创了“道教哲学”，延续到宋明时期，逐渐发展成了系统精微的理论形态；魏晋玄学也是结合儒家经世致用的精神与为己自慊的品格，对原始道家老、庄的思想作了返本开新的发展，形成了其后历代为人津津乐道、独具神韵的“魏晋风度”。

从佛教来看，佛教在中国的传播不仅不排斥反而十分重视返本开新地转化中国本土的儒、道思想。传入之初，中国的学者与高僧大德们并没有选择抛弃人文传统而全盘“佛化”，而是在魏晋时期，借助本土道家的思想与佛学相互“格义”，试图在“无”“空”等基本观念上实现契接，最终形成了蔚为大观的“六家七宗”。虽然“六家七宗”的大部分学说都没能很好地领受、表现印度佛教的精神，但这只能说明“六家七宗”的代表人物对佛学理解没有到位，而不能说明契接（而非割裂）佛学与中国传统思想的做法不可行。事实上，最先系统而深刻地理解、表达印度大乘佛学“般若”与“涅槃”思想的僧肇与道生，两人都深受道家老、庄智慧的影响。并且，虽然佛教传入之初是大乘与小乘并传，但后来真正在中国大放光彩的却是大乘佛教，正是在中国孔、孟、老、庄等人形成的注重“现实世界”而非“彼岸世界”、注重“智慧悟道”而非“禅修解脱”的人文传统影响之下，最终形成了中国大乘佛教的辉煌，尤其是诞生于中国的本土禅宗，在思想精神与理论品格上，具有鲜明的儒道特色。中国佛教各宗派历代高僧大德们大多熔儒佛、道佛于一炉，对中国本土的儒、道思想都有较为精深的掌握与创新的发展。

由上可见，中国本土人文传统的继承与发展是通过儒、道、释经典文本历代注疏来实现的，比如，四书五经以及《道德经》《南华经》《法华经》《维摩诘经》《金刚经》等，历代注解可谓卷帙浩繁。外来文化在中国本土文化欣然接纳的拥抱之下，也积极选择从中国本土文化资源中找到传播与发展的良好途径，最终形成了具有中华文化特色的理论形态与传承方式。由此也正好能反映出中华文化乐于和善于学习，敢于和善于同化，能够广泛吸收多元文化资源，为我所用，不断地充实和完善自己。这一点，在世界文明对话已成大势所趋的全球化时代，也是世界各国思考人文传承时可以参考的。

中华文化返本开新、经世致用的观念除了在经典文本历代注疏中有鲜明的体现，还有一个在世界民族之林独具一格的鲜明特色，即中国历代的修史传统。

根据历史资料，我们知道中国从夏、商、周三代开始，历代都设立了专门的史官：汉代以前的史官主要负责记录皇帝的言行，或记录政务得失，或记录国家大事；汉代以后主要负责编纂前代历史，吸取治国安民的经验教训。从太史司马谈、司马迁父子撰写的《史记》开始，共计产生了《汉书》《后汉书》《三国志》《晋书》《宋书》《南齐书》《梁书》《陈书》《魏书》《北齐书》《周书》《隋书》《南史》《北史》《旧唐书》《新唐书》《旧五代史》《新五代史》《宋史》《辽史》《金史》《元史》《明史》《清史稿》等二十五部正史，每一部史书都旨在总结前代兴亡教训以供新王朝资治通鉴。这些正史广泛记载了历代经济、政治、文化、艺术、科学、技术、军事、民族等各方面的事迹，可以说是每一代知识分子继承人文传统、返本开新的大百科全书，如同智慧宝典，也是我们今天还能全面了解并继承古代人文传统最基本的历史依据。

以《史记》为例，十二本纪、三十世家、七十列传记载了上至上古传说中的黄帝时代、下至汉武帝时期共3000多年的历史演变，以及重要人物的基本情况，这就给汉代以后中国所有知识分子全面了解和继承汉代以前的人文传统提供了极大的便利。《史论》中的“八书”——《礼书》《乐书》《律书》《历书》《天官书》《封禅书》《河渠书》《平准书》，更是方便了后人了解和继承汉代以前的礼仪秩序、音乐歌舞、规则比例、四时历法、天文星象、神灵祭祀、水道地形、物价调控等专业知识，这些非常专业具体的内容若非通过《史记》保存下来，恐怕汉代以后的知识分子都无从了解。因此，尽管司马迁的《史记》是三千年的通史，其后历代断代史都基本上采用了《史记》的体例。比如《史记》曾经作了一系列富有微言大义精神的专题列传，《循吏列传》《酷吏列传》《佞幸列传》《儒林列传》《货殖列传》《游侠列传》《日者列传》《龟策列传》等，其后班固写《汉书》受其启发又增加了《宦者列传》《文苑列传》《独行列传》《逸民列传》《列女传》等。《史记》有“八书”，《汉书》则进一步扩充为“十志”：《律历志》《礼乐志》《刑法志》《食货志》《郊祀志》《天文志》《五行志》《地理志》《沟洫志》《艺文志》。因此，可以说在历代经书注疏传统之外，历代史书也典型地体现了中国知识分子传承古代文化的历史使命与时代责任。

注经传统重视的是对“道统”的传承，中国历代知识分子既然都有鲜明的道统意识与担当精神，文化传承经久不衰的崇文重史、返本开新自然不言而喻。以儒家为例，孔子自述以继承夏、商、周三代文化的集大成为己任，又常盛赞尧、舜、禹的大德大治，孟子效仿孔子，明确整理出一个“尧、舜、汤、文王、孔子”的道统传承谱系，后来被中唐韩愈增补为“尧、舜、禹、汤、文、武、周公、孔、孟”。韩愈之后，宋初孙复、石介等人进一步将这个道统谱系上溯下延为“伏羲、神农、黄帝、少昊、颛顼、高辛、唐尧、虞舜、禹、汤、文、武、周公、孔、孟、荀卿、扬雄、王通、韩愈”，将道统的源头从尧、舜追溯到了伏羲，构成了“三皇五帝”皆为儒家圣贤的初始模型。孔孟以后历代知识分子每次一提到进学修己之道和治国安人之道，常常都言必称尧舜、三代，比如《汉书·艺文志》中高度概括儒家者流为："游文于六经之中，留意于仁义之际，祖述尧舜，宪章文武。"再比如，主张知识分子都应该"先天下之忧而忧，后天下之乐而乐"的范仲淹，也明确认为"大雅君子当抗心于三代"，以继承皇王之大业为志，以发展礼乐之大本为务，同时期的张载更是高度精练地提出了其后成为中国知识分子最高理想的"横渠四句"："为天地立心，为生民立命，为往圣继绝学，为万世开太平。"一个国家，如果每一个知识分子都常存"四为"之志，无论历朝历代国家政权怎样频繁更迭，都难以撼动根深蒂固并且时刻在继往开来的文化传承。

修史传统重视的是对文献的保存，而保存重要文献的目的就是为了在新的时代能够资治通鉴、继往开来，"修史"注重致广大、道问学，"注经"则注重尊德性、尽精微，因此，可以说"修史传统"正是"注经传统"的辅翼，为道统精神与文化传承提供坚实的文献依据。由于每一部史书的体量都比较有限，体例再完善也不可能同时做到收录的历史文献既完备又专业，因此，历代知识分子都注重修编卷帙浩繁且分类精细的文献集成，比如，儒家文献集成方面，有明代的《永乐大典》、清代的《四库全书》，以及中华人民共和国成立以后的《续修四库全书》等；道家文献集成方面，唐玄宗时期开始编纂《道藏》，历代增补，虽然历经战乱而多有亡佚，最终还是在明代成祖、英宗、神宗时期，编成了流传至今的《正统道藏》与《续道藏》；佛教文献集成方面，北宋开宝年间，第一部木版雕印的《大藏经》问世，其后元、明、清及至民国时期，不断增补刻印的《大藏经》竟然多达 20 多种。在北宋时，《大藏经》流传到日本，日本更是在 13 世纪到 20 世纪 700 多年间，增补刻印了《大正新修大藏经》等 7 种版本的汉文大藏经，而今，较为完善的日版《大正藏》重新流入中国，成为研究佛学的重要工具。如今，这些文献集成都以纸质版或电子版在中国广泛流传，可以说，无论社会经历怎样的动荡，只要这些文献集成还存在，中华民族的文化传承就不可能断绝。

中华文明没有出现中断，然而 1840 年以来，中华文明曾遇到诸多挑战，面临被殖民甚至亡国的危险。作为马克思主义政党，中国共产党继承了中华文明的传承精神，90多年来担当起传承中华文明的伟大使命，推动中华优秀传统文化创造性转化、创新性发展，继承革命文化，发展社会主义先进文化，创建了中国特色社会主义文化。习近平总书记指出，“要不忘本来、吸收外来、面向未来”，“不忘历史才能开辟未来，善于继承才能更好创新”。正是中华文化的传承精神，不断以思想文化新觉醒、文化创造新成果、文化建设新成就推动党和人民事业向前发展，建筑起了今日的中国精神、中国价值、中国力量。

放眼世界各国，能够同时以“崇文”“重史”这两个方面来承前启后、树立社会主流文化的恐怕只有中国了，这可能也是世界四大文明古国中只有中国文明至今传承不息的两大根本原因。

* * *

在这个世界文明对话的全球化大时代，每个国家都应该注重传承，同时积极学习、吸取其他民族的伟大智慧，为己所用，不断完善与发展自己。现在人们都常说“越是民族的（个性化的），越是世界的（普适性的）”。笔者认为，在人文传承出现巨大危机的现代社会中，中华文化确实可以在这方面提供较好的借鉴。

其一，在指导思想方面。面对现代社会过于崇尚科学技术、工具理性、实用主义与功利主义而使得人文学科逐渐由中心地位沦为社会边缘的时代难题，中国传统文化告诉我们，工具理性与价值追寻、功利与超功利并不是必然对立的。相反，在中国本土文化中，精神境界与具体功用、人性完善与实践创造似乎天生就是完美结合的，这就是中华文化极为崇尚的内圣外王之道。不仅认为内在修养越好，越能实现更大的外在事功，而且在根本上认为所有理想的外在事功都应该是圣人内在修养的外化与拓延。我们从孔子、孟子、老子、庄子、司马迁、司马光、王安石、王阳明等中国历代优秀知识分子身上，都能看到他们确实是将心灵境界与经世致用很好地结合了起来，可谓一体融通、没有滞碍。因此，虽然身处现代社会，但我们完全没有必要在心态上将人文学科与自然学科的发展与应用对立起来，而应该看到，随着自然科学的高度发展，社会对人文科学的需要反而显得越来越强烈。唯其如此，才能有望实现社会和谐与人生幸福。

其二，在实践操作层面。世界各国教育都应该高度重视历史与经典，虽然全球化与网络化带来的大量流动人口与虚拟空间所导致的人际关系越来越陌生化、偶然化、分隔化、碎片化，但每个国家、民族的人所共同拥有的历史与经典是不会因此而发生变化的。因此，即便身处一个“陌生人社会”之中，我们也完全可以不依赖传统的血缘共同体和地缘共同体，可以随时随地、超越时空地以历史与经典为核心或场域构建一个文化共同体或道义共同体，大家一起沉浸在共同的历史事件或经典文本之中，就可以和谐一体地契接本国的人文传统。更进一步来说，在课程设置与教学理念上，可以向学生强调如何通过返本开新的方式去理解历史、诠释经典，更多地对天地、对祖先、对圣贤充满敬意与温情，将现代社会、未来社会的文化传承与实践创造都放到一个更加宏阔深远的与天地、与祖先、与圣贤血脉相连、一体共荣的生活世界中来理解。这样一来，便可以使将来进入社会各行各业的人才都有更加高远的眼光、更加宽广的胸襟、更加灵妙的智慧与更加高尚的品格。

正如2018年8月13日至20日在北京召开的以“学以成人”为主题的第二十四届世界哲学大会所探讨与宣示的那样，生活在科技独大、工具理性与实用功利主宰的现代文明世界中，我们更应该全面深入地思考“人应该怎样生活”“如何培育人性”等面向人类、面向时代、面向生活的命题，我们更应该重视以人文学科为基础的通识教育、全人教育，回到苏格拉底“认识你自己”“德性即知识”、孔子“古之学者为己”“修己以安人”的逻辑原点，在各国人民都具有更加清晰的人类命运共同体观念的全球化大时代，更好地将求真与成善、审美有机结合起来，更好地实现各国人文传统的“无用之大用”。

十三、中华文化可以贡献什么生命观念？

——生生不息、贞生安死的生死观

近年来，在全球范围内抑郁症、自杀现象攀升，消费主义与娱乐至死现象也越来越严重，这些反映出人们对自己的生命状态和生存意义的疑惑乃至否定。在面对死亡这个终极问题上，我们与古人是平等的，对于生命的反思，古人或许比今人更为深刻。他们或通过人伦的繁衍继承，或通过善行功业的功德恩泽，或通过德性与天地的和合，知生之可贵，知死之不可惧，从而正视生命，珍惜自己得之不易的身体，并以之活出自己的精彩。

世界卫生组织2016年曾发布过一份关于全球抑郁症的统计报告。报告显示，从2005年至2015年十年期间，全球受抑郁症影响的人数增加了18%，年患病率约为11%，产生的经济损失超过一万亿美元。从疾病负担来看，目前抑郁症已经成为世界第四大疾病，预计到2020年可能成为仅次于冠心病的人类第二大疾患。抑郁症可以发生在各个年龄段，给患者造成精神痛苦并影响其从事日常事务的能力，甚至可能导致自杀行为。据世界卫生组织统计，全球每年约有80万人死于自杀，每年自杀死亡人数超过战争和自然灾害致死人数的总和。更令人担忧的是，自杀的群体越来越倾向青少年群体，如2012年自杀成为全球15—29岁人群的第二大死因。可见，自杀成为世界的一个重大问题，而其主要原因，来自对生命、对死亡理解偏差所导致的抑郁等心理问题。

再如与生命密切相关的另一个问题，近几十年来，世界各地邪教猖獗，如太阳圣殿教等，集体组织信徒自杀或冲击各国政府。其手段之残酷，令人惨不忍睹；思维之怪异，也令人瞠目结舌。直到今天，形形色色的黑暗组织还在世界各地或隐或显地活动。另外，与自杀、邪教表面毫无关系，但实际却有着千丝万缕联系，是消费主义、享乐主义，乃至娱乐至死。生活看似浑浑噩噩，标志存在感的尺度和节点，是一个又一个的节庆——这种节庆，对于很多人来说已丧失传统意义，而成为消费的节日。甚至，没有节日商家也要创造出节日来促进人们消费。林林总总、眼花缭乱的商品，仿佛摄魂怪一样勾摄人们的灵魂，人被物化而不自知。人们深陷在轻易就能获取的娱乐化、低智化、游戏化刺激性快感中，最宝贵的时间、精力、注意力被这些肤浅的快乐消耗，人们像“巨婴”一样被麻醉，正在变成一个个透明的躯壳，一步步麻木、枯竭、沦丧。

自杀、邪教、消费主义与娱乐至死，看似不相干，在某种意义上却是同一个问题，那就是人们对自己的生命状态和生存的意义产生了疑惑，对于生命的信仰不再坚定。于是或寻找某一邪神来皈依求解脱；或沉溺在消费之中，忘掉对于死亡的恐惧；或索性自杀，终结苦闷实现“大解脱”。这些问题如此严肃，而对这些问题的提出，有时候就像近年网络上流行的一个笑话：北京大学进校门要查证件，每天，保安都要问人们几个问题——你是谁，你从哪里来，你要到哪里去？所以，北京大学保安是最有思想的哲学家。

这个“笑话”反映出的问题值得深思：对生命和死亡这样严肃的哲学问题由一个门卫进行发问，我们只是觉得十分好笑。人们觉得没必要关注这类问题，认为天天思考这种问题的不是哲学家就是疯子，而哲学家与疯子或许还是同一类人。你看，这样一个被千百年来无数哲学家潜心思考，还没能找出标准答案的问题，我们聪明的现代人，只把它当笑话——多么荒谬与戏谑啊！“笑话”当然只是一种回避，并非解决问题的方法。我们越是用笑话来消解和嘲笑这个问题，越说明了我们在内心深处对这个问题的无措、惧怕与恐慌。我们不愿拷问自己，生怕自己对于生命意义的迷茫被揭露；也不愿面对生死的问题，试图抓住当下那转瞬即逝的肉体快乐，所以才不停地用消费来麻醉自己。马克思说，宗教是人民的鸦片，而消费主义和娱乐至死，岂非另一种生命的鸦片？

一方面，人们把严肃地思考生命和死亡的问题看作笑话，避而不谈；另一方面，却存在这么高的自杀率和各种消极颓丧的价值观、生命观。这意味着，我们不得不抛弃自我麻醉和逃避，而要积极正视这个问题。或许，人们可以借鉴一下中国古人对此问题所做的思考。

* * *

生命进化，现代科技日新月异，我们可能在知识水平上已经高出古人许多，然而在死亡这个终极问题上，我们与古人是平等的。对于生命的反思，我们并不比古人思考得更深刻，并不比古人更有勇气去面对死亡。那么，我们的古人对生命，对生死又是持一种怎样的态度呢？如果可以用一句话加以总结，那便是：知生之可贵，知死之不可惧。

孔子的弟子子路，曾经问孔子关于死亡的问题，孔子的回答出乎人的意料："未知生，焉知死？"仅仅六个字，却蕴含着无穷的力量，包含着极其深刻而复杂的思考。孔子的这个回答，是不是在回避死亡呢？如果是回避死亡，那么和麻痹在物欲中以纾解恐惧的人，又有何不同？孔子当然不是因为恐惧而回避死亡问题，他其实是要人们扭转看问题的视角。当西方文明喜欢用死亡来理解生存的时候，孔子却告诉人们：要用生存，来理解死亡。

如果我们的眼睛只盯着死亡，情绪里占主导的就是畏惧、不满和愤懑，以及对于自己生命不完满性的厌恶。这种情绪，可以产生两种精神文化类型：一种是罪感的文化，一种是苦感的文化。死，意味着对生命的否定，通过它来定义的生，自然便是消极意义的生。但如果用生来定义死亡，死亡便仅仅是生命这条线段的一个终点，我们的目光要集中在线段的长度，而不是线段最后的那个点。由此产生的文化，不是对于死亡的恐惧或忧愁，而是对于生的欣喜和赞叹。孔子由此教育子路：你连生命的真正意义都不曾了解，又何必去了解乃至忧虑死亡呢？

对生的重视，是《周易》的核心精神。《周易·系辞传》载："天地之大德曰生。"天地间产生出这么多的资源，有高山的巍峨、大漠的苍茫，也有大海的壮阔、河流的奔腾，更有小溪的静谧、森林的幽寂。天地间还产生出众多的物种，鹰击长空，鱼翔浅底，万类霜天竞自由。这些在古人看来，都是天地生生不息的体现。而在其中，最可贵的，就是人这样一种存在者的出现。人类以其智慧和努力，改造世界，成为天、地之外的第三种力量。这也就是《周易》所说的三才之道。

《孝经》语：天地之性人为贵。人的出生，不仅仅被赋予了比其他动植物精巧的形体，更关键的是拥有德性和智慧。人的认知能力是一流的。自从钻木取火以来，人类完成了一项又一项发明，用以改善自己的生活，加深对世界的认识。上九天揽月，下五洋捉鳖，早已不是空想；时行千里，联通五洲，也不再是奢求。天地间的面貌，因人的智慧而发生了翻天覆地的变化。

人的德性，更是值得颂扬。动物处在丛林法则中，以猎杀和对抗猎杀作为基本的生存状态；同时，动物随便交合，幼崽“知有母而不知有父”。只有人，建立社会，停止无休止的杀戮，同时制定夫妇、父子的伦理。孝悌、忠信、仁义，皆从人的本心中源源不断地流淌出来。孟子举过一个例子：一个人看到小朋友要掉到井里，会马上产生一种怵惕恻隐之心——他不是为了获得见义勇为的名誉，也不是为了换取小朋友父母的回报。怵惕恻隐之心，是一种内心的自发，当然不是为了外在的名誉。这种心是真实存在的，哪怕在恶人心中也会有，不过转瞬即逝罢了。这种珍爱生命的本心，儒家便称作“仁”。我们从仁心，可以看到人性皆善。只是有些人的本心在后来受到戕害，变得十分微弱，从而作恶。然而本心之善好比种子，只要合理施肥、浇水，不放弃培育，必然会破土萌芽，茁壮成材。这便是生生不息的力量。

或许有人会问：儒家说了这么多，还是没有讲死亡的问题啊。人的短暂性、有死性是一个铁的事实，又如何解决呢？如果把人看作精神和肉体的统一体、唯一的个体，当然不可能解决这样一个个体在此世的永恒问题。儒家不能使个体不死，道教虽追求长生不老，也并不是指当下这个肉体不老。如果这条道路行不通，是不是就只能倒向彼岸世界，以哀求最高存在者的拯救呢？传统中国人并没选择这条道路，因为不只有这条路。

解决问题的关键，还是在于对“生”的看法。从个体性来看，每个个体的生命当然是短暂的。但天地间有生生不息的力量，最通俗地讲，人是世代更替，绵绵不绝的。比如中国古代有个故事，叫愚公移山。一般大家只关注愚公的奋斗状态，但我们还可以关注故事的精神背景，那就是“子子孙孙无穷匮也”。在愚公看来，只要子孙能继承自己的事业，就和自己实现是一样的。精卫填海，也是如此。高山巍峨，大海浩瀚，个体在它们面前既渺小又短暂，但将祖父子孙看成一个大写的人，足以与高山大海度长量力。

由此我们便不难理解“孝”为何在中华传统文化中占据关键地位。西方文明中也讲“孝敬”，比如柏拉图在《游叙弗伦篇》中提倡孝的美德。然而在中华传统文化中，孝不仅仅是“子女对父母好”这样一种具体的德目，而是将每个世代的有限生命体连接起来，以获得不朽的德性方式，就好比无穷线段的叠加便是直线一样。由此，孝与生生，便获得一种本体论的意义。

在中国人传统的信仰中，人死的时候，魂气归于天，形魄归于地。形魄不久便会腐朽消亡，只剩下魂气。魂气可以通过子孙的祭祀而维持生存，否则会变成厉鬼。这也就是古人如此重视后嗣的原因。但魂气到底是否永恒，圣人并没有给出十分清楚的答案。宋代理学家朱熹和学生讨论过这个问题，朱熹认为，魂气也会渐渐地越来越稀薄，最后消散。这也就意味着，在儒家传统中，没有任何个体是可以永远长久维持自身存在的。但是，一个人可以融入他的祖先、子孙的群体中，以获得恒存。其实不仅仅在死亡问题上，人们会把某人与他的家族联系起来，在现实的具体事务上也是如此。比如俗语说“父债子还”，就是因为在古代，父子被视为一体；同样地，一个人的祖先父母被辱，比自己受辱还要严重。

然而，这里又出现了一个问题：如果古人认为魂气最后也会消散，那么祖先与子孙之间的联系纽带，是靠物质性存在吗？是靠血缘吗？在儒家看来，血缘当然是一种纽带，所以如果一个家庭无后，一定要找同宗的人过继，不能找外姓。但是这种纽带仅仅是一种选择，而且主要是在社会学意义和心理学意义上的。《中庸》说，孝是善继人之志，善述人之事。不肖子孙虽然在生物基因上承袭祖先，但仍然会被排除出共同体之外。许多读书人不是孔子、孟子的子孙，却仍到孔庙、孟庙里缅怀先圣先师，并自觉地将自己的精神融入其中，继承他们的事业。由此可见，传统所说的生生，绝对不是生物学意义上的生殖，孝也不是近代一些人所歪曲的“生殖崇拜”。它是人们善德的世代传播，功业的世代拓展，是精神的接力。

《左传》记载过一段范宣子与穆叔的对话。范宣子认为，他的祖上，在夏、商、周每个朝代都担任过重要官职，可以算是不朽了。穆叔却认为：宗庙香火不绝，子孙绵延，许多诸侯国都是这样的，这种权力和地位在血缘世代上的传递，只能称作“世禄”，不能叫不朽。他对于不朽的定义后来非常有名：太上立德，其次立功，其次立言。其实《论语》里也有过类似说法。孔子评价说，齐景公有一千辆马车，死的时候百姓却不记得他；伯夷、叔齐饿死在首阳山，百姓到现在还称赞、敬仰他们的贤德。

德，是一个人心中的精神力量。人的肉体当然是有限制的，这种限制不可能突破，以获得永生，其不完美是一个既定的事实。但人的德性，却可以不断地提升，以至圣人的层次、完满的状态。西方的一些宗教不相信人的心灵具有这种能力，他们认为，人在出生之前，灵魂本身就已经有了缺陷。不靠更高存在者的垂怜，是无法上升的。中国的孟子却说：尽心、知性、知天。一个人不断地修炼自己的心性，提升自己的德性，便可以达到与天地同流的境界，与天地合德。这样，尽管他的肉体消亡了，他的德性和精神长存于天地间，又岂非不朽？

与德性相关的是功业。功业不同于我们现在的工作，我们现在常常用薪水或者职称、级别来衡量我们的工作。但功业不一样，功业是“为人民服务”的事业。在古人看来，一个人的生命，纵向上与祖父、子孙形成一个共同体，但已经超越了血缘；在横向上，他与他的家族、国家是一个共同体。他的生命，是人类生命中的一部分。所谓的功业，就是能促进人类福祉的行为。举个例子，一个穷人用自己的积蓄给乡亲们造一座桥，他死了之后，人们仍然在使用这座桥。尽管桥本身将来也可能腐烂，但还会有人来继续修建。那么他即便死了，他的功业还在那里。只要人还在，他曾经做过的努力就还在，哪怕他只做过一点点努力，也会对整体的进程产生影响。这又岂非不朽？

既然生命是可贵的，而死亡是不可怕的。那么对于古代中国人来讲，他所应该追求的，不是死后获得什么福祉回报和永恒生命，而是生前能为共同体作出何种贡献，如何做一个大写的、堂堂正正的人。在这个方面，明末的伟大思想家王夫之讲得最为清楚，他重视生，重新解释了古代的“全归”概念。在先秦儒家那里，“全归”指的是人死之时，身体仍然完整，因为身体是父母所给予的，不敢随便毁伤。死之时身体没有因为犯罪而受到膑、刖等刑罚而残缺，这就是“全归”。王夫之则认为，这仅仅是形体上的“全归”，虽然重要，但德性和行为上的无亏，才是更大的“全归”。人做善事，做对人类有贡献的事业，便给天地间带来清正的影响，死的时候就给太虚留下清正之气；做坏事，便是给天地间留下污浊之气。污浊之气最终都是要消散的，只有清正之气才能永恒。

不仅是儒家，道家也在某种程度上与儒家分享一致的关于生命和不朽的观念。老子说："死而不亡者寿。"他把有限个体的"死"和"亡"区分开来。死是生物学意义上的生命体征的丧失，而亡则是整个人的德性、功业的灰飞烟灭。所有人必然都是会死的，但有些人却可以通过体道、修德，获得一种死而不亡的状态。道家不但不畏惧死亡，而且采取了一种十分乐观的态度。庄子说：人之生也，气之聚；人之死也，气之散。死不仅不可避免，而且是不必畏惧的。所以庄子失去妻子的时候，他才会鼓盆而歌。陶渊明真正继承了庄子的精神，才会写下"亲戚或余悲，他人亦已歌。死去何所道，托体同山阿"的诗句。

道教是中国古代颇有意思的宗教。它最为人所熟知的是对于长生的追求。对道教的庸俗理解，认为道教就是试图追求肉体在此世不朽的宗教，因此修炼道教的人都是贪生怕死的，但这其实是一种误解。道教的精神与儒家相通，是一种珍视人此世之生的精神。儒家最终珍视的是人的道德属性，道教则将人的形气精神看作一个有机的整体，认为都需要修。既要修性，也要修命。修命，就是要珍视自己的身体，不要故意去伤害。虽说人们在面对大是大非的时候，是不能吝惜自己肉体的，但这并不是要人们故意去伤害身体。人与天地万物一体，损伤自己，也是在损害天地间的生机。以此为基础，道教发展了一整套养生、摄生的方法，它与中医相结合，留下了许多宝贵的遗产，是值得我们继承和发扬的。

佛教虽然最初源于一种悲苦意识，但传入中国后，与传统的道家、儒家相融合，逐渐中国化。佛教也对于人的生命充满了乐观精神。传统的小乘佛教追求涅槃，是在肉体消亡（死）后才能实现，而大乘佛教认为这只是"有余涅槃"，是不彻底的罗汉果位；如果能悟到"自性即空"的道理，那么即便在此世间，即便是有限性的肉身，也可以成佛，此即"无余涅槃"。佛教最中国化的分支是宗派佛教中的禅宗。"搬水挑柴无非妙道"，其实就是对于此世间、对于此身的肯定精神，这与道教和儒家是一致的。

中国古代的这种生命观念影响了近代的革命精神。或者说，我们新时代的革命精神与传统的生命观念有一脉相承的地方。中国近代的爱国志士为什么最终选择了马克思主义，而且马克思主义发展得最为成功？其中一个因素就是生命观念。马克思的生命观念是反西方、反基督教的，是主张此岸而非彼岸的。正因如此，它一旦中国化，便受到许多中国人的欢迎。

许多人都应该读过恩格斯那篇脍炙人口的《在马克思墓前的讲话》。文章开头这样写道："3 月 14 日下午两点三刻，当代最伟大的思想家停止思想了。让他一个人留在房里还不到两分钟，当我们进去的时候，便发现他在安乐椅上安静地睡着了——但已经永远地睡着了。"马克思的死亡，在恩格斯看来是"思想家停止思想"，这当然不仅仅是修辞上的。这是把马克思生存的意义定位在他生前积极的思想实践的活动上，而不是升入天国。

我们以为，近代以来包括共产党人在内的无数仁人志士，抛头颅、洒热血，为了挽救中华民族危亡而不计个人生命安危，这既是对这种生命观的继承，也是对中国传统生死观的继承。毛泽东在《为人民服务》中这样说道："人总是要死的，但死的意义有不同。中国古时候有个文学家叫作司马迁的说过：人固有一死，或重于泰山，或轻于鸿毛。为人民利益而死的，就比泰山还重；替法西斯卖力，替剥削人民和压迫人民的人去死，就比鸿毛还轻。"为人民的利益而死，便永远活在人民的心中，所以获得了某种形式上的不朽。由此，我们可以重温天安门广场前，人民英雄纪念碑上那雄浑有力的碑文：

"三年以来，在人民解放战争和人民革命中牺牲的人民英雄们永垂不朽！三十年以来，在人民解放战争和人民革命中牺牲的人民英雄们永垂不朽！由此上溯到一千八百四十年，从那时起，为了反对内外敌人，争取民族独立和人民自由幸福，在历次斗争中牺牲的人民英雄们永垂不朽!"

这碑文撰写的时候，或许有《左传》的话在撰稿者的脑海中回荡：太上有立德，其次有立功，其次有立言，虽久不废，此之谓不朽；又或许有文天祥的诗萦绕在他的耳边："人生自古谁无死，留取丹心照汗青。"

* * *

摆正了对生命和生死问题的看法，我们或许对于当今的生命困惑问题有一个解决。抑郁从何而来？人们为什么要自杀、要麻醉自己？恐怕还是因为，每人都知道自己作为一个肉体的存在者，必然是有死的，或者说死亡对于任何人都是不可避免的。英文里的“mortal”，既是人类的意思，也是“有死、致命”的意思。知道无可避免，便恐惧而不敢正视，要么像鸵鸟一样把头埋进沙子里，要么病急乱投医祈求超越人的存在来超度自己，从而迷乱了生命的意义。

西方的宗教和哲学，对待生死的观点，主要采取一种二分的方法。既然所有人都是会死的，死亡问题在凡人的今生今世不可能得到消除，这使他们意识到人的有限和卑微。人是不完满的存在者，但从逻辑上来看，必然有一个最完满的存在者。最完满的存在者不存在于具体的人身上，不存在于世俗间，但必然存在，于是就出现了此岸世界与彼岸世界的对立。

西方的哲学家们不仅仅区分了这种对立，比如柏拉图和亚里士多德，他们还进一步认为，最完满的存在者是更低的、不完美的存在者所努力朝向的目标。这就意味着，人们应当努力超脱自身的限制，通过不断地努力，离开这个不完满的世界，趋向永恒的彼岸。在希伯来的传统里面，这种思路表现得尤其明显。只是因为人的不完满性，要想靠自己的能力到达彼岸是不可能的，因此需要神的救渡，也就是爱。道成肉身，就是神为了到不完满的世间、教化不完满的人，使之重归永生的一个办法。这种文化造成了一个后果：人们对于世界，对于此岸，对于此身，总是不满意。此世，仅仅是一个短暂而痛苦的旅程而已。

王夫之讲过人在死后的三种传承：死后仍有后代来继承，这是“体之传”，也就是基于人伦的形体意义上的繁衍；一个人的善行、功业对世界造成了影响，在他死后，其他人还沾沐着他的功德恩泽，这是“气之传”；一个人的德性与天地合，为人所景仰，他的思想被人们所学习、传播，这是“理之传”。人类在传承中实现永恒，死亡还有什么可怕的呢？故张载在《西铭》的结尾说："存，吾顺事；没，吾宁也。"活着的时候顺应天命来生活，死后就安静地歇息。王夫之又把这句话总结为四个字：贞生安死。生命是可贵的，但不是贪图荣华富贵，而是要摆正我们对待生命的态度，使之过得有意义；死亡是必然的，但不是可怕的，可怕的是我们在死亡的时候给世间留下的是清气还是浊气。

如果人能够知晓，自己生平的德性和功业、思想不是随着肉体死亡而消灭，而是汇入人类共同体的洪流而获得不朽，那么他便会对自己的生命，包括肉体和精神生命，进行重新审视与重视。珍惜自己得之不易的身体，利用这有限的生命，活出自己的精彩，以共同汇成人类共同体的生生不息、灿烂辉煌。

人生不是要通过消费和享乐来逃避死亡，也不是通过盲目的崇拜来超越死亡，更不是通过自杀来屈服于死亡。真的勇士，乃是敢于直面死亡这一不可改变的事实，利用自己有限的生命，绽放出绚丽的光彩。看萤火虫，尽管渺小，却也用尽了全身的力量去发光，照亮这浩瀚的夏日夜幕。我们作为天地之灵的人，又有什么理由不去努力，不去好好利用这有限的生命，超越这有限的生命呢？《周易》说：天行健，君子以自强不息。我辈果真能自强不息，便能合于天德，知生知死，又有何疑惑与困顿萎靡？

十四、中华文化如何树立社会理想信念？

——天下为公、世界大同的社会理想

今日，我们仍能看到一些对生活感到绝望的人，他们对社会现实不满，对未来前途异常恐慌，贬低人世间生活的真实美好，否定人对价值理想、美好社会生活的追求。而在中华文化中，从最开始的大同社会到共产主义理想，两千多年来，这些社会理想信念都积极、正面地引导影响着人们，让人们发现心中的善根，发现未来世界、未来社会之可期，带给人信心和勇气。

1978 年 11 月 18 日，美国“人民圣殿教”教首吉姆·琼斯胁迫其信徒在南美洲圭亚那琼斯镇集体自杀。共有 913 人喝氰化物中毒身亡，其中包括 276 个儿童。那些拒绝自杀的人或被强行灌下氰化物，或被枪杀、勒死，琼斯随即也开枪自尽，整个营地只有 4 人幸免于难。事件震惊世界。

“人民圣殿教”是当时出名的邪教，吉姆·琼斯自称是神的化身，独立组建社区，声称要为民众带来福祉和希望，实际上则剥夺信众财产和人身自由，并最终酿成恶果。除了“人民圣殿教”，还有诸多邪教相关案件。1993 年 4—5 月，美国“大卫教派”成员在得克萨斯州韦科市以东的卡梅尔庄园被联邦调查局出动的军警包围。随后双方开始了长达 1 个月的武装对峙，庄园被攻破后，庄园内的 81 名邪教成员与教主大卫·考雷什一起集体自焚，葬身火海。1994 年 10 月 3—5 日，邪教组织“太阳圣殿教”的 53 名教徒在加拿大和瑞士集体自杀。1997 年 3 月 26 日，美国加利福尼亚州的邪教组织“天堂之门”的 38 名邪教信徒和教主集体自杀。1995 年 5 月 20 日，日本邪教组织“奥姆真理教”信徒在东京地铁释放沙林毒气，造成 12 人死亡，超过 5000 人中毒。

邪教问题是 20 世纪全球的重要问题，它们给世界带来了巨大的灾难，其影响至今仍在持续。除了反人类、反社会、反文明的邪教，同样令人谈之色变的，就是残暴的恐怖分子在各地大行其道，如“伊斯兰国”策划了无数起自杀式袭击，2015 年 5 月，他们在沙特东部制造了两起针对什叶派清真寺的自杀式炸弹袭击，共造成 25 人死亡。2016 年 3 月 25 日，也门政府的部队在亚丁检查站遭遇 3 起汽车炸弹自杀攻击，至少造成 22 人死亡，其中包括 10 名普通百姓。而更残暴的事情，就是斩杀俘虏，并在全球网络进行播放。随着信息技术的发展，恐怖组织凭借各种“暗网”借助互联网平台传播黑暗能量，吸引了世界各地一波又一波的不法之徒进入这个是非之地，以血腥和暴戾为乐。

邪教、恐怖组织，它们对人类的毁伤可谓惨绝人寰。它们还大肆宣扬“末日论”，将我们的时代宣称为“末法时代”，以荒诞邪说传播恐怖、蛊惑人心，制造心理恐慌。它们是反人类、反社会、反文明的代表。它们极端敌视人类、仇视现实，怀着阴暗的心理，贬低人世间生活的真实美好，否定人对现实美好生活的追求。邪教中的不少追随者是一些对生活感到绝望的人和得不到社会帮助的人，他们对社会现实不满，对前途感到渺茫，对未来异常恐惧。而“暗网”和恐怖组织所信奉的则是丛林主义，同时加上暴戾的性情，他们没有任何共情的能力。两者虽然貌似差别很大，但有一个共同的特点，那便是丧失了对于未来美好社会的理想和追求，对生活不抱任何希望。可悲的是，随着网络的发达，这样的情绪正在蔓延。

记得20世纪初，梁漱溟先生的父亲梁济，在投水自杀前问了一个问题：“这个世界会好吗?”20世纪之末，梁漱溟先生在临终前，某种程度上回答了他父亲的问题：这个世界会好的！他的这种希望和自信，就来自于对传统文化的深厚学养和持续的思考。

* * *

理想社会是人类千百年来的梦想，中国古代的理想社会观源远流长，大同社会等观念在我国历史上影响深远，既是无数人的现实追求，又是人们的精神寄托。

有些人认为，中国传统文化，特别是儒家文化里，有一种“退化论”的倾向，即认为一世不如一世，因而具有某种悲剧感。这种理解当然是浅薄和错误的。不错，儒家虽然常常称引“三代”和“先王”，但这种向前古的追溯，恰恰是立足未来。如果能明白这个视角，那么古人所称赞的“大道之行”，就是对于未来社会的理想。《礼记·礼运》记载孔子的话说：

大道之行也，天下为公，选贤与能，讲信修睦。故人不独亲其亲，不独子其子，使老有所终，壮有所用，幼有所长，矜寡孤独废疾者，皆有所养；男有分，女有归；货恶其弃于地也，不必藏于己；力恶其不出于身也，不必为己。是故谋闭而不兴，盗窃乱贼而不作，故外户而不闭。是谓大同。今大道既隐，天下为家，各亲其亲，各子其子，货力为己，大人世及以为礼，域郭沟池以为固，礼义以为纪，以正君臣，以笃父子，以睦兄弟，以和夫妇，以设制度，以立田里，以贤勇知，以功为己，故谋用是作，而兵由此起。禹、汤、文、武、成王、周公由此其选也。……是谓小康。

这里讲了两个社会阶段：一是大同社会，一是小康社会。大同社会是“公天下”的阶段，小康社会则是“家天下”的阶段。所谓“公天下”，即每代统治者权力的交接遵循“传贤”的原则，谁最有德性、有智慧，就把天下交给谁。“家天下”则是传子，即最高权力按照血缘继承原则来传递。在“公天下”的时代，人们实现了某种程度的财富共有。每一个人的努力和奋斗，都是为了整个共同体的繁荣；同时整个共同体的繁荣，也会平均地惠及到每一个人。这里的人们没有机心，没有变诈，也没有战乱。既然没有了私有财产，也就不必偷盗别人的东西，遂出现了“夜不闭户”的局面。“家天下”则不然，每个人都爱自己的孩子和父母，出现了私有财产的观念。人们的奋斗和努力，都是为了使自己的小家庭过得更好。为了防止冲突，人们创设了礼仪和法律来规范社会行为，同时又修筑城墙、召集军队，来防止外敌入侵。需要指出的是，尽管小康社会貌似比大同社会败落了，但它仍然是一个合理有序的社会。人们虽然有私有财产，但彼此基本没有冲突，都在合法的范围内追求财富，在合乎礼法的范围内立身处世，都努力地奋斗着。禹、汤、文王、武王、成王、周公的社会便是如此。

孔子为什么要追述这样一个社会呢？因为他所处的时代，已经连小康社会也不如，是一个“礼坏乐崩”的时代。周平王东迁以后，周天子的权威失坠，没有了统一的号令和节度，诸侯国都竭力扩张自己的势力，相互之间争夺土地与人口。所谓“《春秋》之中，弑君三十六，亡国五十二，诸侯奔走不得保其社稷者不可胜数”。同时，不少统治者荒淫无度，僭用礼乐，人民生活也不堪其苦，孔子感叹“苛政猛于虎也”。正是在这样的背景下，他一直苦苦地追寻：最好的政体是怎样的，最好的社会状态是如何组织的，最好的人类心灵是怎样的境界。通过对古代经典的研究，与弟子们的讨论，以及从政和周游列国的实践，孔子发现，上古存在着一个大同的世界、太平的时代。这个时代既然曾经存在过，就意味着它将来还会再次实现——而且未来的实现更为重要。

除了儒家的孔子，墨家也有对于未来大同社会的想象。墨子的一个宗旨是“尚同”，这里的“同”固然不能直接理解为大同社会，他认为天子的设立是为了民众，而官员的设置是因为天子一个人不能很好地为民众服务，故需要公卿大夫作为帮手。墨子崇尚“义”，但每个人立场不一样，各自有自己的义，如果处于自然状态，往往可能是各执己见，相互攻伐。故他提出“尚同”来保证“义”的实现，也就是共同体的统一。“尚同”的形式，便是要定天子为一尊。这样看来，墨子的“尚同”有强化天子权威的倾向。不过为了节制天子的权力，天子自己还要“上同于天”。墨子希望通过这种制度，来实现一种有序、互惠互利、讲节义、人人皆为他人着想的美好社会。

战国时社会更加混乱，如果说春秋时期仅仅是局限于诸侯国之间小范围的冲突，那么战国时期兼并之惨烈可以说是空前的。大家都听闻过的，长平之战一役，秦国就坑杀了40万赵国士兵，可以说是惨无人道。而普通百姓更是受到非人道的对待，孟子批评当时的时代，“途有饿殍而不知发，狗彘食人食而不知检”。但即便如此，孟子也对未来充满了乐观的精神。他之所以周游列国，就是要劝各国的国君行王道，来一统天下。比如他跟梁惠王、齐宣王都讲过“仁政”，阐发过社会理想。他说：“五亩之宅，树之以桑，五十者可以衣帛矣。鸡豚狗彘之畜，无失其时，七十者可以食肉矣。百亩之田，勿夺其时，数口之家，可以无饥矣。谨庠序之教，申之以孝悌之义，颁白者不负戴于道路矣。七十者衣帛食肉，黎民不饥不寒……”（《孟子·梁惠王上》）文字简短，但涉及方方面面，可谓孟子心中的理想社会。有些人评价孟子是“迂远而阔于事情”，但孟子的政治理想绝对不是盲目乐观，而是提供一种理想的政治模型。事实证明，完全不用孟子学说的秦朝，虽然短时间统一天下，但还是迅速灭亡。孟子的社会理想，是建立在对人类历史的深刻了解之上的。他曾经说："五百年必有王者兴，其间必有名世者。由周而来，七百有余岁矣。以其数，则过矣；以其时考之，则可矣。夫天未欲平治天下也，如欲平治天下，当今之世，舍我其谁也？吾何为不豫哉？"（《孟子·公孙丑下》）孟子的乐观，来自他的自信，而这种自信，则又来自对历史和未来的深刻洞察。

但孔子、孟子对未来的设想，并不是对于古代的恢复。孔子虽然很喜欢周礼，并且常常梦见周公，还说"郁郁乎文哉，吾从周"。但实际上，他对于未来的构想是在损益三代的基础上进行的。他对颜渊讲，将来的天下是要用夏朝的礼法，穿殷商的衣服冠冕，乘周代的车马，用虞舜时代的《韶》乐。这是对以往一切优秀文化的借鉴。同时，孔子对未来制度有自己的创造。他的这种创造，表现在晚年所作的《春秋》之中。虽然孔子自谦，说过自己"述而不作，信而好古"，但《春秋》实则是关于未来社会的一部大法。孟子说孔子作《春秋》，乱臣贼子惧。这部书表面上是褒贬当时的政局，实则是为未来社会创立法度。《春秋》建立了三世进化的理论，即孔子所生活的时代是"乱世"，面对乱世，首先要"拨乱反正"，进入"升平世"。在乱世的时候，每个国家都以自己为中心；到了升平世，则将华夏诸国团结起来，共同抵抗外敌的侵略。这个升平世，大概相当于《礼运》中的小康时代。升平世已经是一个比较美好安定的社会了，但还有一些缺憾。随着人类生产力和社会文明的高度发展，最后要进入"太平世"。太平世是"天下远近大小若一"，这时候甚至没有了种族、国别的分界，实现了人类命运共同体的建构。

虽然秦朝以后，中国进入漫长的专制时期，但孔子的社会理想一直没有被忘记。即使遭逢乱世，中国古代众多文人学者也多以此在自己的内心设计自己的理想世界。比如东晋陶渊明的《桃花源记》，一个渔夫只身划船进入一个山洞，发现一个世外桃源，这里的居民男耕女织，大人小孩均参与劳动，没有赋税和徭役，人们关系淳朴亲切，到处是一片安乐祥和的气氛，与外面的世界隔绝。这是一种自然、健康、快乐的世外生活方式。这种情形让人想起了老子的

“小国寡民”：“甘其食，美其服，安其居，乐其俗。邻国相望，鸡犬之声相闻……”这样的社会，国富民强，百姓吃得香甜，穿得漂亮，住得舒适，过得快乐，国与国之间互相交往，鸡犬的叫声都可以听得见。这样的社会当然在现实世界中并不存在，它过于封闭和与世隔绝了，是一种空想的乌托邦，不过，这种对人类社会、对现实理想生活寄寓的希望和憧憬，作为一种正面的精神寄托，是弥足珍贵的。

理想社会不是空想，它是现实的追求，奋斗的目标。到了近代，特别是行将亡国灭种的危急时刻，遇到了两千年未有之大变局，一批有志的中国人又重新受“大同”“太平”的理想所激荡，去为中华民族和中国人民寻求出路。洪秀全等提出了建立“太平天国”的理想，康有为则写出了《大同书》，孙中山也重提“天下为公”的理念，但是他们还没有找出具体的、正确的道路。康有为的“大同”比古代儒家的想法更为激进，他不仅提倡男女平等，还进一步否定了国家、种族的区别，这只能视为一种空想，所以后来也没能实现。

就在先进的中国人苦苦追寻中国之出路的时候，俄国爆发了十月革命，这时，一部分人将目光投向了俄国，投向了马克思主义。相比于西方形形色色的资本主义社会制度，李大钊等人发现，没有一种设想比马克思主义的社会理想更远大、又更具有可行性。马克思、恩格斯在《德意志意识形态》里这样描述共产主义社会：“在共产主义社会里，任何人都没有特定的活动范围，每个人都可以在任何部门内发展，社会调节着整个生产，因而使我有可能随我自己的心愿今天干这事，明天干那事，上午打猎，下午捕鱼，傍晚从事畜牧，晚饭后从事批判，但并不因此就使我成为一个猎人、渔夫、牧人或批判者。”《共产党宣言》也说道：“代替那存在着阶级和阶级对立的资产阶级旧社会的，将是这样一个联合体，在那里，每个人的自由发展是一切人的自由发展的条件。”可以回想当年李大钊、陈独秀、毛泽东这些豪杰之士、觉解之人，读到这时该是多么激动。也正因如此，此后各地建立了共产主义小组，最后建立中国共产党，中国的未来展现出了曙光。

马克思主义是正确而科学的理论，但我们也需要思考这样一个问题：这样一个正确的理论，为何在西方经过一系列工人运动之后，现在日趋沉寂；反而在东方，特别是在中国，不仅绽放出了理论之花，而且结出了实实在在的实践之果，使中华民族摆脱了半殖民地半封建社会，建立了中华人民共和国呢？这与我们半殖民地半封建社会的情况有关系，由于没有经历过大工业化，可以率先动员已有的工人阶级以及农民结成同盟军，先打倒帝国主义、封建主义和官僚资本主义，实现建国，再通过国家意志，有步骤、有计划、稳健地动员工农群众，一起实现社会主义的现代化。这样一个构想，体现了马克思主义的普遍真理与中国具体国情相结合。

除了这些根本原因，笔者认为还有一个影响因素不能忽略：那就是我们的传统文化里面对于未来大同社会、太平盛世的理想。与西方以一神教为背景的状况不同，我们非常注重“此岸”世界。严格来讲，西方宗教是将人类最美好的社会设定在“彼岸”的，现实世界总是有缺陷，无法实现。于是他们接受这种不完美，采取一些妥协的办法，惶惶度日。但中国传统文化讲大同、讲小康、讲太平，都是先追溯历史——这是为了说明，这些理想社会在过去曾经存在过，那么未来它也一定会到来。就是在这个世俗的世界成为现实，而不是什么别的世界。虽然道路仍然漫长，但既然有目标，一代又一代人坚定不移地走下去，就一定能到达。李大钊、毛泽东之前，如洪秀全、康有为、孙中山等人，都是被这个目标所激励，倾尽一生力气奋斗。只不过他们没有找对方法，没有有力的理论武器，这个目标也不十分清晰。李大钊要去学习马克思主义，最初也是为这种理想、情怀所驱动——当他接触、学习过后才发现，原来中华民族一直苦苦追求的大同，竟然可以通过马克思主义来实现。这种思想和情结的结合，是其他国家所不具备的。

遥想十年内战以及抗日战争，多少革命先辈抛头颅、洒热血。有些人出身于富贵家庭，也加入了中国共产党。他们当然不是为了荣华富贵，而是为了崇高的理想。监狱里条件不可谓不苦，敌人的刑罚痛入骨髓，他们为何还能坚持？当然是因为崇高的理想。方志敏《可爱的中国》，言犹在耳：“我们相信，中国一定有个可赞美的光明前途。……到那时，到处都是活跃的创造，到处都是日新月异的进步，欢歌将代替了悲叹，笑脸将代替了哭脸，富裕将代替了贫穷，康健将代替了疾病，智慧将代替了愚昧，友爱将代替了仇恨，生之快乐将代替了死之忧伤，明媚的花园将代替了暗淡的荒地！这时，我们民族就可以无愧色地立在人类的面前，而生育我们的母亲，也会最美丽地装饰起来，与世界上各位母亲平等地携手了。”我们现在或可告诉他：你所理想的，我们已经实现了；而你藏在心中的更高远的理想，我们也即将实现。

习近平总书记在党的十九大报告中曾引《礼运》的话，指出：“大道之行，天下为公。站立在九百六十多万平方公里的广袤土地上，吸吮着五千多年中华民族漫长奋斗积累的文化养分，拥有十三亿多中国人民聚合的磅礴之力，我们走中国特色社会主义道路，具有无比广阔的时代舞台，具有无比深厚的历史底蕴，具有无比强大的前进定力。”这是对理想、信念最集中有力的表述，既是中华民族的梦想，也是中国共产党人的梦想，当然也与世界人们的梦想相通。

* * *

作为一种极端，邪教组织、恐怖组织让我们看到，其成员对生活和未来充满绝望，没有理想，没有希望，反社会、反人类、反文明，而在血腥与刺激的追求中，给世界带来恐慌。而对一般人来说，价值虚无也是一种普遍现象，缺乏对社会理想和人类未来的信心，让他们追求刺激，铤而走险，危害自身，也游走在危害社会的边缘。

在中华文化中，从最开始的大同社会、小康社会、太平治世的设计，到个人精神世界的“小国寡民”和“世外桃源”，再到近代中国共产党人提出的共产主义社会理想，大到天下国家，小则修身立德，两千多年来，不管在现实政治实践中，还是在人的内心世界中，它们都是积极地、正面地、温情地引导、鼓励、影响、感动人们，让人们发现心中的善根，发现未来之可期。它们都作为一种正面的力量，引导着人们的生存。

儒学的大同社会出于对中国古代社会的赞美，表达了儒学对现实社会“礼崩乐坏”的批判。而马克思的社会理想则从欧洲传统的空想社会主义而来，从社会主义到共产主义，是以社会生产形态为主要判断的理想社会。两者都有共同的人文主义批判性。马克思批判了资本主义“理想王国”，在这种批判中又都有人文主义的社会理想蓝图。他们的人文理想社会立足于现实，立足于人类社会，解构世界文明中影响巨大的宗教模式，无论是基督教世界末日论，还是天堂天国等宗教图式都面临这种人文主义理想社会的挑战。马克思主义和中国传统文化中的世界大同与理想社会的共通之处——人文主义精神与习近平总书记提出的“人类命运共同体”观念深刻关联。

在中国人的精神世界里，中华民族的伟大复兴，中华民族的社会理想，一定是与天下、与世界人民的幸福和梦想联系在一起的。人类同在一个地球，同呼吸，共命运。宋代的张载，就提出了“民吾同胞，物吾与也”的思想，王阳明也说“大人者，以天下万物为一体者也，其视天下犹一家，中国犹一人焉”。我们的社会理想，愿意与其他国家和民族共同分享。中国作为负责任的大国，有世界担当精神的大国，对于其他地区的战乱、动荡也怀着一份责任感。其实，这些地方的动荡、战乱，欲得到解决，大概还是要借鉴一下中华文化的模式。因为我们社会理想的实现，民族的复兴，从来不以攫取别国的资源、牺牲别国的福祉、霸凌小国、欺压周边为代价。《春秋》所设想的太平社会是“天下远近大小若一”，用现在的语言来说，就是全球人类命运的共同体。

只有相信未来社会会越来越好，人们才会努力地、稳健地活在当下。同时，也只有具备远大的理想信念，当下的脚步才不会踏错，才不会南辕北辙。世界上的各个国家，都应该有自己发展的一个近期理想，比如说增进百姓的福祉，实现政治的公正公平公开等；同时也要有一个远大的理想，即人类命运共用体的构建。这样的世界，才是有希望的世界、欣欣向荣的世界。

十五、中华文化如何面对世界的剧烈变化？

——革故鼎新、与时俱进的创新活力

生物技术和人工智能飞速发展，全球网络化、信息化、大数据化……可以说，21世纪人类面对着难以想象的各种变化，而这些变化的激烈程度，甚至可能远超过之前的几个世纪。而两千多年来，面对世界沧桑巨变，世易时移，唯有中华文明保持着极强的连贯性和统一性，革故鼎新、与时俱进，葆有鲜活的生命力，如《周易》中强调的“时”的观念，中华文化中面对变易的智慧，或可为人类如何面对今日世界的迅猛变化提供启示。

21世纪是一个崭新的世纪。这个世纪虽然仅仅过去十余年，但呈现出与此前几个世纪巨大的不同和剧烈的变动。新世纪开篇的标志性事件，是“9·11”恐怖袭击和全球金融危机，这两件具有全球性意义的事件，昭示着21世纪将是一个充满变动和不确定性的世纪。通过对比观察过去的十几年，似乎此前几个世纪都呈现出一种不断变动的态势。

自16世纪开始，西欧摆脱封建主义后，资本主义在英国率先出现，它释放出巨大的生产力，创制了新的生产关系、政治制度，进而通过资本逻辑和政治军事的强大力量影响全球，于是整个世界开始进入全球化时代。全球化是过去几个世纪人类的最大成就，它的范围涉及政治、经济、社会、科技、文化、军事等各个方面。在20世纪，两次世界大战昭示着世界各国已经前所未有地联系在一起，冷战中两大阵营的对垒与第三世界的兴起则意味着这个世界上的任何一个国家都无法逃脱于全球化的力量，而经过东欧剧变之后，社会主义运动在全球陷入低潮，资本主义在全球范围内看上去已经再无威胁力量，以美国为首构建的世界政治、经济秩序似乎已经成为稳固无比的世界结构。但就在进入21世纪后，“9·11”事件和全球金融危机便爆发了，它们揭穿了过去几个世纪形成的世界秩序的虚假性和资本主义繁荣的脆弱性。此后，各地区、各种族、各文明间的冲突与对话，不断地在拉锯中改变着这个世界。而人们一般认为，目前的“全球化”已经改变成为“全球在地化”了，也就是说，地方主义、特殊主义在全球的影响日益增大。最近几年来世界上的很多情形，正在印证着这一认知：英国的苏格兰独立公投，英国脱离欧盟的成功，德法难民政策的两难，特朗普的美国保护主义等。不必论及全球恐怖主义、极端主义的延续，只看传统资本主义强国这几年发生的新状况即可发现，这个世界在21世纪后确实进入了与此前几个世纪情况很大不同的境况。

21世纪的剧烈变化，除了政治上的“全球在地化”，还有很多方面发生了远超出人们想象的变化。生物技术的快速发展，使得人类甚至在一定程度上可以扮演God（上帝）的角色，可以对生命的创造和改变施以巨大而难以预料的影响；人工智能的飞速进展，则在挑战着人类作为万物之灵的地位，人类已经感受到人工智能的极大便利以及其中可能蕴含的巨大祸患；金融化的经济运行模式，在日益扩大消费和增大经济规模的同时，也在削弱着传统的经济产业基础，这其中的隐忧令人战栗；全球的网络化、信息化、大数据化等，正在深刻而迅猛地改变着人们的生活方式与思考方式，人的自我更新能力变得日益重要；等等。可以说，21世纪的人类面对着难以想象的各种变化，而这些变化的激烈程度，甚至可能远超过之前的几个世纪。所以，人类到了一个必须更新自己的时代，因而有很多学者开始深入思考应如何定位21世纪：中国一些学者提出了“新轴心时代”的说法，西方一些学者提出人类已经进入了全新的具有生物学和考古学意义的“人类世”。那么，面对这样一个世纪，中华文化又能为全球提供什么有益的资源呢？

* * *

两千多年来，世界沧桑巨变，中国朝代更迭，世易时移，然而对比世界其他文明，唯有中华文明保持着极强的连贯性和统一性。中华文明为什么具有如此生命力，维系着自己的文明而不断绝，原因就在于中华文化面对变化的智慧。

中华文化中有很多思想内容可以为我们面对当今这个不断变化的时代提供有益资源，而其中重要的代表是《周易》。《周易》号称六经之首、大道之源，它深刻影响了中国人的思维方式，很多格言名句更是成为中国人视听言动的法则，而《周易》最深刻的智慧就是关于如何面对变动不居的世界的。以下我们具体来看其中最有启发性的几个方面的内容。

《周易》讲："凡益之道，与时偕行。""时"是《周易》中极为重要的哲学观念，在《周易》中虽只有一处，但其实六十四卦的每一卦，都表达着某种特殊的"卦时"。所以《周易》事实上就是通过理解"卦时"来"知时"，然后据此"守时""与时偕行""适时之变"，以达到"元亨利贞"的通达状态。

《易传》提到了三次"与时偕行"，其中两处是在《损》卦和《益》卦的《象传》中。这表明，理解"损益之道"对于理解《周易》对"时"的认识非常重要，因为，"易"就是天道的损益，所以损益之道也就是"变易"之道。根据《周易》的理解，人要想好好生活的话，就必须了解变易的道理，因为天地间的万物无时无刻不在变化，唯有变是永恒的。因此，我们要想让自己有所增益，应对世界的变化，就要了解变易之理。而变易的关键在于"时"，即要想增益自身就必须学会观察时机、把握时机、按时机办事。

首先要待时而行。事物在开始阶段，情况是微妙不明的，这就需要"守时"，待时而行，不能妄行。其次还要中正而行。《周易》特别重视六爻的变化，认为每爻都象征一个时刻，而第二、第五爻是最好的，因为他们处在上下的中间，是"中正当位"，也即做事情要力求做到当其中位、恰到好处。当位其实也就是当时，因为"时止则止、时行则行、动静不失时"，即与时偕行，该进则进、该停则停、该退则退。最后还要做到趋时变通。因为时机并不是固定的，事物也是始终在变化的，所以不能固定执着于某一个时刻，而要跟得上变化，要按照时机的改变而改变，不要拘泥或执着。比如《周易》的乾卦，从下往上六爻的爻辞依次是"潜龙勿用""见龙在田，利见大人""君子终日乾乾，夕惕若厉，无咎""或跃在渊，无咎""飞龙在天，利见大人""亢龙有悔"，这六爻看似在写龙，其实是写人处在不同情境中所应秉持的态度：潜藏、无名的时候，应当坚守信念；得到了上升的可能，这时候要把握住机会；在继续上升的过程中，要谨慎小心、不骄不躁，稳步努力提升自己；再往上升的时候可能又会有好的时机，这时候要牢牢把握；在到达顶峰的时候，要努力以德配位；如果不知道谦逊自处、恭敬处事，则必然招致令自己后悔不已的事情。

从某种角度来看，似乎"与时偕行"就是人纯粹消极地按照时机办事，可如果深究的话，其实不然，因为对“时”的发现和把握，恰恰是需要人积极、主观、能动地进行。而且，当人能“与时偕行”的时候，方是把握住事物变化的根本与趋势，从而不会被事物所制，这才是真正的积极与主动。这在《周易》看来，叫作顺天应人，即占据有利的先机，从而可以采取有效的方法因时制宜、因势利导，引导事态朝正确的方向发展。可见，“与时偕行”正是个人能动性的充分体现，只不过其体现的是个体与天道的融为一体，而不是逆天而行。也正因为顺天、顺时，“与时偕行”才能让人有所增益。

正是在这个思想的基础上，《周易》强调人要能跟随变化而变化：“穷则变，变则通，通则久。”如前所述，《周易》的核心是变易，即“时”的精神。所以《易传》说：“变通者，趋时者也。”任何一个事物当其长时间存在后，都会产生这样那样的问题，而时间越长，问题可能就越大。这时候事物要想继续存在，就必须进行改变，让自己得到更新，去除不适合新时期的因素，而建立新的因素。这样，事物就能在新的时期中继续存在，而获得更长久的生存。这个道理，对小到机械零件、大到国家社会，都是有效的。不过在历史上却常常被人们所轻视或忽略，因为人总是安于现状，习惯于在既成之中安逸地过日子。却不知道，这种安逸会让自己被时代甩掉，从而被历史的车轮抛弃乃至碾碎。而对一个国家来讲更是如此。国内的情形在变，国际的形势也在变，所以一个国家的方针政策必须要根据形势的变化而变化，该改革的就一定得改革，不可因循守旧。不然，国家的发展就会停滞，甚至给民众带来灾害，国家与社会也会面临崩解的巨大危险。因此，历朝历代的改革家大多为后世人们所钦佩，因为他们把握住了时代的脉搏，为国家与社会适应新时代的发展，作出了巨大的贡献，周公、王安石、张居正等，都是如此。

近代以来，许多政治家、思想家面对古今中西这一数千年未有之大变局，也将《周易》的“时”的精神发扬光大，如康有为、章太炎、孙中山等，尤其以梁启超为代表。梁启超在《变法通义》中指出：天地间一切事物“莫不变”，天地万物、人类社会都处在变化之中，人类社会的制度规范也因此必须随着时代的变化而变化。这是“古今之公理”，是历史发展的必然趋势。他痛斥顽固派“祖宗之法不可变”的谬论，而依据《周易》指出：“穷则变，变则通，通则久”，认为中国只有通过变法维新，才能变得强大。他还从当时清朝岌岌可危的形势，警告清政府：“变亦变，不变亦变”，变法是世界大势，非人力所能抗拒和排斥。因此，清政府应掌握变法维新的主动权，“博效各国民族所以自立之道，汇择其长者而取之”，把中国导向现代化的发展道路，如此才能“立于此优胜劣败之世界”。而不变法则只有亡国灭种，后果将不堪设想。为此，他提出了君主立宪、设立议院、兴民权等政治变革主张。无奈，以慈禧为代表的顽固分子打断了百日维新的进程，结果清朝也最终被推翻。当然，顺应大势，中国最终还是走上了梁启超所说的变法的道路，而这个改变的方式和力度甚至比他所预计的还要激烈得多。这再次正验证了《周易》的古老智慧：“穷则变，变则通，通则久。”

《周易》对于顺天应人是非常推崇的：“天地革而四时成，汤武革命，顺乎天而应乎人。”人世的革故鼎新符合天道的变化，这当然也是一种天人合一的观念，而体现在具体的政治和历史领域。因为天地的不断变化，造成了四季是相互推移而变的；而人道与此相应，因此也是不断变化的，即人类的政治、社会、历史也是要推移而变的。这是用天地变化的正当性论证了人世新旧更迭的正义性，尤其是为变革旧时代提供了政治上的正当性。在《周易》看来，商汤、周武王的革命即天道变化的原则落实在了人间的顺天应人的行为上，这就是政治上、历史上的巨大变革中所蕴含并符合的天人合一原则。

因此，不仅个人在具体细致的事情上需要“与时偕行”，而且在政治、历史上做出重大抉择时，也应当做到“顺天应人”、勇于改变。即我们应站在时代的前沿，做符合历史发展、民心民意的事情，这就是按照天道变化的原则办事，就是天人合一了。这与我们一般认为的古人好讲天尊地卑看似不同，但其本质一致。因为天尊地卑说的是时代没有变化时的稳定的状态；而汤武革命、顺天应人，则是说时代改变时的变化的状态。所以，这两者都是天人合一，都是按照顺应天道、与时偕行的原则办事，即该变革的时候变革，该稳定的时候稳定。

对于天地之道，《周易》还认为：“生生之谓易。”《周易》顾名思义，讲的是普遍的、变易的道理，这是作为一部卜筮之书的《周易》的最高哲学意义。在儒家看来，这种变易中的规律，还体现着一种永恒的精神，这种精神才是

《周易》的真正核心和最高价值，这就是“生生不息”。《周易》的作者认为，“易”就是“生”，“生生”是一个连续不断的生成过程，没有一刻停息。生命并不是由一个外在的至上神来创造的，而是由生命本身不断地生成、不断地创造的，天地与万物就是这样运行的。所以《周易》所讲的普遍变易的根本的精神就在于生命的生生不息，这可以说是《周易》的价值观点——生命的观点。

《周易》的作者还用宇宙的生化过程解释了《周易》之卦、爻的衍生：宇宙从混沌未分的“太极”发生出来，而后分出“阴”“阳”，再由阴阳分化出“太阴”“太阳”“少阴”“少阳”四象，四象又分化为八卦“乾、坤、震、巽、坎、离、艮、兑”，而这八卦就代表着天、地、雷、风、水、火、山、泽八种基本的自然存在物，继而又由八卦再分出六十四卦。分化到六十四卦，宇宙万物的生成仍未结束，仍在继续发展，因为六十四卦最后一卦是“未济”——未完成，这说明事物在看似终结之后其实又在不断进行新的开始。这表示，天地万物是一个生生不息的大化流行的过程。

因此，《周易》的一个重要精神就是生生不息、大化流行，这既是天道，也是人道。这一点为传统中国的诸多学者所认可，如程颢说：“万物之生意最可观，此元者善之长也，斯所谓仁也”；程颐说：“生生之谓易，是天之所以为道也。天只是以生为道，继此生理者，即是善也”；王阳明说：“太极生生之理，妙用无息，而常体不易”，“仁是造化生生不息之理，虽弥漫周遍，无处不是，然其流行发生，亦只有个渐，所以生生不息”；王夫之说：“天地之德不易，而天地之化日新”。这些看法都是在说，宇宙变化不穷，而其实质是一个天地万物生生不息的大化流行过程，这个过程体现的精神或者说原理，就是生——生命的繁衍不息、变化不止，即生命的价值观。

这个生生不息的大化之流也正是上文所讲的那个变动不止的世界，两者是一而二、二而一的。因此，生存在这个生生而变易的世界中的我们，要顺随之而与时偕行、自我迁化，切忌抱残守缺、胶柱鼓瑟。

* * *

通过了解《周易》的精神，我们可以发现，中华传统文化中有丰富的面对变化世界的资源。近代以来，中国人面对数千年未有之大变局，虽然有一些进退失据，但是总体来说，我们仅仅用一百五六十年的时间就在很大程度上完成了西方用四五百年才完成的近代化、现代化历程。这其中当然有后发优势等诸多因素在，但也不得不承认，在后发的众多国家中，中国作为历史负担最沉重、人口与经济压力最大、民族与宗教等问题最复杂的国家，以这仅有的一百多年的时间，艰苦卓绝地完成了现代化探索与建设，是值得大书特书的。

改革开放以来，中国解放思想、解放生产力，更是使我们在现代化的进程中产生了飞跃。这与我们文化中所具有的众多革故鼎新、与时俱进的思想资源深刻有关。因此，在面对 21 世纪这个变化日益激烈的世纪时，我们更有必要借鉴和吸收传统思想文化，为我们在新时期的发展与建设提供思想与文化的基础与资源。事实上，党和政府近年来对此有清醒意识，“五大发展理念”正是吸取传统文化形成的，对适应和引领时代发展具有重要意义。习近平更强调，在“五大发展理念”中，创新发展理念是方向、是钥匙，要瞄准世界科技前沿，全面提升自主创新能力，力争在基础科技领域作出大的创新、在关键核心技术领域取得大的突破。同时，创新发展居于首要位置，是引领发展的第一动力。

“与时偕行”的观念提示我们，应当深入思考这个时代的总趋势与阶段性特点：一方面，现阶段确实是“全球在地化”日益强烈的时代，地方性、特殊性的因素将可能在未来一段时间内占据政治、经济生活中的重要地位，因此我们必须做好应对各种地方保护主义与一定程度的文明冲突的准备；另一方面，从根本上来说，人类对科技、经济、文化发展的需要，使得全球化仍将是发展的最大趋势，即人类仍将通过现阶段的“在地化”而实现更深层次的全球化，所以我们仍需认定全球化的总趋势。在这种认识中，我们可以将总趋势和阶段性恰当地整合起来，面对各种各样的问题，做到因势利导、与时俱进。

事实上，21世纪虽然变化剧烈甚至激进，但其中的核心还是“生生不息”的生命的发展与完善。如在科学技术方面，人工智能的设计之初衷乃为人类从苦闷的工作中解放，生物技术的突飞猛进乃是为治疗人类的疾病，当然，如同所有科技都有其不可控制的一面一样，这些好的出发点也可能带来不可预测的后果，但只要我们始终坚持生命第一的原则，终究是可以找到出路的。又如在政治意识方面，现今各种新兴思潮与运动涌起，如近年来在全球兴发的“Me Too”运动，虽然其中有一些负面因素存在，但总体来说，它促进了对女性权益的更深层次的保护，将男女平等发展到一个更高的阶段，它是对平等这一共同价值的进一步完善。因此，只要我们在这个时代中始终坚持“生生不息”的以生命为第一价值的观点，就不会犯根本性的错误。

总之，《周易》为我们提供的“与时偕行”的做事原则与“生生不息”的生命观点，是我们面对这个剧烈变化时代的重要资源，只要我们深刻理解其中的智慧，按照它去观察时代、找到底线、选择路径、进行发展，就大体不会出错，未来就终究是可以期待的。

十六、中华文化如何应对全球性贫困问题？

——集思广益、博施众利的慈善观念

贫困是整个人类的伤痕，世界很多地区的居民仍在贫困线上挣扎。中国作为一个充满温情与爱的国度，慈善观念古已有之，慈善思想源远流长。改革开放以来，面对积贫积弱的国家，党和政府博施众利、集思广益，向贫困宣战，走出了一条具有中国特色的减贫道路——中国式扶贫，创造了人类减贫史上的中国奇迹，也为国际减贫事业提出了中国方案，贡献了中国智慧。

1993年，《纽约时报》刊登了一张纪实照片《饥饿的苏丹》，引起全世界震动。照片上，一个瘦得皮包骨头的小女孩蜷缩着趴在地上，被身后不远处的一只大秃鹰贪婪地盯着，随时都有可能成为这只猛禽的猎物。照片真实地反映了20世纪90年代初饱受战乱和饥荒侵扰的苏丹，然而，这也是长期以来非洲大部分地区的缩影。

2016年全球饥饿指数显示，2000年以来，发展中国家的饥饿水平整体已下降29%，但国家和地区之间降低饥饿水平的进程仍存在着巨大的差距。50个国家的饥饿状况依旧十分严峻，贫困问题乃是世界性难题，尽管各国和国际组织正在努力推动减贫，全球消除贫困工作仍然任重道远。2008年，世界银行统计了全球75个国家的贫困数据，认为75个国家的中位贫困线为每天2美元，15个最不发达国家的贫困线的均值为每天1.25美元，其余60个国家的中位数为每天2.5美元。2012年，世界银行数据显示，发展中国家每天的消费低于1.25美元的贫困人口约为12.9亿，占世界人口总数的22%。南亚地区贫困人口数量庞大，达到5.7亿，撒哈拉以南的广大非洲地区贫困人口高达3.9亿，这是全球脱贫任务最为艰巨的两大区域。在这些地方，人们的健康情况恶劣，教育落后，生活物资匮乏，甚至挣扎在饥饿的生死线上，长期得不到改善。

《2014年联合国千年发展目标报告》显示，全球极度贫困人口相比之前，已减少了一半，这主要归功于中国。中国极端贫困人口比例，从1990年的60%下降到2010年的12%。也就是说，南亚和非洲地区未达到减贫目标，脱贫速度缓慢。联合国秘书长潘基文在纽约发布该报告时指出，千年发展目标里把世界从极端贫困中解放出来的承诺，只是在统计学上实现了。虽然报告反映全球上小学的孩子比以往任何时候都多，5岁以下儿童死亡数量已由1990年的1260万下降到2012年的660万，但在环保、经济和男女平等方面，情况更加恶劣——全球森林和生态多样性正以惊人的速度被破坏，有些地区的环境正在恶化——全球二氧化碳排放量在1990年至2013年增加了50%以上，7.48亿人没有干净的饮用水。

贫困是整个人类的伤痕。1987年10月17日，10万多人聚集在《世界人权宣言》的签署地巴黎特罗卡德罗广场，称贫困是对人权的侵犯，呼呼致力于保护贫困人群的人权。1992年12月22日，第47届联合国大会决定将每年的10月17日确定为"国际消除贫困日"，以此来引起人们对贫困问题的重视，推动全球消除贫困工作。1995年3月，联合国社会发展世界首脑会议确定1996年为"国际消除贫困年"；同年12月，联合国大会将1997年至2006年确定为第一个"国际消除贫困十年"。2000年9月，世界各国领导人在联合国千年首脑会议上就消除贫穷、饥饿等，商定出一套有时限的指标，提出消灭极端贫穷和饥饿等八项目标，由于贫困是世界各国不同程度存在的普遍问题，故而引起全球致力于克服贫困人士的参与，展现出人类社会特有的互助精神。

应该注意的是，正如上面提到的，全球贫困人口减少，中国贡献了巨大的力量。到2017年，中国农村贫困人口减少了7.4亿人，党的十八大以来的五年，中国的贫困规模更是大幅缩小，全国农村贫困人口累计减少6853万人。而无论是中国在当前的反贫困斗争中所取得的成绩，还是在漫长扶危济困的历史中，中华文明都有比较丰富的思想理念和历史实践，展现出集思广益、博施众利的精神风貌。

* * *

中国是一个充满温情与爱的国度，慈善观念古已有之，慈善思想源远流长。对于社会中的贫困人群、贫困现象，中华传统文化中很早就形成了仁者爱人、乐善好施的观念，而好的管理者与士人无不对生活困难的个体报以同情，对生活处境艰难的人群实行仁政，注重从社会政策整体解决老百姓的生活问题。

慈善的概念，在中国先秦时期就已经出现。《国语・吴语》有言“老其老，慈其幼，长其孤”，《老子》说：“我有三宝，持而保之。一曰慈，二曰俭，三曰不敢为天下先”。慈，意即“爱”，汉代《说文解字》解释：“慈，爱也”，唐代孔颖达云：“慈者爱，出于心，恩被于业”；又曰：“慈为爱之深也”。“善”，意即吉祥、美好、和善，后引申为和善、亲善、友好。“慈善”二字合用，则是仁慈、善良、富于同情心的意思，《北史・崔光传》载“光宽和慈善”，在“慈善”意义上的敬老爱幼、扶贫帮困已成为百姓约定俗成的一种道德规范。而包括救济、救助、赈灾、扶贫等在内的慈善活动，也是古已有之。

中国传统的慈善思想是建立在“仁爱”思想上的人本主义和人道主义。作为记载和反映中国夏商政治文化的重要典籍《尚书》，很早就有“克宽克仁”的认识，提倡对待民众宽容仁爱，而“仁”和成为“仁者”正是中国一直以来最为重要的价值诉求和核心人格。生活在春秋末期的伟大思想家孔子曾多次从各方面阐述“仁”的思想，如当弟子樊迟问他什么是“仁”的时候，孔子回答说“仁”就是“爱人”，仁的核心精神是“爱”，其对象是包括富贵贫贱者在内的所有人。孟子将这种仁爱的精神，归为“人性本善”，他说“仁，人心也”。孟子为人类的“善”找到了人性的根据，做了价值上的安顿。

《论语・雍也》中有一段孔子和学生子贡的重要对话：“子贡曰：‘如有博施于民而能济众，何如？可谓仁乎？’子曰：‘何事于仁，必也圣乎！尧、舜其犹病诸！夫仁者，己欲立而立人，己欲达而达人。能近取譬，可谓仁之方也已。’”这段话的意思是，子贡问老师说，如果一个人能够做到广泛地给百姓好处，并且能够接济、帮助大众的生活，是不是就可以称得上“仁”了，达到“仁”的标准了。孔子不仅肯定了学生的认识，还进一步说这不仅仅是仁道，简直可以说是圣德了，连尧舜这样的圣人也很难做到。那么什么是“仁”？就是能够安立自己，同时也能安立他人；自己通达，同时也能通达他人。仁的行为和标准并不远离任何一个人，只要从身边着手、从小事做起，就可以说是抓住了践行“仁”、实现“仁”的方法了。

这一段简短的话提出了“博施济众”和“已欲立而立人，己欲达而达人”两个流传后世影响千年的重要观念。孔子和学生的对话本身，也展现了丰富的精神内涵，为我们清晰理解“博施济众”观念和持续千百年的慈善传统提供很好的基础。首先，子贡应该可以说是当时比较成功的商人，在孔子的弟子中属于比较富裕的，故而他有能力也愿意去接济民众或者给予恩惠，“仁”也始终是子贡崇尚的标准和追求的目标。其次，在孔子看来，子贡对“仁”的理解可能是有所偏差的，仁者自身能够安立、通达，在此基础上，才能够安立他人、通达世情，换句话说，就是完成内在、自身修养的情况下，帮助他人，成己成人。孔子所列举的尧舜两个人，都是“圣之时者”，理想的圣王。孔子说尧舜尚可能做不到“博施济众”，一方面是肯定学生，一方面是提醒子贡“博施济众”是很难达到的理想境界。

最后，孔子接着说的“已欲立而立人，已欲达而达人。能近取譬，可谓仁之方也”，一则是解释“仁”的意涵，一则是告诉子贡，要切实行仁，由“仁者”踏实的一言一行，达到“圣者”的“博施济众”。清代儒者朱柏庐曾写了流传非常广泛的《朱子治家格言》，其对“博施济众”有着很好的说明：行善积德有着一定的顺序。首先，要从身边的宗族、亲戚、邻居开始，对其中贫穷乏用、孤独困苦的人，根据自己的力量予以周济。有些人能够广行施与，但是不肯给生活困难的亲戚一衣一饭，仍然是倒行逆施；其次，不仅要接济处于穷厄中的朋友，对平常没有往来的人也应该予以赈济、帮助。积德行善、救人于难的方式很多，并不局限于仗义疏财，“有不须费财者，如任奔走，效口舌，解人厄，急人病，周旋人患难，不过劳已之力，更何容吝？又有不费财，并不劳力者，如隐人之过，成人之善，又如启蛰不杀，方长不折，步步可积。但存一积德之心，则无往而不积矣。”朱柏庐的话，可以说十分精到地阐释了孔子所说的“博施济众”“已立立人，已达达人”和“能近取譬”的要义，并且在日常生活的实际、做事的具体方式上有了更方便可行的指导。

作为积极入世的儒家，从孔孟开始，“仁爱”思想成为古代慈善观念的基础，也成为历代统治者实施慈善救济的思想渊源。而除此之外，如中国道家和佛教，也深刻影响了人们的伦理标准和行为标准，是中国古代慈善事业发展过程中的重要思想源头。老子说，“我有三宝，持而保之，一曰慈，二曰俭……”“慈”就是慈爱、慈善，以慈爱之心利益天下众生。老子还说，“天道无亲，常与善人”，在老子看来，道虽不可名状，却可以惩恶扬善，使善人得福，因此，人应该遵守道的律令，人人向善，善待苍生。道教的《太平经》在此基础上发展了“善恶报应”理论，提出了“承负说”，说的就是每个人的善恶行为都会对其后代有所影响，其中指出：如果自身能行大善、积大德，就可避免祖先的余殃，并为后代子孙造福；如果从恶不改，神灵将依据其行为赏善罚恶。这虽有迷信色彩，但对慈善观念用心至深，也深刻影响了中国。

此外，佛教在弘扬精神解脱的时候，也有劝善化俗的意味。佛教的慈悲观、因缘业报和行善方式都对我国慈善事业的发展起了很大作用。慈悲观是佛教的核心要义，佛教中，“慈”是指纯粹的友爱之情，“悲”为同情哀矜之意。佛教要求人以慈悲为怀，以慈爱之心给予他人幸福，以怜悯之心祛除他人痛苦。基于“不忍众生苦”的思想，佛教强调“弘法是家务，立生是事业”，施行“与乐、拔苦”的义举，为众生造福田，以“慈悲喜舍”善待众生，告诫世人发慈悲愿生救世心，多行善举。佛教也有独特的行善方式，如“修福田”“布施”，福田，就是指行善犹如农民在田播种，行善布施撒下利人的种子，好比有秋收之利，能受福报于后，这是佛教对后世最有影响力的内容之一，对于利于他人的公共福利事业，有突出贡献。

在慈善形式方面，集思广益，发动官方、民间、组织与个人等形式的慈善事业，是中国慈善历史的特点。战国时期墨家学派著作《墨子·尚同》言：“助之视听者众，则其所闻见者远矣。助之言谈者众，则其德音之所扶循者博矣。助之思虑者众，则其谋度速得矣。助之动作者众，则其举事速成矣。”意思是说，帮助他视听的人多了，那么他的所见所闻就开阔；帮助他交流的人多了，那么他的善言所能安抚的区域也就广阔了；帮助他思考的人多了，那么他的谋划与忖度就能很快地实现；帮助他行动的人多了，那么他的事业就能很快成功。正如中国的一句俗语，说“三个臭皮匠，顶个诸葛亮”，大意是说只要能够很好地合作，就能博采众长，发挥整体大于个体之和的作用。

两千多年来，各朝各代的慈善事业都有着自己的独特形式。如南北朝时期的六疾馆和孤独园用于医疗救助、收养鳏寡孤独，宋代官方设立安济院、慈幼局、慈幼庄、婴儿局、举子包、举子田等。由官府开办的慈善机构、寺院慈善活动、民间慈善事业构成了中国古代慈善活动的主要形式。主要受儒家思想影响的，如兴修水利，治理河患，储粮备荒，建立平仓、义仓、社仓等仓储，采取赈济、以工代赈等赈灾措施，此类多为官方的作为。受道家影响的，比如以医济世的思想，后世也多设立医治所、惠民药局等救济机构等。而受佛教影响，民间寺院慈善事业也长盛不衰，从事济贫、赈灾、医护、戒杀方面的慈善活动。民间人士的捐粮、赈灾、修路、建桥等个人慈善活动更是普遍存在。

在诸多形式中，义庄作为其中极为独特的一种，在中国影响深远，而最为人所知的就是“范氏义庄”。范氏即范仲淹，北宋著名的政治家、军事家、思想家和教育家，他同时也是设立义庄有组织地持续地扶贫救困的慈善家。范仲淹一生，奉行“先天下之忧而忧，后天下之乐而乐”的原则，发挥儒家“先义后利”“博施济众”“集思广益”的精神设立运转百年的义庄。1049 年，范仲淹用积蓄在吴县购置良田，找来有能力的人负责经营，而所有收入都用来成立公共资金以帮助族人。第二年，范仲淹正式设立义庄，还制定了相应的管理制度、监督方法，对钱粮物资的发放对象、数量等都作了具有可操作性的规定。经过系统的经营，范氏义庄规模越来越大、口碑越来越好，存续八百年之久，成为中国历史上最为著名的古代慈善组织。

因为宗族是中国古代社会的重要组织形式，所以义庄对中国人的影响甚大。它通常由德高望重的族人负责，设定相应的报酬，并兼顾具体的管理效果，以促进管理者尽职尽责，将义庄经营得更好。周济的对象除了宗族，还有姻亲、佣人、乡里等；帮助的事项也比较广泛，如婚嫁、丧葬、饥寒、房屋等。更加值得一提的，义庄在保障人们的生活之外，还开设义塾，对青少年儿童提供免费的教育，一方面提高族人的文化素质，一方面培养知书达理、光宗耀祖、为国为民的栋梁之材。义庄重视调动成员的积极性、内部的和谐相处，遇到事情协商处理，对于那些危害公共财产、违背救济规定、不守公约的，也都制定了相应的处理办法。义庄除了经营已有的田产，还鼓励族人、后代捐赠土地，扩大公有资产，让更多的人从中受益。因此，除了义庄之外，在明清的家谱中，也有很多像范氏义庄这样的组织行为和活动，宋代刘宰的“粥局”、朱熹的社仓也具有同样的救济功能。据史书记载，明万历十八年（1590），杨东明在河南虞城创立第一个同善会组织，并在江南地区流行起来。同善会一般是由当地士绅组织、成员捐献筹集经费，或者置办土地收取地租以获得善款和维持运营。明朝末年，陈龙正在嘉兴府嘉善县创设义庄、灾荒救助，举办同善会，义庄（善护宗族）、救荒（帮助乡里）和同善会（面向县域）对当地广大贫困人群发挥了巨大的救助作用，也使得同善会这种民间慈善组织、团体成为各地争相效仿的形式。

孟子在先秦时期提出了儒家的“性善”学说体系，其中包括了重要的“四端”思想，即：恻隐之心，仁之端也；羞恶之心，义之端也；辞让之心，礼之端也；是非之心，智之端也。恻隐之心，就是对处于困难中的人的同情心、怜悯之心、不忍之心。在儒家文化长期影响下的中国历史文明，也必然在社会层方面体现这一点，《礼记》中的《礼运篇》就描述了一个老有所终、壮有所用、幼有所长、鳏寡孤独废疾者皆有所养的大同社会。中国古代的士人始终怀抱大同社会的情怀和理想，通过国家、宗族、家族的力量群策群力、广泛协同，出现有如范氏义庄的多种形式的慈善活动。

近代以来，中国作为世界人口最多的国家，由于长期战乱等原因，贫困人口曾长期在世界处于首位。中华人民共和国成立以来，党和政府继承中华文化博施济众、集思广益的传统，竭尽所能，向贫困宣战，进行了持久的扶贫攻坚战，据2018年12月中国扶贫改革40周年座谈会公布的资料显示：改革开放40年来，不忘初心，坚持精准，开发扶贫，凝聚合力，较真务实，开放包容，从1978年到2017年我国农村贫困人口减少7.4亿人，农村贫困发生率由1978年末的97.5%下降到2017年底的3.1%，创造了人类减贫史上的中国奇迹。同时，中国具有世界的责任担当，对其他国家进行救济捐助，比如中国每年援助非洲600亿元，还在非洲修了24条铁路，其中8条长6700公里……

作为世界上最大的发展中国家，我们不是简单照搬国际减贫经验，而是积极探索，不断改革创新，走出了一条具有中国特色的减贫道路——中国式扶贫。同时，在中国扶贫工作取得巨大成功的同时，积极向国际社会分享中国式扶贫经验和扩大合作，通过扶贫援助、扶贫经验分享、参与全球贫困治理等多种途径帮助发展滞后国家缓解贫困，为国际减贫事业提出了中国方案，贡献了中国智慧。

* * *

宇宙万物总是在更新与调整，人类社会也在不断演进与变迁，其中，社会文化、经济生产的发展是一个上升的过程，也是人们不断克服各种生存危机、追求富足稳定生活的过程。然而即便是经历多次工业革命、现代化水平较高的今天，灾害、贫穷、战乱等现象仍然层出不穷，全球经济文化发展失衡下的很多地区不少人每天仍生活在贫困中，即便是一些发达国家内部也存在不同程度的贫困人群。

反思世界贫困问题，首先，殖民主义是导致贫困的主要历史原因。当今世界较为贫困落后的地区主要集中在非洲、南亚、东南亚等地方，这些地区农业发展基础较好，土地肥沃，物产丰富，但发展始终滞后的原因之一就是社会文化较为落后，曾沦为帝国主义的殖民地。殖民者实行的一些政策和制度，攫取资源、财富，破坏传统经济结构，制造地区矛盾，为日后该地区的落后和贫穷埋下了很深的隐患。二战以后，虽然世界大部分被殖民地区先后获得解放、独立，但殖民地区问题重重、积重难返，难以在短时间内扭转积贫积弱的局面。其次，政治混乱、贪污腐败是导致贫困的最大内因。随着宗主国的退出和失控，各殖民地独立活动高涨，国内政治动荡不安，而国家权力结构及其政府公职人员的权力泛滥，造成国内腐败横行，给国家经济发展、人民生活造成了严重的不利影响，民众贫困程度难以得到根本改善。再次，国际秩序不合理、不公平竞争和外国势力入侵是导致贫困的最大外因。由于国际经济发展失衡，在全球化过程中，经济落后国家的工商业容易受到冲击，进而背负巨额债务，并且随着不平衡贸易规则难以纠正而扩大了与发达国家间的贫富差距。此外，生产力低下，生产发展滞后，分配制度、人口结构不合理，以及一些地区生态恶化、环境污染、资源枯竭，也是导致贫困的重要原因。

面对当今国际性、区域性、多样性和类型复杂的贫困问题，中国“仁爱”文化传统中体现的人本主义、人道主义的慈善观念，以及反贫穷的多种做法仍然具有可借鉴学习的价值。20世纪七八十年代以来，中国在反贫困方面所取得的巨大成功，也加速了全球减贫进程。作为参与全球反贫困事业的重要国家，中国是目前全球唯一提前实现联合国千年发展目标中使贫困人口减半的国家，独立扭转了近半个多世纪全球贫困人口持续上升的恶性趋势，为全球反贫困事业作出了突出贡献，提供了中国思路。中国以政府管理、政策引导和民间参与的多途径反贫困方式产生了极大的社会效应，取得了让国际社会为之瞩目的成就，值得在全球视野下进行观照，中国式的扶贫经验证明：

第一，政府始终是反贫困的主体，反贫困任务艰巨、责任重大，政府起到突出作用。贫困问题在广大发展中国家、欠发达国家和不发达国家中，不仅是一个经济问题，还是关系国计民生的政治问题，应当是一个时期内施政的重点对象和重要任务。中国政府在致力于民众的脱贫、脱困的开发实践中扮演了重要角色，发挥了主导作用。中华人民共和国成立之初，就开始实施以缓解极端贫困为主的救济扶贫，改革开放之初则重视解放农村生产力和恢复农村经济的活力，20世纪80年代中叶开始了以贫困区域为主要对象的大规模开发扶贫，20世纪90年代则提出了以解决贫困人口温饱问题为目标的“八七”攻坚计划和以巩固温饱成果为主要目标的综合扶贫开发任务，在此基础上又提出“精准扶贫”的理念解决反贫困工作中的突出问题、困难。到目前为止，成效显著，中国现阶段已经形成了较为完善的扶贫体系，从中央到地方各级政府在扶贫机构管理、专项资金设置、项目设计、手续审批、基础设置建设等方面都发挥不可替代的核心作用。

第二，社会集思广益、广泛参与是解决贫困问题的直接有效力量。经过历史经验积累和大胆探索，中国慈善事业逐步实现组织化、民间化、社会化和志愿化，并为慈善事业的持续健康发展提供了良好的社会文化环境、制度创新、政策法规完善等有利条件。目前，慈善救灾、贫困救济、物资捐助及接受发放等，除了政府行政性方面的支持、参与以外，相当大一部分已经开始委托或交由社会慈善团体、民间组织完成；慈善事业从业人员的组织、人事、社会保障、社会福利等也相继体系化，进一步提高了慈善组织的社会地位，增强了对投入慈善事业人员的感召力、吸引力；通过税收、鼓励捐赠等方式提供优惠的政策，推动慈善文化建设，强化企业、民众等的慈善意识，发扬“一方有难，八方支援”精神，不断增加慈善资金，壮大了慈善事业的实力。1994年，中华慈善总会成立，在数次抗洪救灾、2008年“5·12”汶川地震等一系列救灾中，发挥了前所未有的巨大作用；2012年前后，众多慈善基金会成立，中国慈善事业在慈善组织建设、政策革新、价值链完善等方面都有了长足的发展，其中大额度捐赠不断增加、慈善组织格局日趋优化、“微公益”活动兴起等都是重要的表现。慈善观念和行为已经深入人心，这不仅有利于及时高效实现社会救助，还大大改善了社会风气和人们的精神面貌。

第三，开放交流，增进全球共识，共同开展国际反贫困事业。贫困问题是世界性难题，中国改革开放以来，扶贫开发取得了举世瞩目的成绩，其中非常重要的经验就是始终与国际社会保持良好的沟通、交流，从相关国家、机构学习先进的反贫困经验，如积极与世界银行、亚洲开发银行、联合国开发计划署等国际机构合作，把国际社会先进的脱贫经验、理念和方法应用到中国治理贫困的实践中，同时，也积极为世界提供中国的成功经验和模式。

在全球性贫困面前，每一个国家都不是旁观者。而对中国，南非人类科学研究委员会研究员亚兹妮·艾波尔认为，精准扶贫是一门“艺术”，而中国精通这门“艺术”；联合国粮农组织减贫项目官员安娜·坎波斯则表示，“中国在减贫领域为其他国家树立了榜样”，中国的人道主义慈善观念、中国式扶贫，书写了人类反贫困斗争史上“最伟大的故事”。

十七、中华文化如何消解霸权主义和恐怖主义？

——行仁政、重王道的天下观念

20世纪以来，霸权主义与恐怖主义愈演愈烈，已经成为两股巨大的力量。反观中华文明，自尧舜禹时代开创文明正统以来，以内圣外王之道实现无为而治便成为历代知识分子的最高理想，钦慕王道政治和太平之治，反对“霸道”和战争。中华人民共和国成立后，更是确立了和平共处五项基本原则，提出“中国永远不称霸”，获得越来越多国家的赞同。

2001年9月11日上午，三架被恐怖分子劫持的客机，在美国纽约分别撞向了世界贸易中心一号楼、二号楼以及美国国防部的五角大楼。在这次袭击中，世贸中心的死者达到了1400人，五角大楼死者125人，救灾的消防员死者343人，再加上其他的死者，共造成2996人死亡。其后联合国发表报告称，此次恐怖袭击美国经济损失达2000亿美元，相当于当年生产总值的2%，对全球经济所造成的损害甚至高达1万亿美元。而更严重的后果是，恐怖袭击对美国民众内心的创伤和恐慌现在仍在持续。

这次有史以来最严重的恐怖主义袭击作为一个标志性事件给美国以及全世界都敲响了警钟，全世界的人们都开始清醒意识到恐怖主义已经严重威胁人类的和平与发展，对恐怖主义进行全球治理已经成为人类在21世纪面临的重大挑战，恐怖主义成为人类公害。据不完全统计，目前世界上有案可查的恐怖组织多达1000多个，比较活跃且影响较大的也有几十个。随着全球化、网络化、信息化程度的加深，恐怖活动也呈现出活动筹划国际化、组织分工专业化、恐怖手段高技术化等新的时代特色，对人民生命财产所造成的威胁也更加恐怖、更加频繁并且更加难以防范与应对。“9·11”事件以后，世界各国因恐怖袭击导致死亡人数几十人甚至上百人的事件几乎每个月都有发生，仅以2017年为例，资料显示，至少发生了95起触目惊心的恐怖袭击事件，造成至少2561人遇难，至少3587人受伤，主要发生在阿富汗、巴基斯坦、叙利亚、英国、美国和法国等国家。

痛定思痛，虽然“9·11”事件以后，以美国为首的世界各国都高度重视反恐，美国甚至发动了入侵阿富汗消灭恐怖分子的反恐战争，但结果却似乎越反越恐，就在“9·11”过后的911天，2004年3月11日，西班牙马德里发生了火车连环爆炸案，造成了200多人遇难。当人们惊怵不已之时，2004年9月1日，俄罗斯的北奥塞梯共和国又发生了令世界震惊的别斯兰人质事件，造成了300多人遇难，其中大部分还是儿童。于是全球知识精英们开始深度思考：为何越反越恐？大部分研究结果都表明，恐怖袭击主要有三大原因：宗教矛盾（主要是宗教极端主义）、政治矛盾（主要是单边主义）和民族矛盾（主要是民族分离主义），而导致这些矛盾的根源则主要是强权政治与霸权主义，即居高临下、自私自利地强制他人服从自己的单一价值观或战略利益。

所谓强权政治，指的是有些国家在国际关系的实践中，崇尚实力，迷信强权，在国家利益上追求超越合法主权利益的强权利益。所谓霸权主义，指的是一些强国凭借军事实力蹂躏他国主权，对他国进行干涉、控制甚至统治，力图在世界或地区范围内称王称霸。强权政治是霸权主义的理论基础，把强权政治应用于国际关系中，就是霸权主义，包括政治霸权主义、经济霸权主义、文化霸权主义、军事霸权主义等。以美国为例，“9·11”事件以后，尽管恐怖主义基地组织领袖本·拉登否认策划、实施“9·11”事件，但美国方面一口咬定是基地组织所为，于2001年10月7日开始率领英国、德国、波兰、捷克、斯洛伐克等北约国家所组成的联军发动了入侵阿富汗以消灭基地组织的反恐战争。实际上，这种军事入侵正是冷战之后美国霸权主义的一贯体现。比如，1999年为了消除北约继续东扩的障碍，战略控制整个巴尔干半岛，以美国为首的北约打着维护人权、实行人道主义的幌子，以制止南联盟塞族对科索沃阿族进行种族清洗为由，绕过联合国，对主权国家南联盟实施78天空袭。2003年，为了控制石油资源，美英联军在没有联合国安理会决议支持的情况下，悍然出兵伊拉克，完全违反联合国宪章和国际法基本原则。这种霸权主义实质上是以捍卫人道主义和西方共同价值观为借口，用政治施压、军事打击和经济制裁等手段干涉别国内政。

因此，许多国际政治学、法学、经济学专家都认为，在全球化趋势下越来越频繁的恐怖主义，实际上是由全球化过程中国际社会的霸权主义所导致的，不公平的国际竞争进一步恶化了发展中国家经济发展的环境，使得富国愈富，穷国愈穷。发展中国家由于经济、政治和心理上的不平衡而引起的绝望情绪，往往会引发宗教极端主义和民族分离主义，这正是滋生国际恐怖主义的温床，可谓恐怖主义最危险的根源，这也能很好地解释了为什么反全球化竟然会成为现代恐怖主义的一个显著特征，即反全球化所带来的经济不平等，反全球化过程中的主流文化观，反全球化过程中的强权政治。恐怖主义分子多以绑架、暗杀、爆炸等极其残忍的手段制造大规模的恐慌，胁迫政府、社会、个人或集团以改变他们的行为或政见。所以，霸权主义是全球恐怖主义的最大根源，甚至可以说恐怖主义其实就是霸权主义的影子，有着因果上的联系。只有从根本上防止世界各国在政治、经济、文化各领域的强权政治与霸权主义，才能从根本上防止日益猖獗的国际恐怖主义、国内恐怖主义、集体恐怖行为、个人恐怖行为逐渐通过全球化与网络化而连成一气，并且消解愈发具有破坏性、隐蔽性、突发性、不可预测性的现代国际恐怖主义。

然而，如今恐怖主义与霸权主义已经形成两股巨大的力量，在世界范围内消除霸权主义与恐怖主义绝不可能一蹴而就，必然是一个较为漫长的过程，因此，我们今天绝不能抛开猖獗的反人类、反和平、反谈判的种种恐怖主义，而仅仅思考如何去消解作为恐怖主义主要根源的霸权主义，必须在世界各大文化传统中寻求能够同时逐渐消解霸权主义与恐怖主义的伟大智慧，才能确保霸权主义、恐怖主义与世界各国人民之间的矛盾以及恐怖主义与霸权主义的矛盾逐渐趋于缓和，最终实现“标本兼治”。这方面，中华文化能给世界贡献较好的思想资源。

* * *

中华文化自尧舜禹时代开创文明正统以来，以内圣外王之道实现无为而治便成为孔、孟、老、庄以降历代知识分子的最高理想，这样的时代被孔子称为“大同世界”，钦慕王道政治和太平之治，反对霸道和战争。

对中国古人尤其是儒家学者而言，尧舜时代是一个众人追慕的时代，如《史记》中这样的描述：“其仁如天，其知如神。就之如日，望之如云。富而不骄，贵而不舒。黄收纯衣，彤车乘白马。能明驯德，以亲九族。九族既睦，便章百姓。百姓昭明，合和万国。”作为最高管理者，他们品德和智慧俱佳，司马迁说，接近他们，就像接近太阳一样温暖人心；仰望他们，就像仰望云彩一般覆润大地。他们富有却不骄傲，尊贵却不放纵。他们能尊敬有善德的人，使同族九代相亲相爱。同族的人既已和睦，又去考察百官。百官政绩昭著，各方诸侯邦国都能和睦相处。他们公正地处理事情，不偏不倚，遍及天下。于是，凡是日月照耀的地方，风雨所到的地方，没有人不诚心归服。这种自由、民主、和谐的气氛，亦是两千年来历代儒家的梦想。

司马迁所描述的，即儒家所谓“尧舜之道”“尧舜之世”，即以仁心行仁政的王道，孔子表述为“修己以安百姓”“己欲立而立人，己欲达而达人”、大公无私、则天而治、“无为而治”……孟子则说得更清楚，明确提出尧舜之道，他说：“尧舜之道，不以仁政，不能平治天下。”并且从人性本善论出发，认为人人皆可以为尧舜，人人都有不忍人之心，因此“先王有不忍人之心，斯有不忍人之政矣。以不忍人之心，行不忍人之政，治天下可运之掌上”。对此，孟子的三辨之学概括得更加全面透彻：从人禽之辨来看，尧舜之道就是人之所以异于禽兽与深山之野人的“察于人伦，由仁义行”之道；从义利之辨来看，尧舜之道就是天下为公、见利思义、孳孳为善而非孳孳为利的“以义为利”之道；从王霸之辨来看，尧舜之道就是有德者居高位，率性直道而绝不枉尺直寻，绝不残贼百姓的“与人为善”之道。因此，孟子明确认为以尧、舜、禹、汤、文、武、周、孔为代表的中国古代圣人，都追求以仁义来实现王道，“行一不义、杀一不辜而得天下，皆不为也”。

从儒家来看，以仁政实现王道可以分为内外两个层面，即“反己求仁，成己之美”与“和而不同，成人之美”。儒家所崇尚的仁政王道，源于反求诸己的成性成己之道，即将社会治理的一切美好理想都建立在每个人都修身修德的基础上，以成就天地赋予自己的美好本性。所以孔子说：“君子求诸己，小人求诸人”“古之学者为己，今之学者为人”“为仁由己”“一日克己复礼，天下归仁焉”。孔子认为每个人尤其是居上位者，应该首先做到“修己以敬”，以内圣为一切行为与道德修养的最高目标，非礼勿视听言动，改过迁善，下学而上达，然后再逐渐实现“修己以安人”“修己以安百姓”的外王理想。

一方面，这种理想不求速成。儒家认为美好的王道政治是君子进德修业而使“里仁为美”“近者说，远者来”逐渐扩充外化最终水到渠成的自然结果，用《大学》中的话来说，就是从修身到治国平天下的逻辑，儒家认为：古代那些要想在天下弘扬光明正大品德的人，先要治理好自己的国家；要想治理好自己的国家，先要管理好自己的家庭和家族；要想管理好自己的家庭和家族，先要修养自身的品性；要想修养自身的品性，先要端正自己的心思；要想端正自己的心思，先要使自己的意念真诚；要想使自己的意念真诚，先要使自己获得知识；获得知识的途径在于认识、研究万事万物。儒家还认为，上自国家君王，下至平民百姓，人人都要以修养品性为根本，如果不分轻重缓急、本末倒置，这个根本被扰乱了，要治理好国家、天下是不可能的。这也是《中庸》与孟子特别强调的“反身而诚”“万物皆备于我”之道，认为只有以至诚无邪的状态来修养自己、了解他人、了解万物，才能最终成就天地之间的各种美好，最终“参天地之化育”。

另一方面，这种理想也不作强制。如果国内之民或国外之君对你的治国理念或政策行为不服从、不同意，绝不采取任何强制性的手段压服对方，所以《说文解字》里面以“往”来解释“王”字，认为王道就是“天下所归往”之道，绝不是强制使天下人服从之道。这种解释来源于《论语》，季康子曾经问政于孔子，孔子教导说：“政者，正也。子帅以正，孰敢不正？”认为居上位者想要匡正别人，首先要修正自己，否则就没有资格去“治人”。还有一次，季康子问政于孔子：“如杀无道，以就有道，何如？”孔子对曰：“子为政，焉用杀？子欲善而民善矣。君子之德风，小人之德草，草上之风，必偃。”季康子想要采取暴力手段去治理百姓，孔子在根本上反对这种做法，认为执政者只能通过以德服人、以礼乐化人的王道来对待天下人，绝不能迷信以力服人、以刑政齐民的霸道。又有一次，季氏想要吞并自己的附属小国颛臾，孔子极力痛斥，指出如果肆意采取暴力手段来满足自己的私欲，最终一定会祸起萧墙、自掘坟墓，认为对待他国应该做到：“远人不服，则修文德以来之。既来之，则安之。”

孟子将《论语》《大学》《中庸》中的治国、平天下的理想抽象地概括为“由仁义行”非“行仁义”、“集义而生”非“义袭而取”的顺受其正之道，认为只有这样才能养成充塞天地、俯仰无愧的浩然正气。孟子不容许有一丝一毫违背天理与人性的行为，即便是为了实现集体的大利益而牺牲个体的小利益这种“枉尺而直寻”的事情也绝不接受，因为在孟子看来：一则“枉尺”并不能真正地“直寻”，如同“枉己”者绝不能“直人”；二则如果说“枉尺而直寻”是为了实现更大的利益，那么，将来势必会造成一切行为皆“以利为标准”，最终一定会导致“枉寻直尺”以求利的结果，使得许多居心叵测而拥有大势力的人打着“替天行道”或保障大多数人根本利益的口号肆无忌惮地满足私欲。因此，孟子极力贬斥崇尚武力、混淆是非的“霸道”，这种思想后来被北宋大儒邵雍进一步发展为“皇帝王霸”的系统观念，认为：“皇道”追求“以道化民”，崇尚“自然”；“帝道”追求“以德教民”，崇尚“礼让”；“王道”追求“以功劝民”，崇尚“政令”；“霸道”追求“以力率民”，崇尚“争夺”。邵雍最为推崇的“皇道”其实就是孔孟所说的成己之美而风化天下的“王道”，所以邵雍也明确地说：“君子之学，以润身为本。其治人应物，皆余事也。得天理者不独润身，亦能润心，不独润心，至于性命亦润。”可谓深具孔孟为己成性之学的精神。

所以，按照儒家“己欲立而立人，己欲达而达人”“己所不欲，勿施于人”的仁义之道，为政的方式是“修己以安人”，为政的目标是“君子成人之美，不成人之恶”，对于政见不同或价值观、行为方式不同的人和群体，应该始终抱着“和而不同”的态度去“和同存异”。用《中庸》中的话来说，是“仲尼祖述尧舜，宪章文武；上律天时，下袭水土。辟如天地之无不持载，无不覆帱；辟如四时之错行，如日月之代明。万物并育而不相害，道并行而不相悖。小德川流，大德敦化。此天地之所以为大也”，大意是，天下各国为政者都应该效法天地大公无私、大美若缺的精神，始终都以自强不息厚德载物的心态来“修己以安人”，面对异己观念或敌对势力，不是考虑用武力或暴力的方式去镇压、征服对方，追求片面单一的整齐，而是始终通过“明明德”以“止于至善”的方式去“亲民”“新民”，通过“致良知”以“致中和”的方式去体悟多样统一、生生不息的天地之道，去成就天地间多姿多彩之大美，参赞天地之化育。通过“仁性”“仁政”逐渐扩充外化而实现的“王道”，在《尚书》中经典地表述为：“无偏无颇，遵王之义。无有作好，遵王之道。无有作恶，遵王之路。无偏无党，王道荡荡。无党无偏，王道平平。无反无侧，王道正直。会其有极！归其有极！曰皇极之敷言，是彝是训，于帝其训。凡厥庶民极之敷言，是训是行，以近天子之光。曰天子作民父母，以为天下王。”

这种要求自己而不要求他人的为政之道在道家思想中体现得更加清楚。儒道两家的最高政治理想都是以内圣外王之道实现无为而治，只是对“圣”的理解有所不同而已：儒家的圣人更加强调人的社会属性与无私之德，试图通过理化的身体来承担精神化的天道；道家的圣人（或真人）则更加强调人的自然属性与无我之性，试图通过物化的精神去契合自然化的天道。因此道家对强权政治或专制独裁具有更深的批判力，所以，老子的理想国是“小国寡民”，百姓都安居乐业，一派和谐真朴，没有奸伪、没有利欲，更没有压迫、没有战争，而不是追求称霸世界的泱泱大国。面对功利主义横行霸道，善恶是非渐趋混淆，到处都充满暴力争夺，战争不断的问题，老子的治国模式是典型的道法自然、无为而治，认为执政者应该以身作则，教导执政者应该少私寡欲、绝不肆意妄为压迫他人：“圣人无常心。以百姓心为心。善者，吾善之；不善者，吾亦善之；德善。信者，吾信之；不信者，吾亦信之；德信。圣人在天下，歙歙焉，为天下浑其心，百姓皆注其耳目，圣人皆孩之”“道常无为而无不为。侯王若能守之，万物将自化。化而欲作，吾将镇之以无名之朴。无名之朴，夫亦将无欲。不欲以静，天下将自正”。

庄子也明确主张为政的理想是通过听任自然、顺乎民情、行不言之教来实现无为而治，强烈反对自我中心主义、权力独裁、思想专制，他借无名人之口说：“汝游心于淡，合气于漠，顺物自然而无容私焉，而天下治矣。”认为制定的规则越多社会越难治理，因为为政者强人所难就像“涉海凿河”“使蚊负山”一样。真正的圣王治理社会、天下，即使功盖天下，但却像什么也不曾出于自己的努力，教化施及万物而百姓却不觉得有所依赖，因此，圣王功德无量而百姓却没有什么办法称述赞美，最终能使万事万物各居其所而欣然自得。《应帝王》篇最后用一个倏与忽谋报浑沌之德“日凿一窍，七日而浑沌死”的故事警醒世人，为政者绝不能用自己的世界观、价值观去要求他人，否则一定会导致“将欲利之”而“适足以害之”的悲剧结果。这种观念在《齐物论》篇作出了最为系统深刻的论述，庄子认为世界上的万事万物本来就是千差万别的，这种万事万物都自遂其性的“不齐”正是万事万物都各得其所的“齐”的表现，即实现万事万物生存上的根本平等与本性上的彻底自由。如果一定要按照某一种标准去强制其他所有事物都整齐划一，这就会导致对其他事物的异化与伤害，使它们都不能自遂其性、自得其所。因此，这就要求每个人在认识论与价值观上，都不能执着于自己的观念，一味强制他人服从，最终陷入“彼亦一是非，此亦一是非”、善恶难分、真伪莫辨，并由此而导致以暴易暴的悲剧境地。他认为只有圣人才能去除成见，用心若镜、不将不迎地“因是因非，因非因是”，以“道通为一”的心态与方式去领悟并促成天地之大美。

按照中华文化的基本观念，在处理民族关系与对外关系上，必定崇尚一视同仁的“博爱天下”与因地制宜的“民族自治”，这一点在《礼记》中有高度概括的经典表述，《礼运篇》中描述人类理想社会的大同盛世为“大道之行也，天下为公，选贤与能，讲信修睦，故人不独亲其亲，不独子其子，使老有所终，壮有所用，幼有所长，矜寡孤独废疾者，皆有所养”，“以天下为一家，以中国为一人”。《王制篇》中具体探讨处理民族关系与对外关系的原则应当是：“修其教，不易其俗；齐其政，不易其宜。中国戎夷，五方之民，皆有性也，不可推移。”即肯定各个民族的不同特征和差异性，并提出处理民族关系的基本原则，对于内迁和归顺的少数民族，无须改变他们原有的习俗，也无须改变他们的生活习惯。在尊重少数民族风俗习惯和文化传统的前提下，通过教化和交流逐步融为一体，以期达到“四海之内皆兄弟”的目的。孔子曾明确提出了“居处恭，执事敬，与人忠。虽之夷狄，不可弃也”“君子敬而无失，与人恭而有礼，四海之内，皆兄弟也”的主张，认为与其他民族或外国同胞友善相处的基础，仍然在于严格要求自己做到礼敬忠信；按照孟子的“性善论”，认为凡是人类，不论民族与国别，其本性都是至真至善至美的，并且在根本上都是完全相同的，因此人与人之间、民族与民族之间、国家与国家之间，在根本上都是彻底平等与和谐一体的，所以他明确提出了自己的王道仁政思想；荀子进一步认为，像这样崇尚仁义、礼乐之道的有德者，天下各族人民都愿意向他学习，提出了“四海之内若一家”的观念。

自从西汉大一统政权建立以后，这些思想一直都是中国历代君王与知识分子处理内政外交的基本精神，比如在处理民族问题与对外关系上，汉文帝明确提出“使两国之民若一家子”的原则，董仲舒提出“爱及四夷”的原则，司马相如提出“遐迩一体”的原则，唐太宗提出“王者视四海为一家”“爱之如一”“推至诚于万类”的原则，唐文宗提出“天下一家”“敷至德以柔四夷”的原则，元世祖提出“天下一家”“圣人以四海为家”的原则，明太祖提出“四海之内，皆吾赤子，所以广一视同仁之心”的原则，明成祖提出“人性之善，蛮夷与中国无异”“华夷本一家”“天之所覆，地之所载者，皆朕赤子，岂有彼此”的原则，清雍正帝提出“何得以华夷而有殊视”“何得尚有华夷中外之分”的原则，等等。他们因时、因地、因族制宜地采取了册封、招抚、和亲、贡赐等怀柔政策，赢得了不同民族群体的拥护。同时，在少数民族和民族地区采取不同于汉族地区的管理政策和管理方式。如唐朝的羁縻府州制，元朝的土官制度，元、明、清三朝的土司制度，清朝前期在蒙古族地区实行的盟旗制度等。正是这种理解、尊重与包容，加深了相互间的了解和认同，不同民族群体才逐步凝聚在一起。

中华人民共和国成立以后，毛泽东、周恩来等国家领导人继往开来，确立了中国外交的五项基本原则，认为国际社会解决国与国之间的关系应该“互相尊重主权和领土完整，互不侵犯，互不干涉内政，平等互利，和平共处”。可谓深合中国传统文化中的王道观念，也因此获得世界上越来越多国家的赞同。1990年，中国明确提出了“中国永远不称霸”，至今一直都是国家发展的指导思想，成为中国历届国家领导人的基本共识。近年，习近平提出的“命运共同体”的重要思想，显然是在对行仁政、重王道的中华传统文化深刻理解的基础上对“和平共处”“永不称霸”等基本精神的继承与发展。

* * *

20世纪以来，霸权主义与恐怖主义愈演愈烈，它们的共同特点：都是胁迫他人而不是严格要求自己；都是党同伐异而不是和同存异；都是自尊自大而不是成人之美；都是枉尺直寻的功利主义而不是直道而行的道德主义；都是强制他人、异化他人的霸道而不是尊重他人、成全他人的王道。一言以蔽之，其行为都不仁义、其心态都不中和，都是自我中心主义，充满了自私自利，缺乏无愧天地的正气。霸权主义在政治、经济、文化上以暴虐的方式强制他人、他国服从，而恐怖主义则以更加残暴的方式来“以牙还牙，以血还血”，二者之间有着内在的联系，用伯夷、叔齐《采薇歌》中的话来说，正是“以暴易暴兮，不知其非矣”。如果说恐怖主义日益猖獗在根本上是由强权政治与霸权主义肆虐全球所导致，那么，导致霸权主义的原因又是什么呢？许多国际政治学方面的专家都认为美国的霸权主义是冷战结束、苏联解体后美苏二极世界格局转变为美国单极格局的必然结果，那么，世界上某个国家一强独大就一定会想称霸全球吗？回顾中国历史，我们发现，虽然盛唐时期中国堪称当时世界最强大、最繁荣的国家，但当时直至今天的中国毫无称霸世界的野心与霸权行为，因此，我们必须要将霸权主义与恐怖主义产生的根源进一步追溯，才能真正从根本上寻求消解二者的长效机制或有效方案。

通过对中华文化的了解可知，中国儒道两家的思想对于消解现代世界的霸权主义与恐怖主义或可提供一些启示。从思想认识上来说，霸权主义自私自利、强制他人，恐怖主义残暴肆虐、伤害无辜，它们所奉行的都是“天人二分”“人我二分”的观念，因此，其行为完全是以自我为中心，拒绝对话，不顾他人死活。而中华文化最基本的观念则是“天人合一”“群己合一”，认为天地间的万事万物都是父天母地的一体同胞，彼此休戚相关、荣辱与共。所有生命，包括人类与动植物在内，共同构成了一个“宇宙有机生命共同体”，北宋张载将其经典地表述为："乾称父，坤称母；予兹藐焉，乃混然中处。故天地之塞，吾其体；天地之帅，吾其性。民吾同胞，物吾与也。大君者，吾父母宗子；其大臣，宗子之家相也。尊高年，所以长其长；慈孤弱，所以幼其幼；圣，其合德；贤，其秀也。凡天下疲癃残疾、孤独鳏寡，皆吾兄弟之颠连而无告者也。于时保之，子之翼也。"显然，生活在这样一个"宇宙有机生命共同体"之中，人类与自然物种都构成了一个一损俱损、一荣俱荣的"命运共同体"，因此，张载将混然中处的知识分子或先知先觉者的人生使命概括为"四为"："为天地立心，为生民立命，为往圣继绝学，为万世开太平。"在霸权主义者的眼中，虽然能看到"宇宙"，但却看不到这个宇宙乃是由许多不同的生命构成的"有机体"；恐怖主义者不惜牺牲自己的生命、伤害无辜的生命去实现自己的目标，而看不到他们的命运与无辜者的命运乃有一个"共同体"。因此，二者都没能深刻认识到，这种彼此伤害最终都是自掘坟墓。

从行为实践上来说，霸权主义与恐怖主义都以拒绝谈判、拒绝对话的姿态以及强人从己、暴力压制的方式去实现自己的单一价值观与自我中心主义。而中华文化明显反对单一价值观与自我中心主义，坚决反对强人从己、暴力压制的霸道。显然，消解霸权主义与恐怖主义的专制、暴力，必须消解其单一价值观与自我中心主义。美国国际政治研究领域著名学者塞缪尔·亨廷顿《文明的冲突与世界秩序的重建》一书认为：冷战后的世界，冲突的基本根源不再是意识形态，而是文化方面的差异，主宰全球的将是"文明的冲突"。2001 年的"9·11"恐怖袭击事件后，一直到现在的十几年之中，许多重大恐怖袭击事件都与恐怖组织"伊斯兰国"有关，似乎正好印证了亨廷顿的观点。尽管宗教极端主义导致的恐怖袭击与伊斯兰教一贯宣扬的仁慈精神是完全违背的，但霸权主义与恐怖主义都以自我中心主义与单一价值观为主导，都是排斥、打击而非尊重、包容其他文化主体，这都是铁一般的事实。如果按照儒家孔子"己欲立而立人，己欲达而达人""己所不欲，勿施于人"的思想，显然，世界各个国家、各个民族、各种组织、各种思想，在政治、经济、文化等各种交往过程中，为了尽可能化解伦理冲突与现实矛盾，都应持"文化共存论"而不是"文明冲突论"，秉承"以家观家，以国观国，以天下观天下"的开放心态，彼此都积极寻求文明对话与文明互补，以反己求仁、和而不同的心态共同探索如何在成己之美的同时成人之美，共同致力于在成己、成人、成物、成教的基础上去实现“一日克己复礼，天下归仁”!

世界各国、各民族都应该本着“求同存异”“和而不同”的原则，明分主客，绝不能喧宾夺主，反以强权与霸道迫使他人服从自己。诚如中国当代著名儒家学者汤一介先生所说：“《尚书·尧典》中说：‘协和万邦’。中华民族和其他许多民族一样是一伟大的民族，有着很长灿烂光辉的历史文化传统，它的文化对人类社会无疑是极为宝贵的财富。我们对这笔财富应善于利用它，使之对当前人类社会争取‘和平共处’，实现不同文化之间的协调共存，推进世界各种文化之间的交流，做出应有的贡献。”

十八、中华文化能为调和文明冲突贡献什么？

——和而不同、美美与共的人类命运共同体追求

无论是2001年的“9·11”事件，2003年的伊拉克战争，还是2018年中美贸易冲突的不断升级，它们背后都隐含着某种“文明的冲突”，而在五千多年的历次与其他文明的交流乃至碰撞中，中华文明兼容并包，一直保持着旺盛的生命力，为后人留下了“和为贵”“不凌弱”“和而不同”“美美与共”的智慧，今天，中国更是着眼人类未来，提出“一带一路”倡议和“人类命运共同体”理念，被载入联合国安理会决议，成为全球治理的中国方案。

2001年，“9·11”恐怖袭击事件震惊世界！事件发生后，一系列重大事件接连而来。美国政府认定本·拉登是恐怖袭击事件头号犯罪嫌疑人，作为对这次袭击的回应，2001年10月7日，美国总统布什宣布开始对阿富汗发动军事进攻，从而引发了世界政治局势的激烈动荡。正如前文所述，“9·11”恐怖袭击事件与世界强权主义有着内部的关联，但从更深层次来说，则是文明的冲突以及政治经济的冲突。可以说，“9·11”事件是西方与伊斯兰世界的文明和价值观之间的冲突和仇恨的结果，而即便时间已经过去了近20年，这种不同文明之间的冲突依然没有得到良好的解决。

表面上看，随着1989年柏林墙的拆除和1991年苏联的解体，持续近半个世纪之久的“冷战”结束，覆盖全球的东西方对抗也随之终止，由此，战后国际关系进入了一个新的时代，也就是所谓“后冷战时代”。在“后冷战时代”，从20世纪80年代末开始，经济自由化浪潮席卷全球，市场不再受国家边界的限制，资本可以在国际上自由流通，以人民需求、价格竞争、贸易经济的同质化为代表的“经济全球化”成为现实。美国学者福山把这种经济全球化的后果向社会政治领域延伸，提出了所谓“历史终结论”，认为此后的世界将是一个不再有意识形态对立的世界，从而进入一个自由主义、民主政治、市场经济等欧美式理念渗透整个地球的时代。然而，当整个西方世界还在为一个建立在同质化基础上的和谐世界的出现而欢呼时，美国学者塞缪尔·亨廷顿提出了影响甚大的“文明的冲突”理论。从1993年《文明的冲突?》一文的发表到1996年《文明的冲突与世界秩序的重建》一书的出版，亨廷顿对“文明的冲突”进行了颇为系统的阐述，他认为，“新世界的冲突根源将不再侧重意识形式或经济，而文化将是截然分隔人类和引起冲突的主要根源。在世界事务中，民族国家仍然举足轻重，但全球政治的主要冲击将发生在不同文化的族群之间，文明的冲突将左右全球政治，文明之间的断层线将成为未来的战斗线”。后冷战时代，人们之间最重要的区别不是意识形态、政治或经济的区别，而是文化的区别，文化或文明将成为国际上合作或分裂的基础。由此，“文明的冲突”也便成为西方世界理解后冷战时代世界局势的基本范式。

现在来看，无论是2001年的“9·11”事件，2003年的伊拉克战争，还是2018年中美贸易冲突的不断升级，这些政治、军事、经济的剧烈冲突背后都隐含着强烈的“文明的冲突”，如西方文明与伊斯兰文明的冲突、西方文明与中华文明的冲突。然而，“文明的冲突”理论的提出毕竟是为美国战略服务的，本质上是美国霸权主义的文化观。站在中华文化角度，汤一介先生认为，中东地区的巴以冲突、科索沃地区的冲突，甚至伊拉克战争等虽然都包含着某些文化（宗教的和价值观的）的原因，但发生冲突和发生战争的最基本的原因是由“政治和经济”引起的，如巴以冲突是为了争夺地区的控制权，伊拉克战争主要是为了石油，科索沃地区冲突主要是为了大国的战略地位。这样来看，“文明的冲突”并不能完全说明当前世界现存的形势，更不是人类社会发展的前景，与之相反，“文明的共存”才应是人类社会的出路，是人类社会必须争取的目标。

由此而论，在“文明的冲突”的理论与现实背景之下，如何进行不同文明间的和平对话、实现不同文明间的和谐共生便是一个紧要的时代课题，也是中国和平崛起、深度融入世界的必答题。汤一介先生说：“中国文化要希望对当今人类社会的‘文明的共存’作出贡献，必须对自身文化有所了解，这就是要对自身文化有一个‘自觉’。”那么，面对这艰巨而紧迫的时代课题，中华文化能够提供什么样的资源，以避免或超越文明冲突，而在“文化自觉”中促成文明之间的对话与共生呢?

* * *

中国是四大文明古国中唯一没有经历过文明断裂而延续至今的国家。在五千多年的历史发展过程中，中华文明历经数次与域外文明的碰撞，期间有过对话也有过交锋、有过合作也有过对抗。但是，中国的先哲们凭借高超的智慧在历次与其他文明的交流碰撞中保持了中华文明鲜明的特色，使其保持着旺盛的生命力并一直延续至今。

历史上，第一次文明的碰撞是印度佛教在中国的传播，从初期印度僧人到中国的传播，到中国人自己到印度虔诚求教，再到佛教在中国的成熟（以及新宗派的建立），佛教在中国的传播发展及弘扬史，就是中华文明与外来文明的融合发展的极好诠释。佛教的传播使中国人开辟了多元的文明视野，以及对待不同文明的丰富经验。从历史发展进程上看，中华文明与佛教的交流融合是和平而富有成效的，在此后长期与其他文明的交往、交流中，中国的先哲们兼容并包，为后人留下了“和为贵”“不凌弱”的传统智慧，充分理解这些传统智慧的合理内核并挖掘其现代价值，对于今天的中国深度融入世界具有重要意义，对于从根本上解决世界文明之间的冲突问题也有着珍贵价值。

中华文化是一种“和”文化，讲求“和为贵”。早在西周末年，中国古人就认识到了“和”的重要作用，并对“和”进行了哲学思考。据《尚书·舜典》记载，舜命其乐官利用诗歌与音乐达到“八音克谐，无相夺伦，神人以和”的境界；据《国语》记载，周太史史伯认为“夫和实生物，同则不继。以他平他谓之和，故能丰长而物归之。若以同裨同，尽乃弃矣”。史伯已经充分认识到“和”与“同”的区别，在史伯的观念里，“和”的前提是承认差异和多样性的存在，所谓“以他平他谓之和”，也就是说史伯认为“和”是不同元素的结合，这种“和”是可以“生物”的，是可以使“丰长而物归之”；而“同”则是对差异和多样性的戕害，其结果是“不继”“尽乃弃矣”，是无法获得长久的。宋儒张载也说：“有象斯有对，对必反其为；有反斯有仇，仇必和而解。”认为不同个体之间总是一个由相互排斥而实现和解的过程。可见，在中国传统哲学的语境下，谈及“和”的应有之意便是承认差异和多样性的存在，孔子说：“君子和而不同，小人同而不和。”“和而不同”便意味着反对单一性，尊重差异和多样性，以期实现差异和多样的和谐。

在“和而不同”的基础上，儒家提出了“和为贵”与“致中和”的价值理念。孔子的弟子有子在谈到礼制的作用时说:“礼之用,和为贵。先王之道斯为美,小大由之。有所不行,知和而和,不以礼节之,亦不可行也。”(《论语·学而》)明确将“礼”的作用归结为“和”,并认为这就是古代圣贤君王的治国之道。如果说史伯所谓的“和实生物”还只是在理论层面的泛泛而谈的话,有子则将“和”引向了具体的礼仪规范,使“和”的原则落实到日常的人伦中。同时,儒家的“礼”是与“仁”“义”等道德规范紧密相连的,礼与义相表里,为德之所以为德的要素,以礼、义为依据,透过诸般德性的修养,方能达到完美的理想人格——仁的境界。有子把“和”视作“礼之用”,也就是将“和”与“仁”“义”等道德范畴相联系。因此,“礼之用,和为贵”不仅宣示了“和”在儒家思想体系中的重要性,而且实现了“和”范畴的伦理化、具体化,“和”的内涵由此更加丰富、更加饱满。《中庸》亦云“中也者,天下之大本也;和也者,天下之达道也。致中和,天地位焉,万物育焉”,只有“和”才是天下共生并育之“达道”,可谓从本体论上对“和”的地位作了规定。

实际上,儒家关于“和”的论述能够从多方面加深我们对“文明对话”“文明共生”的理解,“和而不同”的原则对于解决当今不同国家与民族之间的纠纷有着非常积极的意义。正所谓“己所不欲,勿施于人”“己欲立而立人,己欲达而达人”,不同的民族和国家应该尊重不同的文化与文明,并致力于通过文化的交往与对话,在尊重和对话中取得某种“共识”,这正是由“不同”到相互“认同”(即“和”)的过程。

从历史发展进程看,不同民族和不同国家之间由于地理的、历史的和某些偶然的原因,而形成了不同的文化传统,正因为有文化上的不同,人类文化才是丰富多彩的,在人类历史的长河中形成了互补和互动的格局。文化上的不同可能引起冲突,甚至战争,但并不能认为“不同”就一定会引起冲突和战争。特别是在今天科学技术高度发展的情况下,如果发生大规模的战争也许人类将严重打击甚至毁灭人类自身。以“和而不同”原则处理不同文化传统国家与民族之间的关系,不仅对消除矛盾、冲突甚至战争有着正面的积极意义,而且也是推动各国家、各民族文化在交流中发展的动力,当今人类社会需要的是不同文化能在相互吸收和融合中发展不同特色的文化传统,以期达到在新的基础上的文化的共存。

“和”文化的题中之义可以说是“强不凌弱，众不暴寡”，《论语·季氏》篇记载了“季氏将伐颛臾”的故事。鲁国大夫季氏想要出兵讨伐颛臾，彼时孔子的弟子冉有和子路都是季氏的家臣，孔子责备他们二人没有阻止季氏讨伐颛臾，并说：对于诸侯和大夫，不怕贫穷，而怕财富不均；不怕人口少，而怕不安定。由于财富均了，也就没有所谓贫穷；大家和睦，就不会感到人少；安定了，也就没有倾覆的危险了。因为这样，所以如果远方的人还不归服，就用仁、义、礼、乐招徕他们；已经来了，就让他们安心住下去。现在，仲由和冉求你们两个人辅助季氏，远方的人不归服，而不能招徕他们；国内民心离散，你们不能保全，反而策划在国内使用武力。我只怕季氏的忧患不在颛臾，而是在自己的内部呢！在这里，孔子提出了“远人不服，则修文德以来之”的理念，意思就是如果远方的人不归服，就发扬文治教化来使他们归服。用文治教化取代武力征服，可谓发出了中国传统政治哲学中“强不凌弱，众不暴寡”的先声。

在中国的传统语境中，强、弱两种身份都有其对应的义务和德性，“强不凌弱，众不暴寡”正是儒家以“己所不欲，勿施于人”为核心的忠恕之道的生动体现和具体实践。《中庸》有言曰：“在上位，不陵下；在下位，不援上；正己而不求于人。”意即处于上位，不欺侮在下位的人；处于下位，不攀缘在上位的人。这种忠恕之道落实到具体的政治实践中就成了《中庸》所说的“九经”——“凡为天下国家有九经，曰：修身也，尊贤也，亲亲也，敬大臣也，体群臣也，子庶民也，来百工也，柔远人也，怀诸侯也。”即治理国家需要秉持九条原则，这九条原则中“柔远人”和“怀诸侯”正是对孔子所说的“远人不服，则修文德以来之”的引申和发挥，即“送往迎来，嘉善而矜不能所以柔远人也。继绝世，举废国，治乱持危，朝聘以时，厚往而薄来，所以怀诸侯也。”把“强不凌弱，众不暴寡”的理念进一步具体化、丰富化，使其成为一个切实可行的政治原则和实践方案。

“强不凌弱，众不暴寡”不是存在于经典文本中的说教文字，而是泱泱中华千余年力行不怠的准则。在相当长的一段历史时期内，中国曾经是周边国家眼中的“天朝上国”，在沦为“东亚病夫”之前，中国人曾领跑世界千余年。汉唐的盛世光景曾让多少邻邦心驰神往，马可波罗笔下的东方大国曾让欧罗巴魂牵不已，郑和船队的泱泱国威曾让四海为之撼动。可彼时强大的中华没有远征一国，没有屠灭一族，强如汉唐也只是用“丝绸之路”实践着古人“柔远人”和“怀诸侯”理念。在“柔远人”和“怀诸侯”理念的指引下，中国在东亚及东南亚诸国间建立了以“朝贡体系”为核心的国际秩序，维系了东亚及东南亚地区长期的稳定，这正是中国古代“不凌弱”原则的生动实践。

当然，中国古人在政治实践和对外交往中一直秉持着“和为贵”和“不凌弱”的原则，但也不是完全不承认战争的作用，并不是一味妥协，反对一切战争。事实上，孔子对必要的征伐是持赞成态度的，比如《论语》记载孔子说过：“天下有道，则礼乐征伐自天子出；天下无道，则礼乐征伐自诸侯出。”在孔子看来，天下清明有道，天子发动对奸佞之人的讨伐是可以接受的，但如果天下昏暗无道，那么征伐的权力就会被诸侯窃夺。可以发现，孔子甚至把征伐之事当作天下有道与无道的标准。主张“仁政”的孟子也对汤伐夏、武王伐纣之事赞不绝口，并为其进行辩护，可见孟子是支持具有正义性的武力攻伐的。墨子虽然主张“非攻”，反对战争，但墨子和孟子一样反对的是非正义的战争，对合乎道义的战争墨子也是持赞成态度的。同时，中国人也从来不怯战，中国人在民族危亡之际从不畏惧，面对来犯之敌时刻准备迎战。

从“和为贵”“不凌弱”来看，中华文明的“世界观”是奠基在仁义价值观基础之上的，这是一种与西方流行的强权、霸权、帝国主义等充满着“武化”色彩的文明完全不同的对待外部世界、异质文明的“文化—政治态度”，“中华”“天下”“王道”“怀柔”“和谐”都是其中典型的观念或话语，“协和万邦”“亲仁善邻”等都是中国古人的政治实践。正如陈来先生所论，在中华文明的视域中，可谓文化高于种族，天下高于国家，和谐高于冲突；富而不骄，强而好礼，是中华文明崇尚的德行；强不胁弱，强不犯弱，是中国人看重的文明。这就是中华文化的充满德性的、讲求费孝通先生所谓“各美其美，美人之美，美美与共，天下大同”的“世界观”与“天下观”。

* * *

当前世界文明冲突和国际争端的一个极端表现，正如前文说到的，就是霸权主义和强权政治。而自古以来，在中国人的精神世界里，世界大同引领着中华民族对理想世界（天下）的憧憬和永恒价值的追求。中华传统注重“和为贵”“和而不同”，主张“强不凌弱，众不暴寡”，就是对霸权主义和强权政治的对症之药。中华人民共和国成立以来，历代领导人秉承中华优秀传统文化，曾在不同的场合向国际社会庄严宣告中国永不称霸、永不扩张的决心，坚持独立自主的和平外交政策，尊重各国人民自主选择发展道路的意愿和权利，积极倡导并参与构建国际秩序新格局，旗帜鲜明地反对霸权主义和强权政治，反对国际社会上的以强凌弱。坚持在实现中国梦的征程中选择和平崛起之路。

全球化背景下，21 世纪是一个冲突与合作、稳定与动荡并存的时代，不过，国际社会基本可以形成一个共识，即这个时代需要的是合作而不是冲突，需要的是稳定而不是动荡。世界各国的各界人士都在为落实这一共识而不断努力，中国也在不断吸收和继承优秀传统文化的基础上，对这个共识持续贡献中国智慧，提出中国方案。党的十八大以来，中国所提出的两个核心的方案——“一带一路”倡议和“人类命运共同体”理念，获得了国际社会的普遍认可，人类命运共同体的建构被载入联合国安理会决议，成为全球治理的中国方案。

西汉时期，汉武帝派张骞出使西域，以丝绸贸易为媒介开辟了连接地中海各国的陆上通道，这就是“丝绸之路”。古丝绸之路沿线地区曾经是“流淌着牛奶与蜂蜜的地方”，如今很多地方却成了冲突动荡和危机挑战的代名词。汲取五千年中华文明的灵感，承载近代以来中华民族现代化梦想，接续这一经济与文明沟通的历史，2013 年，习近平放眼世界，胸怀南北，提出建设“丝绸之路经济带”和“21 世纪海上丝绸之路”的合作倡议，也就是“一带一路”倡议，成为国际社会观察中国的关键词。它的核心内容是促进世界各国基础设施建设和互联互通，对接各国政策和发展战略，它高举和平发展的旗帜，积极发展与沿线国家的经济合作伙伴关系，共同打造政治互信、经济融合、文化包容的利益共同体、命运共同体和责任共同体。这个跨越时空的宏大战略构想，是中国新时期全方位开放战略，也是推行新型全球化和新型全球治理的合作倡议，还是融通中国梦与世界梦的伟大事业。可以说，“一带一路”倡议是21世纪中国最具有前瞻性、主动性、外向性的重大布局，是中国参与全球治理，主动设置议题，提升全球话语权的重大举措，体现的正是中华文化中“和而不同”的价值理念与“美美与共”的文化理想。

党的十八大以来，基于经济全球化时代人类社会相互依存、命运相连的现实，习近平提出构建人类命运共同体，建设持久和平、普遍安全、共同繁荣、开放包容、清洁美丽的世界。它将历史和未来相结合，将中国和世界相结合，将联合国宪章宗旨和当代全球治理相结合，从政治、安全、经济、文化、生态等方面，回答了“中国想要一个什么样的世界”这一重大问题。这一超越民族国家和意识形态的“全球治理”新观念，表达了中国追求和平发展的愿望，体现了中国与各国合作共赢的理念，得到了国际社会的广泛认同。人类命运共同体理念是一种价值哲学，它是中国共产党人对马克思主义的不断弘扬和拓展，更是对中华传统文化的传承与创造性发展。这一理念蕴含了“天人合一”“天下为公”“协和万邦”“和而不同”的思想和智慧，传承和弘扬的正是“以和为贵”的中华优秀传统文化精髓，既具有鲜明中国特色，又蕴含全人类的共同价值追求，为人类克服冲突、和平共存提供了最新智慧。

“人类命运共同体”承认和尊重人类社会中的个体差异和多样性，并在此基础上将人类社会视作一个相互依存的共同体。在这样的宏大视野下，构建的主体不是局部的人，而是人类全体，旨在实现人类共同的美好未来。它既尊重和观照个人、国家的利益，又超越单个个人和国家的界限，奉行互利共赢的开放战略，谋求开放创新、包容互惠的发展前景，追求实现人类的整体利益。实现这样的目标需要世界各国共同建设美美与共、天下大同的美好世界，切实承担起自己的责任。比如，在政治领域，要恪守相互尊重、相互信任、和平共处的原则，通过和平方式解决彼此的分歧和争端；在安全领域，各国统筹应对传统和非传统安全威胁，共同反对一切形式的恐怖主义；在经济领域，坚持互谅互让、诚实守信，实现合作共赢、共同发展；在文化领域，既对自身文化充满自信，又尊重文化多样性，推动文明开放包容和交流互鉴；在生态领域，善待自然、尊崇自然，坚持人与自然和谐共生，合力应对全球环境挑战；等等。

克服冲突、和平发展是全人类向往的状态，习近平说："中华文化崇尚和谐，中国'和'文化源远流长……在世界文明发展中，中华民族一直追求和传承着和平、和睦、和谐的坚定理念。以和为贵等理念在中国代代相传，深深植根于中国人的精神之中，深深体现在中国人的行为上。"中华民族自古就是礼仪之邦、和平之域，以"和为贵""不凌弱"为主要特征的"世界观—天下观"是中华民族千余年积淀的智慧，也是中华传统文化为争取世界长久和平开出的药方。这是中华文化直面人类共同问题，为调和世界文明冲突做出的贡献，也是中华传统文化复兴的必由之路。

早在 1936 年，"丝绸之路"概念的提出者德国人李希霍芬的学生斯文·赫定就曾在《丝绸之路》一书中预测："可以毫不夸张地说，这条交通干线（丝绸之路）是穿越整个旧世界的最长的路。从文化—历史的观点看，这是联结地球上存在过的各民族和各大陆的最重要的纽带。……中国政府如能使丝绸之路重新复苏，并使用现代交通手段，必将对人类有所贡献，同时也为自己树起一座丰碑。"今天的中国，对这个预测给出了最好的答案。正如习近平在 2019 年 5 月 15 日亚洲文明对话大会开幕式上的主旨演讲中所说的，每一种文明都是美的结晶，都彰显着创造之美。一切美好的事物都是相通的。人们对美好事物的向往，是任何力量都无法阻挡的！各种文明本没有冲突，只是要有欣赏所有文明之美的眼睛。我们既要让本国文明充满勃勃生机，又要为他国文明发展创造条件，让世界文明百花园群芳竞艳。

十九、中华文化可以为人类未来贡献什么？

——安不忘危、存不忘亡的忧患意识

回顾西方近代以来的思想演变轨迹，不难看到，西方文明总是在盲目乐观与悲观绝望两种极端主张的支配下前行。而回顾上下五千年，中华文明作为世界上唯一没有中断的文明，日新又新、生生不息的观念，安不忘危、存不忘亡的忧患意识正是其延续数千年的重要密码。面对未来，中华民族既不盲目乐观，也不悲观绝望，也许，这种忧患意识是中华文明可以贡献给人类未来的又一份精神礼物。

日裔美籍学者福山在20世纪90年代曾经提出“历史终结论”，认为世界上的多数人都已认同自由民主主义政府，因为这一政治形式已经依次征服了它的所有敌人，诸如君王政治、法西斯主义等。而且，他还进一步提出，自由民主主义或许是人类思想进化的顶峰和最后选定的政治形式，从而也就是人类政治历史的终结点，而冷战结束以后，人类政治历史发展就到达终点，从此以后，构成历史的最基本的原则和制度就不再进步了。在福山看来，“资本主义与自由民主的现代体制已经超越了历史和意识形态矛盾，但其他的世界角落还在追赶历史。自由民主制度也许是人类意识形态发展的终点和人类最后一种统治形式”，除了自由民主制度和资本主义制度，人类社会没有别的进化可能，这就是历史的终结。

然而在“9·11”恐怖袭击事件之后，这些盲目的看法遭遇无情的嘲弄。美国不仅无法在伊拉克和阿富汗建立稳定有效的民主体制，还给这些国家乃至自己带来了无尽的灾难。从世界范围来看，第三波民主化浪潮后，民主化在很多国家出现了病态或重大挫折，一些国家开始从各项民主化措施方面后退；另一些国家的发展介于专制和民主之间的“灰色地带”；还有一些民主国家则是“软政府”体制，根本无法提供公民所需要的基本服务。20世纪90年代以后推行民主化的发展中国家，几乎没有一个享受到包括公平、廉政和法治在内的真正的“民主红利”，没有消除独裁专制、贪污腐败和分配不公。西方以往充满自信的“历史终结论”遭遇到了前所未有的冲击。

更讽刺的是，如今西方社会自身也陷入多事之秋。脱欧后的英国进一步迈向孤立主义，美国开始挑起贸易战、发动对叙利亚的军事打击，法国极右翼势力“国民阵线”、荷兰自由党在各自大选中丑态百出，德国的民粹主义政党选择党成为联邦议院的最大反对党，而意大利五星运动党更是一举成为议会选举中得票最多的政党。反全球化、疑欧主义、反建制、反移民等各种势力在西方国家政治舞台上轮番粉墨登场。与此同时，西方国家内部政治分裂和社会分裂、政党竞争舞弊、政治腐败加剧、公共服务供给不足、社会严重不公等问题日益突出，并且大有愈演愈烈之势。西方世界曾自鸣得意的自由民主体制正遭遇前所未有的困境与挑战。最为我们所熟知的2016年美国大选，特朗普以少于希拉里的票数当选美国总统，特朗普上台后，反对移民、推行排外主义、实施贸易保护、发起贸易战、出兵叙利亚，一系列颠覆性的政策搞得整个世界动荡加剧，经济、社会危机四伏，美国国内游行示威接连不断，民众对政府治理的失望和沮丧一览无遗。原本充满乐观主义情绪的西方世界，如今转而阴云密布，悲观主义思潮甚嚣尘上。

反观中国，近年来，中国努力倡导并带头实践“合作共赢”“共商共建共享”“构建人类命运共同体”等理念，为国际治理贡献了诸多中国方案和发展动力。从提出“一带一路”倡议，到构建合作共赢的新型国际关系；从提出建立亚洲基础设施投资银行，到积极参与解决各种重大国际问题，世界舞台上，中国正扮演着越来越重要的角色。“中国模式”“中国智慧”日益受到全世界的关注和认同。

不能否认，西方文明，特别是近代工业革命以来的西方文明，在推动人类社会向前发展和认识世界、改造世界等方面起到过十分积极的作用。然而，回顾西方近代以来的思想演变轨迹，从标榜西方中心主义到冷战东西对立，从高歌人类“历史终结”到陷入逆全球化孤立主义泥潭，我们不难看到，西方文明总是在盲目乐观与悲观绝望两种极端主张的支配下前行。而回顾上下五千年，中华文明作为世界上唯一没有中断的文明，日新又新、生生不息的观念，安不忘危、存不忘亡的忧患意识正是其延续数千年的重要密码。近百年来，中国共产党也正是生于忧患、成长于忧患、壮大于忧患。面对未来，中华民族既不盲目乐观，也不悲观绝望，安不忘危、存不忘亡的忧患意识，或许是中华文明提供给人类未来的又一份精神礼物。

* * *

打开中华民族的历史，赫然在目的是两个字：忧患。众所周知，在近代历史中，中华民族被世界列强欺凌，但没有被任何一个侵略者征服、消灭，相反最终找到了民族复兴之路。这是因为中华民族自身有一种生机，有一种永不衰竭的活力，可称之为民族精神，而忧患意识恰恰就是民族精神的一种结晶和表现。

所谓忧患意识，用通俗的话讲，就是从现实的情况出发对未知事物将会给自身带来的消极影响的一种警惕。其实质就是人们时时自警，趋利避害，通过人们自身的主观努力，避免或减少灾难的发生，化解潜在的危机。忧患意识始终伴随着中华文明，贯穿整个中华历史，是一股巨大的动力源泉，激励着中华民族不断觉醒和奋发图强。张岂之先生在《历史上的忧患意识》一书中也说道："这种忧患意识提醒人们：无论在任何情况下，人们都应当保持头脑的清醒，居安思危、不骄不躁，使正义事业立于不败之地。"牟宗三先生也曾说过："中国哲学之重道德性是根源于忧患的意识。中国人的忧患意识特别强烈，由此种忧患意识可以产生道德意识。"

忧患意识在中华民族文化心态中根深蒂固，那么忧患意识是如何产生的呢？中国是传统的农业大国，自然经济占据主导地位，百姓靠天吃饭，在恶劣的自然环境面前，古代没有发达的科技水平，百姓只能万事提前准备，做到留有余地、有备无患，保证全家温饱。就像《舌尖上的中国》中展示的那样，渔夫们把网孔拉大，只打捞大鱼，有意放生小鱼，以保证未来的好收成。中国古代人口相对集中于黄河流域的中原地区，耕地严重不足。与希腊半岛、尼罗河谷及两河平原相比，黄河流域高五个纬度。英国历史学家汤因比谈到黄河中下游的情况时指出："人类在这里所要应付的自然环境的挑战，要比两河流域和尼罗河的挑战严重得多。"《诗经·小雅·十月之交》描绘的地震引发洪灾的画面，至今读来仍令人惊心动魄:“烨烨震电,不宁不令。百川沸腾,山冢崒崩。高岸为谷,深谷为陵。”充分展现了古代先民在自然灾难面前的渺小与无助。

世人无不赞誉“食在中国”,的确,中国人是世界上著名的“杂食动物”。中国食谱之广,常令外国人匪夷所思。天上飞的,水里游的,树上爬的,地上走的,土里钻的……无不可用来果腹。中国古代的植物类书籍,大都在其条目后面注明可食性、食法及味道。中国人保存食物以供长期食用的方法令人叫绝:风干、烟熏、火烤、炮制、腌制、发酵等,然而,其背后的根本原因是饥饿,是忧患。中国人从最庄严的祭祖祭神,到最平凡的日常见面打招呼,其主要内容是“食”。忧生而忧食。从“国风”中的《伐檀》《硕鼠》《七月》,到汉乐府民歌中的《东门行》;从《古诗十九首》中的“努力加餐饭”,到杜甫的“路有冻死骨”、白居易的“衢州人食人”,无不塑就着中国人的忧患传统。

正是由于饱经威胁和挑战,才造就了中华民族独特的忧患意识,并成为中华传统文化极为重要的一部分。最能彰显这一精神的中华传统经典就是《周易》,忧患精神在其中得到了绝佳的注脚。《周易》作为中华文化元典之一,对中华文化影响深远,不仅是儒家的“五经之首,大道之源”,也是道家的“三玄之首”。《周易》通过卦爻辞和卦爻画符号的结合,构成了六十四篇理论通达、逻辑严密、引人深思、给人以智慧启迪和道德指引的精悍短文,不仅处处体现唯变所适的精神,更凸显了浓厚的忧患意识。所以,《周易》是卜筮之书,更是一部忧患之作,其内容多是警诫人们的卦辞,当中蕴含的忧患意识就渗透在它的变易之理中。

易即变易,不仅揭示阴阳变易之理,也为人们揭示事物变化的规律和道理,因此古代的人们相信通过占卜就能够为自己的行为找到方向指引。其实人们将事情罗列眼前,通过求取卦象并分析吉凶的过程,已经体现《周易》隐含的忧患意识。而通观《周易》六十四卦的卦爻辞,我们会发现几乎没有一卦的占断之辞是全吉或全凶的,之所以如此,正是为了点醒人们,不论处在何种境地都要心怀忧患。进一步来说,《周易》的忧患意识贯穿在其六十四卦的爻辞中,如乾卦九二爻辞:“君子终日乾乾,夕惕若,厉,无咎。”此爻位于内卦最高位,是阳位,意为吉利。联系乾卦初九爻辞“潜龙勿用”,九二爻辞“见龙在田”,

寓意龙从浅水升出，联系生活，则比喻人初得重用，不仅要在工作中自强不息，认真做事，而且一天到晚都需要保持警惕，好像危险随时会发生一样，如此才能防患于未然，免除灾祸。此卦上九爻辞“亢龙有悔”，讲的是龙飞得过高，就有掉下来的危险，掉下来就会有悔恨，此爻训诫人们做事不可走极端，尤其要把握好尺度，意在提醒人们于平安祥泰时要居安思危。在坤卦的初六爻辞：“履霜，坚冰至。”说的是霜降是结冰的前兆，警示人们要观察事物的走向，强调事物在不断的变化之中，以此提醒人们见微知著，防微杜渐，防患于未然。人们处于困境之中，往往最容易惊慌失措，从而轻易丧失道德操守，《周易》中泰卦九三爻辞：“无平不陂，无往不复，艰贞无咎，勿恤其孚，于食有福。”是说事物总是在对立面的相互转化当中，否极泰来，泰极则否，事物发展到了极端就会走向事物的反面，所以身处顺境要时刻谨记自我反思，身处逆境则一定不能丧失信念，要坚持道德操守，进德修业，最终才能有好的结果。

忧患意识在历史的长河中深深根植于华夏大地。自《周易》彰显了这一忧患精神后，至春秋战国时期，后代士人多有论及忧患意识，其内涵得到不断拓展。孔子在《论语·里仁》中所说的“德之不修，学之不讲，闻义不能徙，不善不能改，是吾忧也”，将君子德行与个人忧患紧密连接在一起；孟子提出的“生于忧患，死于安乐”，更是将忧患精神拓展至人生之路与家国天下情怀当中。屈原“长太息以掩泣，哀民生之多艰”的忧国忧民情怀，贾谊《过秦论》中的警世危言，杜甫“安得广厦千万间，大庇天下寒士俱欢颜”的忧民之心，范仲淹“先天下之忧而忧，后天下之乐而乐”的忧乐之道，顾炎武“天下兴亡，匹夫有责”的忧国之责等，都是中华民族忧患精神的有力表述。

近代以来，在西方文明的强势冲击之下，从“不忧一家寒，所忧四海饥”的魏源，到救亡图存倡导改良的康有为、梁启超，再到“天下为公”的孙中山等，在困境之中无不表达出他们精忠报国、强国富民的雄心壮志。他们以国家存亡为忧，以国泰民安为乐。太平盛世，他们居安思危、存不忘亡，致力于防患于未然；国衰民难之时，他们百折不挠、奋发图强，投身于救亡振兴之中。他们的行为正是中华民族忧患精神最生动的注脚。显然，忧患意识绝不是消极的悲观主义，也不是无谓的杞人忧天。它是一种积极主动的自觉防范意识，是一种对客观世界的正确反映和认识，是对社会未来发展的科学预测和推断，是一种清醒的理性思维。它充分表达了对祖国、对大众强烈的责任感和真挚的使命感，也表达了他们坚强不屈、刚健有为的民族主义精神和奋发图强、自强不息的爱国主义情怀。可以说，这种励精图治、强国富民的忧患意识，是中华民族几千年来传统文化的瑰宝，是中华文化的基本精神，是华夏民族积极向上、锐意进取之动力源泉，也是为什么中华文明能够历经几千年而从未间断的深层原因。

同样，中国共产党也是在忧患中诞生、奋斗、壮大的政党，其事业正是在不断克服忧患、战胜困难中推进发展的。现在党中央提出进一步增强忧患意识，同样表现出极其强烈的对民族、对国家前途命运的忧患意识，体现出执政党高度的革命责任心和事业心。近百年以来，中国共产党在推进革命、建设和改革的伟大实践中，继承和发展了这种优秀文化传统。可以说，一部中国共产党的历史，就是中国共产党人在忧患与图强的互动中奋勇开拓的历史。正如习近平所指出的，“我们党是生于忧患、成长于忧患、壮大于忧患的政党，正是一代代中国共产党人心存忧患、肩扛重担，才团结带领中国人民不断从胜利走向新的胜利”。

其实忧患精神离每个中国人都不远，每当我们庄重而严肃地唱起国歌，用心灵去体验，就会感悟至深，国歌饱含着最为深沉的忧患意识。其中的忧患意识，又可以分为两个层次，一是临危救亡的忧患，一是居安思危的忧患。这首歌原名叫《义勇军进行曲》，中华人民共和国成立后定为中华人民共和国国歌，唱于两个不同的时代，处在两种不同的环境，肩负两项不同的使命。1949 年之前，她激发的是临危救亡的忧患；作为国歌，她激发的是居安思危的忧患。议定国歌的时候，毛泽东明确指出：这首歌教人们“居安思危”。民族救亡与民族复兴，二者一脉相承。临危救亡的忧患与居安思危的忧患，同样一脉相承。

历史是一面镜子。中华民族从自身发展中，从风雨岁月中，认识到了忧患意识的极端重要，并传承之，发展之，使它深深地镶进了中华民族的民族精神中，成为民族精神的重要组成部分。“生于忧患，死于安乐”，“先天下之忧而忧，后天下之乐而乐”，“天下兴亡，匹夫有责”，这些至理名言可谓古人对忧患意识的有力表达。同样，对于当今问题纷繁交错、矛盾重重的世界而言，我们既不能盲目乐观，也不应悲观绝望。安不忘危、存不忘亡的忧患精神是中华文明贡献给人类未来的一份珍贵的礼物。

* * *

总的来看，中华传统文化中的忧患意识，呈现出四个鲜明的特点：一是立足于己，从安身立命的高度重视忧患意识，将“忧道不忧贫”当作做人的基本准则，强调“生于忧患，死于安乐”；二是立足于史，将忧患精神扩展至对历史规律性的认识，强调“祸兮福之所倚，福兮祸之所伏”的辩证观念，要求未雨绸缪，防患未然；三是立足于家国，从国家与人民的角度高扬忧患精神，“先天下之忧而忧，后天下之乐而乐”，树立以天下为己任的担当精神；四是立足于政，从治国为政角度发展忧患意识，“居安思危，戒奢以俭”，总结出“忧劳可以兴国，逸豫可以亡国”的宝贵经验教训。

这些面向，恰恰是中华文明可以给人类文明未来带来的贡献。如今，人类社会正处在大发展、大变革、大调整时期，也正处在战乱、冲突时有发生的时期；恐怖活动、难民危机、气候变化、金融危机等阴云未散；冷战思维、强权政治、保护主义、民粹主义持续蔓延；人与自然冲突的生态危机、人与社会冲突的人伦危机、人的心灵冲突的精神危机、文明之间的冲突危机等威胁不断。习近平总书记在党的十九大报告中强调，“我们不能因现实复杂而放弃梦想，不能因理想遥远而放弃追求”。盲目的悲观与乐观都不足取，只有时刻戒惧、居安思危，心怀忧患意识才是面向未来应有的态度和智慧。

正如历史向我们证明的，忧患意识有着永恒的价值。随着人类社会文明的进步，人们对自然、对人本身以及对人类社会的驾驭能力有了大幅度的提高，科技的发展使得人们改造和征服自然的能力得到极大的提高；物质文明和精神文明的进步使得人们在享受丰富的物质产品的同时，自身的知识、道德修养也得到提升。然而正是在如今科学技术发展、生产力水平提高、人们生活条件进步、国家政权巩固的情况下，我们才更加需要强化忧患意识。事实上，忧患意识作为一种人类面向未来、积极正面的精神状态，是一个人、一个国家、一个社会发奋图强、锐意进取的不竭动力。只要人类社会存在，忧患意识就应该存在。历史和现实一再说明，居安思安则危，居安思危则安。一个没有忧患意识的民族不可能开拓进取，也就不会发展进步。对于未来的世界而言，只有时刻保持清醒的忧患意识，立足历史，着眼未来，于成功之时，居福安之境，始终保持“如履薄冰，如临深渊”的危机感和紧迫感，我们所期许的人类命运共同体才有望实现。

面对未来，忧患意识更意味着一种责任感。《易经》中说：“君子安而不忘危，存而不忘亡，治而不忘乱，是以身安而国家可保也。”生活在新时代的我们，更应该有高度清醒的忧患意识、危机意识。21 世纪，机遇与挑战并存，坦途与曲折并存，有危机意识，光明的未来才是可期待的。

忧患意识，自有一种生机，自有一种永不衰竭的面向未来的活力。

结语＿

面向人类未来的中华文化

德国哲学家雅斯贝尔斯在《历史的起源与目标》一书中写道，公元前800年至公元前200年是人类文明的“轴心时代”，是人类文明精神的重大突破时期，当时古代希腊、古代中国、古代印度等文明都产生了伟大的思想家，他们提出的思想原则塑造了不同文化传统，并一直影响着人类生活。中华文化是世界文明中重要的一支，它不仅在过去数千年间对人类文明的发展做出了卓越贡献，而且在未来，也将为人类解决各种重大问题和实现全面、可持续发展提供不竭的丰厚资源，发挥它典范性的意义，通过自身的创造性转化与创新性发展，为人类文明的新突破做出贡献。

仔细审视当今世界可以发现，我们正处在一个变化之剧烈前所未有的时代。生物技术的不断突破，互联网、物联网、大数据、云计算、人工智能的飞速发展，极大地推动了人类文明的发展，同时又对人类文明提出了大量的新问题、新挑战；特别是这些问题和挑战可以让我们思考，人之所以为人的根本在哪里，人类的未来在何处？例如，大数据应用在带来各种难以想象的方便的同时，也将所有人的可控性变成了现实，任何人都难以再过上“帝力于我何有哉”的生活，那么，在这种情况下，人类的自由与隐私需要如何进行保障？人类的生活将如何实现真正幸福？例如，人工智能在大幅解放生产力、带来生活便利的同时，也带来了某种可能，如科幻电影《终结者》般的人类结局，那么，与机器相比，人的存在意义究竟何在呢？可以更具体一点，比如和阿尔法狗相比，人类棋手存在的意义何在呢?又如,生命技术的各种探索与突破不仅可能产生局部能力强化的新人类,而且可能带来真正意义上的完全复制人,那么,他们到底是人还是别的什么?人类将以何种伦理观念来面对这些生命体?总之,当今科学技术的发展已经将人类推到了一个必须从根本上反思自身、重建自身的时代。

不仅科学技术带来了对人类文明的重要挑战,而且人类的政治、经济、社会、文化生活本身也正在发生难以预计的变化。英国的脱欧公投、德国的难民危机、法国的"黄丝带事件"等,引起了欧洲各国对以欧盟为代表的近几十年欧洲观念的新反思。特朗普所带来的对美国的未来构想与现实政策,一方面冲击着人们对美国的固有印象,另一方面也让人们不得不反思美国的文化与思想底色到底是什么。而全球性金融危机发生频率的日益加快和资本主义高福利社会的难以维系,使人们不得不正视各种所谓"正统"的经济学理论已经越来越无力解释这个时代的经济现状。不断发生在世界各地的局部冲突、宗教与种族矛盾以及世界性的贫富差距日益拉大现象,使得人们不得不正视并肯定简单移植西方模式的不可能性。诸如此类的情况告诉我们,近代以来占据世界统治地位的西方思想理论与西方历史叙述,实在不足以解释和应对现实的世界问题了。

因此,人类要想更好地面对与反思当下,思考与应对未来,必须调动一切可以利用的思想与文化资源。中华文化正是人类可以用来对待现实并再次出发的一种极其有益的文明资源。张岱年先生曾指出,中国传统文化的精神在于"自强不息,厚德载物",这两句话确实蕴含着中华文化的根本价值。中国人相信天人之间是和合相济的关系,因此天道生生不息,人道也应不断进行自我创造与更新。"周虽旧邦,其命维新",一个古老的文明并不一定会因为其古老而失去生命力,因为古老的常常也是普遍的,它能延续至今,就在于能够不断审时度势、深省自身、顺应时代,它若能持续地更新自我,就不仅不会被时代所淘汰,还能因着自身悠久的历史传统和深厚的文化资源,更好地理解与应对当下,进而引领未来。因此,中华传统文化中的天人合一思想、人己相合理念、求同存异观念等,有助于解决当今世界日益紧张的人与环境的关系、自我与他人的关系、本社群与他社群的关系等一系列问题。而中国人对德行的重视与推崇，使中国人特别重视这个世界在自然层次与功利层次之外的道德层次与天人层次。虽然在经济全球化的今天，泛论道德似乎有些无力，但两个有趣的现象正提示我们，道德的回归似乎将成为未来的一种趋势：一是西方伦理学中美德伦理学的兴起，二是西方对现代化的重要成果之一——世俗社会的批评越来越多、越来越深刻。因此，重新思考中国传统文化中有关德行的重要资源，可以使我们更好地反思当下、走向未来：孝亲敬长的思想可以让我们的周围变得更加温馨，仁者爱人的观念可以让我们的社会变得更加友善，美美与共的理念可以让我们的世界变得更加和谐。

更为重要的是，中华文化对人的理解，从来不是从西方一元论的理论思维出发的，它既不是一神论宗教下的神本主义的人观念，也不是强势的人类中心主义的人类观，而是在天地人的多元互动和人与物的多维张力视野下来理解人。所以，它是人文主义，但其中包含宗教性的超越精神，但又不会陷入宗教冲突中，而由此种精神人文主义出发，可发现人和机器的根本差异所在；它是具有自己一套独特的对人所生活于其中的政治、经济、社会的理解，其中很多内容看起来很不"现代"，比如经世济民的经济观念、太平大同的天下观念等，但这些思想资源可以经过当代的重新阐释而发挥巨大的思想活力与现实作用；它是重视人在世界中的价值的，但同时正视其他生命的存在权利和人的共生关系，这样就可以突破与消弭歧视与误解，而给予各种生命以恰当的位置；它强调在人类的价值观中，除了权利、法律、理性、个体、自由等外，也要有义务、礼节、情感、公平、和谐等，因此对于人类未来所生活的这个世界来说，只有把这种种对立的二元很好地调节与整合起来，人的幸福生活才是可能的。

而依照中华文化对人的生活世界的划分：个人、家庭、社会、国家、天下，我们可以发现，中华文化对人的每一个生活层次，都仍旧具有现实以及长远的价值。原子个人主义导致的极度膨胀的个人主义，资本主义诱导的穷奢极欲的消费主义，使人对自我的理解变得极度狭隘乃至陷入虚无主义，而中华文化对自我的理解与之不同：可以使人了解到真正的自我并不是剥离了他人的孤零零的自我，由此人可以逐渐在人己之间获得平衡；可以让人了解到真正的自我并不是单纯物质性的存在，而是有精神性、超越性，并且和万物共同分享着同一个世界的存在，由此人可以知晓消费的限度所在。在家庭层面，对于个体的极端强调使得家庭观念变得日益薄弱，催生了很多社会问题，尤其使得个体在看似个性化的“正确”过程中变得脆弱无比。中华文化对家庭情理的认识、对父母子女之间互动关系的强调，可以使我们重新认识家庭之于人生的意义，进而重获温馨的家庭生活。而在社会各个群体不断冲突、主流价值淡泊的时代，中华文化对社会和谐、求同存异、忠恕之道的提倡，可以让人们重新反思社会到底应当怎样运作以及什么才是一个社会的理想形态，从而致力于优良社会的建设。面对当下各个国家内部的种种问题，如贫富差距扩大、社会等级固化、老龄化等，中华文化中的均贫富、重教育、敬老尊亲等观念，可以推动政府思考治理中的问题所在，让国家的发展日趋合理、完善。在整个世界层面，当今世界变化之剧烈、各种局部冲突之持续不断，使得中华文化和而不同、美美与共的天下观念，更加具有重要的思想价值；它可以使人们反思民族国家观念的局限，而从全人类、人类命运共同体的角度来思考世界的未来，这样真正的全球化才是可能的，不再是某一种文明类型的全球化，而是全人类的全球化。

总之，中华文化可以在各个层次为人类未来的发展提供丰厚的思想资源，只要我们积极调动它们，就可以为世界的当下改变与未来发展贡献自己独特的智慧。正如习近平总书记所说，中华文化中的很多“思想和理念，不论过去还是现在，都有其鲜明的民族特色，都有其永不褪色的时代价值”，“中华优秀传统文化是中华民族的精神命脉，是涵养社会主义核心价值观的重要源泉，也是我们在世界文化激荡中站稳脚跟的坚实根基”，“不忘历史才能开辟未来，善于继承才能善于创新。只有坚持从历史走向未来，从延续民族文化血脉中开拓前进，我们才能做好今天的事业”。的确，在当今这个时代，我们有责任、有义务把中华文化的世界意义，也就是“中华文化可以向世界贡献什么”这个问题讲清楚、说明白。毕竟，只有从深厚的中华文化中汲取滋养，我们才能全面理解越来越复杂与丰富的人本身和人所生存的这个世界，进而滋养我们这个世界。

也因此，人类生活更美好，世界变得更可爱，就具有了更多的可能性。

后 记

随着市场经济的全球拓展，特别是信息技术、智能技术的飞速发展和广泛应用，人类正在迈进彼此联系、相互依存的全球化时代。

置身全新的时代和社会，我们切身感受到，文明的多元共生、交流互鉴越来越成为世界各国交往的基本惯例，“你中有我、我中有你”，世界正迎来一个合作共赢、利益共享的时代；同时，人类社会生活面临的任何一个领域的矛盾、冲突，包括不同民族、不同宗教、不同文化之间的矛盾和冲突，传统和非传统安全的众多问题，都已经成为人类共同面临的全球性问题。

针对人类普遍面临的难题，国家主席习近平呼吁世界各国同心协力，在不同国家、不同文化、不同制度之间建立起联通关系，构建休戚与共的人类命运共同体；同时，他认为，中国特色社会主义进入新时代，中国道路、理论、制度、文化不断发展，为解决人类问题贡献了中国智慧和中国方案，尤其是中国优秀传统文化的丰富哲学思想、人文精神、教化思想、道德理念等，可以为人们认识和改造世界提供有益启迪，可以为治国理政提供有益启示，也可以为道德建设提供有益启发。习近平一再强调：“要加强对中华优秀传统文化的挖掘和阐发，使中华民族最基本的文化基因与当代文化相适应、与现代社会相协调，把跨越时空、超越国界、富有永恒魅力、具有当代价值的文化精神弘扬起来。”

世界上许多有识之士也认为，人类的未来需要从古老的东方文明中汲取营养。悠久的中华文化，既是中华儿女的精神财富，也是世界文明的重要组成部分。五千年来，中华文化不仅对中国的发展产生了深刻影响，也为世界的文明进步作出了重大贡献，可以为解决当代世界面临的难题提供有益启发。也正是基于这一考虑，我们着眼中华文化应对今日世界的难题，着眼于人类命运共同体的构建，编写了这本《中华文化可以向世界贡献什么?》。

在全书设计方面，针对当前及未来人类普遍面临的各个方面的问题，我们选取和提炼了包括人与自然、人与家国社会、人与自我等方面的19个问题；针对这些问题，我们对中华文化进行了系统梳理，希望能从中寻找到应对之道，为解决人类面临的问题以及构建人类命运共同体提供中国方案和中国智慧，向世界展示中国文化、中国精神和中国力量。在写作方面，我们直面问题，展开一个近似“三段论”式的论述。一方面，每章围绕主题，不回避不躲藏，直接客观、一针见血地描述当前世界所普遍面临的客观存在而又迫在眉睫的问题；另一方面，针对问题，条分缕析地从中华文化中提取并展现相应的思想观念、价值理念，分析问题的原因，努力提出解决方案与思路经验。

本书是集众人之力的合作性成果。项目由原中国社会科学院研究员、现上海大学特聘教授孙伟平先生主持，负责全书的总体设计、审稿把关以及关键章节的撰写，由多名对中华文化与世界问题有深入研究的专家共同执笔；广西人民出版社社长温六零先生主持出版工作。具体分工如下：序，孙伟平；引言，王先亮；第一章、第三章、第十八章，王玉彬；第二章、第六章，陈之斌；第四章、第十五章、结语，王正；第五章、第八章、第十章、第十三章、第十四章，谷继明；第七章、第十六章，胡士颍；第九章、第十九章，陈彦杰；第十一章、第十二章、第十七章，李细成。在编写过程中，我们还吸收了不少专家学者的研究成果，鉴于本书为普及性通俗读物，有关参考资料未作详细标注，也未能及时联系相关责任人，敬请谅解。由于时间仓促、篇幅限制和水平有限，加之人类面临的问题纷繁复杂，同时中华文化博大精深，在问题的把握和提炼方面，在中华文化的展示和分析方面，虽然我们倾注了巨大心力，仍力有不逮，部分章节数易其稿，仍存在种种不足，还请各位方家教正。

当然，作为时代的亲历者，作为中华文化的受益者，我们仍然渴望以我们平生所学，尝试对我们的时代难题，对中华文化的弘扬，有所思考，有所表达。

衷心希望本书所阐发的问题，所进行的思考，能尽中华文化之万一，把问题的解决向前推进一步；也希望我们的思考能引起社会各界广泛的讨论，共同助力建设一个发达、美丽、共享、和谐的新世界。

编 者

2019年3月